Klaus Hoff: Rechts und Links – zwei Schlagworte auf dem Prüfstand

SINUS

Klaus Hoff

Rechts und Links – zwei Schlagworte auf dem Prüfstand

Mit einem Vorwort von Alfred Dregger

Gegenwart und Zeitgeschichte
Band 15

SINUS

Die Deutsche Bibliothek – CIP-Einheitsaufnahme

Hoff, Klaus:
Rechts und Links – zwei Schlagworte auf dem Prüfstand/
Klaus Hoff. – Krefeld: SINUS-Verlag 1992
(Gegenwart und Zeitgeschichte; Band 15)
ISBN 3-88289-024-X
NE: GT

2. Auflage 1993

Lektorat: Jochen Nordmann
Umschlaggestaltung: Jochen Nordmann
Druck: Stammes KG, Tönisvorst
Printed in Germany
ISBN 3-88289-024-X

Inhalt

„ ... Klarheit herrscht in der Frage, was ‚links' und was ‚rechts' liegt, nicht; und nur zu oft fühlt jeder, der sich mit Politik beschäftigt, daß die Anwendung des Maßstabes gerade an wichtigen Stellen schwierig oder undurchführbar werden kann. Hieraus wird auch nicht selten die übereilte Folgerung gezogen, Rechts und Links als müßige Parteiideen überhaupt aus dem Spiele zu lassen und alle Politik nur nach ihren konkreten, aktuellen, nächstliegenden Absichten und Ergebnissen zu beurteilen. Allein, gefährlicher noch als Illusionen ist es, wenn Dinge und Verhältnisse, die nicht so leicht faßbar sind, bequemerweise als Illusionen abgetan werden. Aus bloßer Narrheit halten die Menschen an der politischen Rechts-Links-Achse doch wohl nicht so zäh fest. Wo auch die Geltungsgrenze dieses Gesichtspunktes gezogen sein mag, er ist dessen wert, auf seinen wirklichen Gehalt hin untersucht zu werden: zumal da dies auch geeignet ist, der kritiklosen Anwendung desselben zu steuern und auf die ihm nicht mehr zugänglichen Bereiche der Politik ein Licht zu werfen."[1]

Aurel Kolnai

Vorwort

„Rechts“ und „links“ – das sind Schlagworte, denen wir in der politischen Auseinandersetzung immer wieder begegnen. Sie haben sich als außerordentlich zählebig erwiesen, obwohl oft genug versucht worden ist, sie als „veraltet“ abzutun.

Aber wie das bei Schlagworten so ist: Sie werden gebraucht, ohne daß hinreichend klar wäre, was sie aussagen sollen. Das gilt – auf die Begriffe „rechts“ und „links“ bezogen – nicht nur für deren Herkunft, sondern auch für deren Bedeutung: für das, was eigentlich gemeint ist, wenn diesem oder jenem Politiker das Etikett „rechts“ angeheftet wird – und einem anderen das Etikett „links“. Hatte die grobe, zumal in Deutschland über lange Jahrzehnte hinweg propagierte Formel, „links“ und „rechts“ seien gleichbedeutend mit „fortschrittlich“ und „reaktionär“, jemals irgendetwas mit Wahrheit zu tun? Spätestens seit dem Herbst 1989 ist diese Formel *ad absurdum* geführt: Wer wollte heute noch behaupten, der „real existierende Sozialismus“ in Deutschland sei „fortschrittlich“ gewesen – und die Sehnsucht der Menschen in der ehemaligen DDR nach der freiheitlichen Verfassungsordnung der Bundesrepublik Deutschland „reaktionär“...

Was aber heißt nun „rechts“ – und was „links“? Wer erfahren möchte, woher diese beiden Begriffe stammen und welche Denk- und Verhaltensweisen mit ihnen gekennzeichnet werden sollen, wird in dem vorliegenden Buch einen Wegweiser finden, der ihm helfen kann, sich in schwierigem Gelände zu orientieren.

Der Verfasser, mein langjähriger Mitarbeiter Klaus Hoff, stützt sich in seinem Buch auf viele wesentliche Quellen und Dokumente. Es geht ihm um den Nachweis, daß zwischen „rechtem“ und „linkem“ Denken – bei aller fundamentalen, niemals aufzuhebenden Gegensätzlichkeit – letztlich ein komplementäres Verhältnis, eine wechselseitige Verflechtung besteht.

„Rechte“ und „Linke“ haben zwar – wie der Verfasser schreibt – eine jeweils andere Auffassung vom Menschen, ein jeweils anderes Verständnis von den Aufgaben des Menschen in der Welt und für die Welt. Aber da *beide* Denk- und Verhaltensweisen zum Menschen gehören, kann weder die eine noch die andere als die „wahre“, als die einzig legitime ausgegeben werden.

Aus der Geschichte wissen wir, wie oft dies dennoch immer wieder geschehen ist – und welche Folgen es hatte. Politik ist dann nicht mehr „Wettbewerb um die bessere Lösung“ (Helmut Kohl), sondern Politik wird ideologisiert, zu einem Kampfinstrument gegen alle Andersdenkenden degradiert. Auf furchtbare Weise haben das der Nationalsozialismus und der Kommunismus unter Beweis gestellt.

Gegen Ideologien, ob sie nun von „links“ oder von „rechts“ kommen, wendet sich dieses Buch. Es ist ein eindringliches Plädoyer gegen diesseitige politische Heilslehren, wie sie die Welt im 20. Jahrhundert heimgesucht haben: Heilslehren, deren geistige Wurzeln bis zu Rousseau und Robespierre zurückreichen. Damals, gegen Ende des 18. Jahrhunderts, wurde der Grundstein gelegt für ein Denken, das die Menschen brutal in solche mit „richtigem“ und solche mit „falschem“ Bewußtsein schied. Welche Leidens- und Schreckensspuren ein solches Denken in der politischen Praxis hinterlassen muß – dafür bieten nicht zuletzt die Länder im ehemaligen Ostblock ein uns alle bewegendes und erschütterndes Beispiel.

Ich teile die Auffassung des Verfassers, daß es wirklichkeitsfremd wäre, nach dem Zerfall des kommunistischen Weltsystems nun auf ein Ende aller Ideologien und totalitären Versuchungen zu hoffen. Umso wichtiger ist dieses Buch, weil es unseren Blick schärft für die Mittel, mit denen wir menschenfeindlichen Ideologien begegnen und uns gegen sie wappnen können.

Bonn, im August 1992

Alfred Dregger

Ein elementares Gegeneinander

Norbert Blüm, der für unverblümte Sprache bekannte Unionspolitiker, befand vor einigen Jahren apodiktisch-barsch: „Rechts-links, das ist eine Klamotte aus dem 19.Jahrhundert.“ [1] Ein Jahr später, 1988, notierte Blüms Parteifreund Heiner Geißler – damals noch Generalsekretär der CDU – ähnlich ergrimmt in einem „Nachruf auf die Linke“: „Rechts und links, das ist eine ideologische Angelegenheit, das entspricht der politischen Gesäßgeographie des 19. Jahrhunderts, aber nicht den neuen Fragestellungen am Ende dieses Jahrhundert.“ [2]

Norbert Blüm und Heiner Geißler stehen mit diesen Urteilen wahrlich nicht allein: An Bemühungen, die Begriffe „rechts“ und „links“ mit Entrüstung zum alten Eisen zu werfen, hat es in den letzten Jahren, ja Jahrzehnten nicht gemangelt.

Um sechs Stimmen zu nennen:

– *Klaus Harpprecht*, der schwäbische Publizist, der in den 70er Jahren eine Zeitlang Berater und *ghostwriter* Willy Brandts war, schrieb Mitte der 60er Jahre, die Begriffe „rechts“ und „links“ seien nichts als „ordinäre Langweilereien“ [3].

– Der Philosoph *Günter Rohrmoser* sprach 1974 im Blick auf das Begriffspaar „rechts-links“ von „Leerformeln der Kämpfe des 19. Jahrhunderts“ [4].

– *Hans Habe* hielt 1975 fest: „Die Tafeln ‚rechts‘ und ‚links‘ erinnern mich an jene Wegweiser, die im Krieg von Saboteuren aufgestellt, ausgetauscht oder vernichtet werden, um die feindlichen Truppen irrezuführen. Sie besagen nichts, oder besagen nichts mehr.“ [5]

– *Oskar Lafontaine*, der gescheiterte SPD-Kanzlerkandidat im Bundestagswahlkampf 1990, sagte 1977 in einem Rundfunkinterview: „Die Begriffe ‚rechts‘ und ‚links‘ verführen nur dazu, den Leuten das Nachdenken zu ersparen.“ [6]

– Der Historiker *Helmut Diwald* schrieb 1979 in einem Zeitungsaufsatz, die beiden „antiquarischen Begriffe“ seien „auf der Tenne der letzten Jahrzehnte ... bis ins letzte Korn ausgedroschen“ worden. „Inzwischen weiß jeder, daß die Kategorien nicht mehr stimmen, daß sie vielfach austauschbar geworden sind wie Cassetten, die in den Recorder jeder Firma passen.“ [7]

– Der Philosoph *Robert Spaemann* schließlich nannte es in einem Zeitungsaufsatz aus dem Jahre 1982 eine „Tatsache, daß die Begriffe ‚links' und ‚rechts' inzwischen aufgehört" hätten, „Ausdruck der fundamentalen politischen Alternativen unserer Epoche zu sein"[8].

Alle zornigen Versuche, die Begriffe „rechts" und „links" totzusagen, haben sich indessen bis heute als vergeblich erwiesen. Totgesagte leben länger, sagt man; das gilt auch für die Begriffe „rechts" und „links". Die Neigung, mit dem Kompaß „rechts-links" zu hantieren; die Welt gleichsam in „rechte" und „linke" Lager aufzuteilen, ist nicht im Schwinden, sondern eher noch im Wachsen begriffen.

Natürlich: Es *sind* Schlagworte. Im politischen, aber auch im geistigen Meinungskampf werden sie nur zu gern als *Schlagwaffen* benutzt. Sie polarisieren. Sie beschwören *Feindbilder* herauf: Sie sind geeignet – da hat Lafontaine recht –, die Menschen nicht zum Urteil, sondern zum Vorurteil herauszufordern; sie nicht aufzuklären, sondern sie gegeneinander aufzuwiegeln.

Aber wenn dem so ist: Reicht es dann aus, sich gegen diese polarisierenden Schlagworte zu empören und sie mit großer Gebärde auf die ideologische Müllhalde zu befördern? Wäre es nicht wichtig, zu wissen, was eigentlich *gemeint* ist, wenn einem Politiker oder Universitätsprofessor oder Studenten oder Schriftsteller nachgesagt wird, er sei „links" – und anderen, sie seien „rechts"? Woher stammen diese beiden Begriffe? Und: Welche Denk- und Verhaltensweisen sollen mit ihnen gekennzeichnet werden?

Rückblende

Wer wissen will, seit wann man von „Rechten" und „Linken" spricht, muß – Klamotte hin, Gesäßgeographie her – zweihundert Jahre zurückblenden. Damals, gegen Ende des 18. Jahrhunderts, begann sich das „klassische Gegensatzpaar"[9] herauszubilden: „Zufällig, so heißt es, haben im Jahre 1789 die Royalisten sich ostentativ auf die rechte Seite der Kammer, vom Präsidenten aus gesehen, gesetzt und ihre Gegner auf die linke Seite verwiesen. Schon zwei Jahre später fand der sich in der Sitzverteilung äußernde Gegensatz Eingang in die politische Sprache: man begann zwischen ‚rechten' und ‚linken' Parteien zu unterscheiden, zwischen *la droite* und *la gauche*, *la sinistra* und *la destra*, *the Right* und *the Left*."[10]

Warum ließen sich die Königstreuen im Parlament „ostentativ" zur Rechten nieder? Nun – sie glaubten schlicht, daß es sich gewissermaßen von selbst verstehe, so zu verfahren: Sie handelten „entsprechend der überkommenen, im Volksglauben begründeten Meinung, daß ‚rechts' die bessere, weil ‚richtige' Seite sei"[11].

Auf die „Vorgeschichte" des Begriffsgegensatzes „links-rechts" hat Gerd-Klaus Kaltenbrunner aufmerksam gemacht:

„In den meisten Sprachen Europas, vom Altgriechischen und Lateinischen bis zum Russischen und Englischen, aber auch in nichtindogermanischen Sprachen bezeichnen ‚links' und ‚rechts' nicht nur verschiedene Seiten im Raum, sondern auch menschliche Charaktereigenschaften und Verhaltensweisen. 'Rechts' bedeutet durchweg ‚das Rechte' im Sinne von aufrecht, richtig, rechtmäßig, gerecht, ordentlich, redlich, gut, heil; ‚links' hingegen wird überwiegend mit Negativem assoziiert: nicht nur mit linkisch, sondern auch mit unrecht, ungerade, falsch, krumm, dunkel, verlogen, verderblich, unheilvoll, böse." [12]

Wenn wir in die Bibel blicken, bietet sich uns kein anderes Bild:

„‚Zu meiner Rechten setze dich! Ich mache deine Feinde zum Schemel deiner Füße!' heißt es im Psalm 110, und man bezieht diese Worte auf den verheißenen Messias. Und von Jesus, dem Menschensohn, heißt es bei Matthäus, daß er am Tage des Gerichtes die vor ihm versammelten Menschen aus allen Völkern wie der Hirt die Schafe von den Böcken sondern werde: die Schafe, das heißt: die auserwählten Gerechten und Liebevollen wird er zu seiner Rechten stellen, die Böcke, das heißt: die verfluchten Ungerechten und Lieblosen zu seiner Linken (25, 33 f.)." [13]

Wenn man sich diese „Vorgeschichte" des Gegensatzes zwischen „rechts" und „links" vergegenwärtigt, wird man sich des „tiefeingreifenden Mentalitätswandels" bewußt, der inzwischen eingetreten ist: Heute will kaum jemand mehr „rechts" sein: „Man ist heute ‚links' oder bevorzugt als Standort die ‚Mitte', die gleichfalls nach links offen ist." [14]

Schubladen mit Mogelpackungen

Zur Linken die Revolutionäre (sprich: Zukunft und gesellschaftlicher „Fortschritt") – zur Rechten die Königstreuen (sprich: Vergangenheit und gesellschaftlicher „Rückschritt"): Dieses grob-schematische Bild hat im 19. und 20. Jahrhundert die Debatte über „rechts" und „links" mächtig beeinflußt. Es wirkt bis in unsere Tage hinein nach. Wollte man – beispielsweise – dem

Politikwissenschaftler Reinhard Kühnl Glauben schenken, so „gelten (als rechts) jene Kräfte, die für autoritär-hierarchische Strukturen in Staat und Gesellschaft eintreten, als links jene, die für demokratische Strukturen plädieren“ [15].

In verschiedenen Lexika stoßen wir auf ähnliche Schwarz-Weiß-Klassifizierungen. Dafür vier Beispiele:

- Theodor Heuss verfaßte als junger Reichstagsabgeordneter in den 20er Jahren ein „Wörterbuch zur Politik“, in dem es unter dem Stichwort „Linke“ heißt: „Linke bezeichnet die Gesamtheit d. Parteien mit demokratischer, liberaler und sozialistischer Grundtendenz – D. Ausdruck stammt von d. parlamentarischen Sitzordnung: es sind d. Parteien, d. vom Präsidenten aus gesehen, zur linken Hand sitzen.“ [16] Unter dem Stichwort „Rechte“ steht: „D. Zusammenfassung d. konservativ denkenden Parteien“ [17].
- Laut Meyers „Taschenlexikon Geschichte“ aus dem Jahre 1989 (2. Auflage) ist „die Rechte“ eine „Bezeichnung für die antirevolutionären ‚Ordnungsparteien‘, die im wesentlichen auf die Bewahrung der politisch-sozialen Verhältnisse hinwirken“ [18]. Demgegenüber ist „die Linke“ eine „Bezeichnung für die ‚Bewegungsparteien‘, die auf eine (weitreichende) Änderung der politisch-sozialen Verhältnisse hinwirken“ [19].
- Vorsichtiger – jedenfalls was das Stichwort „Linke“ angeht – ist Meyers „Kleines Lexikon Politik“ (1986): „Die Bezeichnung Linke kennzeichnet nicht eine feste Linie, sondern eine Tendenz in Richtung Emanzipation, auch in Richtung Sozialismus.“ [20] Zum Stichwort „Rechte“ heißt es allerdings wieder vergleichsweise pauschal, mit diesem Begriff seien „alle diejenigen Parteien“ bezeichnet, „die für die Erhaltung des gesellschaftlichen, ökonomischen und politischen Status quo eintreten“ [21].
- Der Duden (Bedeutungswörterbuch, 2. Auflage 1985) ist besonders rigoros. Da erfahren wir, „die Rechte“ sei eine „Gruppe von Leuten, die politisch eine konservative bis extrem nationalistische Richtung vertreten“ [22]. Zum Stichwort „die Linke“ heißt es, das sei eine „Gruppe von Leuten, die kommunistisches oder sozialistisches Gedankengut vertreten“ [23].

Rechts „Ordnung“, links „Bewegung“; rechts „Bewahrung“, links „Veränderung“; rechts Konservatismus oder gar Nationalismus, links Kommunismus oder Sozialismus – angesichts solch starrer Zuordnungen ist man versucht, mit Faust zu sagen: Hier stock’ ich schon.

Gibt es nicht sogenannte Linksparteien, die dogmatisch erstarrt sind und an längst überholten Doktrinen hängen – mithin „Ordnungsparteien“ und nicht „Bewegungsparteien“ sind? Und gibt es nicht – andererseits – sogenannte Rechtsparteien, die alles andere als veränderungsscheu sind und sich keineswegs als Verfechter des Status quo gebärden?

Und weiter: Gibt es nicht sogenannte Linke, die sich in den Besitz der Macht gesetzt haben und nun unter allen Umständen darin verbleiben wollen, folglich „beharrend“ sind, sich aber an das Wort „revolutionär“ klammern, um die Gegner als „konterrevolutionär“ brandmarken und verfolgen zu können? Und gibt es nicht – andererseits – sogenannte Rechte, die an die Macht wollen und bestehende Verhältnisse in Staat und Gesellschaft radikal zu ändern trachten – weshalb sie sich das Etikett „revolutionär“ zulegen? [24]

Vor allem aber: Wenn Kommunismus „Revolution“, „Bewegung“ und „Veränderung“ bedeutet: Sind dann 1989 und 1990 in Polen, in der Tschechoslowakei, in Ungarn, in Rumänien, in Bulgarien, in der DDR – und nicht zuletzt in der Sowjetunion – Kräfte der „Ordnung“ und der „Beharrung“ gegen Kräfte der „Bewegung“ und der „Veränderung“ angetreten? Es war doch wohl umgekehrt ...

Nein, wer Schlagworten beikommen will, schafft dies nicht mit Schlagworten; das gilt vor allem für „rechts“ und „links“. Die wohlfeilen Schubladen, die immer noch gezogen werden – hier mit „Fortschritt = links“, dort mit „Rückschritt = rechts“ beschriftet –, sind mit Mogelpackungen gefüllt. Wir müssen tiefer graben, wenn wir den politisch-ideologischen Hintergrund der beiden Begriffe „rechts“ und „links“, dieses „elementare Gegeneinander“ [25], wie Armin Mohler es nennt, ausleuchten wollen.

Emanzipation und Institutionalisierung

Rechts und links, lesen wir bei Gerd-Klaus Kaltenbrunner, seien *„zwei verschiedene Visionen von den Möglichkeiten, Grenzen und Aufgaben des Menschen, wie denn hinter jeder Politik eine bestimmte, wenngleich nicht immer explizierte Anthropologie verborgen“* [26] sei.

Auch Eugen Lemberg spricht – im Blick auf das Begriffspaar „rechts“ und „links“ – von *„zwei alternativen Möglichkeiten, die Welt zu interpretieren und die Gesellschaft zu konstruieren“* [27]. Die „wirkliche Alternative zwischen Links und Rechts“ – so Lemberg – sei *„Emanzipation“* auf der einen und *„Institutionalisierung“* auf der anderen Seite.[28]

Das klingt gewiß plakativ – ja abstrakt. Aber es ist so: Es gibt tatsächlich ein „linkes“ und „rechtes“ Welt- und Menschenbild, „linkes“ und „rechtes“ politisches Bewußtsein: „zweierlei Weltgefühl, wie es verschiedener nicht gedacht werden kann“[29]. Und der Antagonismus zwischen „linkem“ und „rechtem“ Welt- und Menschenbild wird mit „Emanzipation“ und „Institutionalisierung“ durchaus treffend charakterisiert – wie zu zeigen ist.

Erster Teil

Die Welt – von „links“ gesehen

Der Mensch ist gut: Rousseau

Auf die Frage, worin die „Raison d'être", die „geschichtliche Rolle" und die „Mission" der „linken Denkweise oder Ideologie" zu erblicken sei, antwortet Eugen Lemberg:

„Gemeinsamer Nenner aller, die sich zur Linken rechnen oder dazu gerechnet werden, ist ein bestimmtes Menschenbild, das in unserem Kulturkreis im 17. und 18. Jahrhundert entstanden ist und damals gegen mächtige, den Menschen bis in die tiefsten Bereiche beherrschende Institutionen – den absolutistischen Staat und die Kirche – aber auch gegen eine als gottgewollt betrachtet ständische Gesellschaft durchgekämpft werden sollte. Nach diesem Menschenbild sind alle Menschen gleich und gleichberechtigt, ihnen kommt als Individuen Selbstbestimmung zu, und sie sind von Natur aus gut. Es gehört zu dieser Gleichheit und Güte der Menschen, daß ihre moralischen oder intellektuellen Unzulänglichkeiten nicht schlechten Erbanlagen zugeschrieben werden, sondern der Gesellschaft, dem Milieu, weshalb die Linke der Milieutheorie zuneigt und die Betonung des Erbfaktors für faschistisch hält." [1]

Zu diesem Menschenbild, das sich im Zeitalter des Rationalismus und der Aufklärung herausbildet, gehört ein „Fortschrittsglaube, das heißt der Glaube zumindest an die Möglichkeit einer ständigen Höherentwicklung der Menschheit zu immer größerer Freiheit, zur Beseitigung aller Stände und erblichen Unterschiede und zum ewigen Frieden" [2].

Die durch nichts zu erschütternde Überzeugung, die Menschheit stehe vor einem „unaufhaltsamen Siegeszug von Wissenschaft, Freiheit und Gleichheit" [3], gab damals dem Marquis de Condorcet, einem der einflußreichsten philosophischen Köpfe seiner Zeit, so blumig-revolutionäre Sätze ein wie diese: „Es kommt der Tag, da die Sonne nur auf eine Welt freier Menschen herabscheint, die keinen Herrn anerkennen als die eigene Vernunft. Dann werden Tyrannen und Sklaven, Priester und ihre verdummten ... Werkzeuge nur noch in der Geschichte und auf der Bühne vorkommen." [4]

Es ist der Glaube an die „Perfektibilität der Menschen durch Änderung der gesellschaftlichen Verhältnisse" [5], der den Kern des „linken" Welt- und Menschenbildes ausmacht. Niemand hat – neben Condorcet – diesem Glauben, der Vision eines „neuen" Menschen, einer „neuen" Gesellschaft, einer „neuen" Welt flammender, wortgewaltiger Ausdruck verliehen als Jean-Jacques

Rousseau. Mit ihm, mit den „Botschaften" seiner Werke müssen wir uns befassen, wenn wir das „Antriebs-, Orientierungs- und Verhaltenssystem"[6], das der „Linken" eigen ist, verstehen wollen. Mit Rousseaus Antwort auf die alte Frage, was der Mensch sei und welche Aufgaben er *in* der Welt und *für* die Welt habe, beginnt ein neuer Abschnitt – wenn nicht ein neues Zeitalter – in der Geschichte der Menschheit: „Rousseaus mit hinreißender Beredsamkeit verkündete Botschaft vom ursprünglich guten, aber durch die Zivilisation entarteten Menschen schuf die Voraussetzungen für die Französische Revolution *und für die permanente revolutionäre Bewegung, in der wir seitdem existieren.*"[7]

Eine Botschaft voller Dynamit

Der Mensch ist gut, von seiner *Natur* her gut und vollkommen, aber durch die Zivilisation verdorben und „entartet": Was war an dieser „Botschaft" so revolutionär? Die Antwort ist einfach:

Sie bedeutete den Bruch mit dem Menschenbild, das bis dahin „die Geschichte des Abendlandes, und nicht nur sie, auf das tiefste beeinflußt und bewegt"[8] hatte: mit dem *christlichen* Bild vom Menschen, das mit Blaise Pascals berühmtem Wort, der Mensch sei „ni ange ni bête" – er sei mithin von seiner Natur her weder gut noch böse – treffend, wenn auch keineswegs erschöpfend, umschrieben werden kann.

Nach christlichem Glaubensverständnis ist der Mensch mit den Folgen der *Erbsünde* behaftet. Er wurde aus dem Paradies vertrieben, weil er sein wollte wie Gott. Im Paradies lebte er in vollkommener Harmonie mit sich selbst und seiner Umgebung. Davon konnte nach dem Sündenfall keine Rede mehr sein. Der Mensch entdeckte seine Einsamkeit und seine Zwiespältigkeit, sein Gefährdetsein, seine Anfälligkeit für das Böse: für Haß, Neid, Besitzgier, Herrschsucht und Grausamkeit. Er merkte, daß er mit sich selbst und der Welt nicht mehr in Harmonie, sondern in ständiger Spannung lebte. Er merkte auch, daß seine Möglichkeiten, Ideen oder Pläne in die Tat umzusetzen, begrenzt waren – daß sich zwischen Wollen und Können ein nicht zu überbrückender Graben aufgetan hatte.

Mit einem Satz: Der Mensch mußte die Erfahrung machen, daß er ein begrenztes, gefährdetes, unvollkommenes Wesen war. Unvollkommenheit, Begrenztheit, Zwiespältigkeit und Gefährdetsein sind dem Menschen angeboren, sagt der Christ. Der Mensch bleibt unvollkommen, zwiespältig und gefährdet, solange er lebt. Denn was dem Menschen *angeboren* ist – davon kann er sich auch nicht *befreien.*

Rousseau sieht das völlig anders. Bei ihm tritt – wenn man so will – die Zivilisation an die Stelle der Erbsünde.[9] Wenn der „Sündenfall" aber Zivilisation heißt, dann kann sich der Mensch von den schlimmen Folgen dieser gesellschaftlichen „Entartung" sehr wohl befreien. Denn der Mensch ist ja von Natur aus gut; das Böse kann demnach nicht von Gott oder vom Teufel kommen, sondern es ist der Mensch selbst, der das Böse schafft. Dann hat der Mensch es aber auch in der Hand, das Böse und Schlechte wieder auszumerzen und zum Naturzustand zurückzufinden; deshalb „kann man den Menschen und die Gesellschaft ändern" [10].

Rousseau hielt „die ganze geschichtliche Entwicklung für einen verhängnisvollen Abfall von der Natur" [11]. Die Zivilisation hatte dahin geführt, daß der Mensch in Unfreiheit, Unzufriedenheit und innerer Zerrissenheit lebte. Das war einmal anders. Es gab eine Zeit – so Rousseau in seiner „Abhandlung über den Ursprung der Ungleichheit unter den Menschen" aus dem Jahre 1754 –, in der der Mensch in voller Übereinstimmung mit sich selbst sein Leben führte, „bewegt von den vormoralischen und vorrationalen Grundtrieben zur Selbsterhaltung (*amour de soi*) und zum Mitleid (*commisération*)" [12].

Dieses Goldene Zeitalter fand sein Ende, als der Mensch darauf verfiel, den Ackerbau einzuführen, ein Stück Land einzuzäunen und zu sagen: Das gehört mir. Eigentumsbildung – das war die eigentliche Wurzel allen Übels, weil mit der Eigentumsbildung *Arbeitsteilung* verbunden war, durch die „der Mensch vom Menschen abhängig" [13] wurde. Aus dem „natürlichen" Selbsterhaltungstrieb wurde verderbliche Eigensucht (*amour propre*) – und aus der Eigensucht erwuchsen wiederum „Habsucht, Herrschsucht, Rachsucht, Eitelkeit, Neid usw." [14]. Der Mitmensch wurde „bloßes Mittel für die Zwecke des eigenen Ich", die *commisération* gegenüber dem Mitmenschen wandelte sich in „eiskaltes Interessenkalkül" [15].

In den Augen Jean-Jacques Rousseaus leidet der Mensch folglich nicht unter angeborenen, sondern unter *erworbenen* Schwächen, Übeln und Fehlern. Die menschliche Unvollkommenheit und Unzulänglichkeit ist letztlich *selbstverschuldet*; sie ist nicht ontologisch, sondern historisch oder sozial bedingt; sie ist eine Folgeerscheinung „falscher" gesellschaftlicher Verhältnisse, „falscher" Erziehung, „falschen" Bewußtseins, einer „falschen" Einstellung zur Welt und zum Leben:

„Alles ist gut, wie es aus den Händen des Schöpfers der Dinge hervorgeht, alles verkommt unter den Händen des Menschen" – so beginnt Rousseaus Roman *Emile ou de l'éducation* (1762). „Das ist die Grundthese Rousseaus, auf der er seine Geschichtsvorstellung aufbaut, auch seine Verheißung ... Auf die Geschichte bezogen, ergibt sich für Rousseau das Bild eines idyllischen Urzustandes allgemeiner Harmonie einer brüderlich lebenden und teilenden Gemeinschaft, die, durch ländlich-sittliche Bescheidenheit geprägt, zufrieden mit dem lebt, was ihr die Natur von sich aus darbietet – bis zu dem Augenblick hin, in dem Arbeitsteilung und mit ihr Besitz entstehen und angeblich die Natürlichkeit ‚unter den Händen der Menschen' verlorengeht ... Der Urzustand wird so zum Idealzustand und zugleich zum Ziel der Geschichte."[16] Denn es heißt bei Rousseau: „Nehmt uns unsere Irrtümer und Laster, nehmt uns das Menschenwerk, und alles ist gut."

Es ist klar: Wenn jemand verkündet, daß der „harmonische Zustand eines irdischen Gartens Eden"[17] erreichbar, daß ewige Güte und immerwährende Brüderlichkeit „machbar" seien; daß der Mensch selber es in der Hand habe, zu seiner ursprünglichen Güte, seiner wahren Natur zurückzufinden und so das vermeintlich für immer verlorene Paradies wiederherzustellen: Wenn jemand solches verheißt, dann müssen diese elektrisierenden Visionen Folgen nach sich ziehen – Folgen vor allem für die *Politik*. Denn die Politik, *jede* Politik, ist Ausdruck eines bestimmten Bildes vom Menschen.

Rousseaus „Botschaften" von der angeborenen Güte und der im Grunde selbstverschuldeten Unvollkommenheit des Menschen steckten voller Dynamit. Sie wurden zur Initialzündung einer politisch-ideologischen Revolte gegen alles, was den Menschen daran hindert, wieder das zu werden, was er „eigentlich", was er von seiner Natur her ist: ein vollkommenes Wesen.

Und was hindert den Menschen daran, was hält ihn davon ab, sich aus selbstverschuldeter Unvollkommenheit wieder zu befreien? Rousseaus Antwort auf diese Frage hat ein Erdbeben in der politischen und geistigen Geschichte Europas und der Welt hervorgerufen, dessen Folgen wir heute noch spüren. Denn Rousseaus missionarischer Appell lautete:

Kämpft gegen die bestehenden Verhältnisse in Staat und Gesellschaft, gegen die von den Menschen geschaffenen Ordnungen und Einrichtungen! Kämpft gegen alles, was „geworden" ist! Macht Front gegen das „Menschenwerk"! Befreit Euch von den Fesseln, die Ihr Euch zu Eurem Schaden selber angelegt habt – „und alles ist gut".

Es ist ein Aufruf zum Aufstand gegen die bestehende Welt im Namen einer erdachten *Gegenwelt*, eines abstrakten Entwurfs, einer intellektuellen Konstruktion. [18]

Radikale französische Revolutionäre um den Rechtsanwalt Maximilien de Robespierre – der ein glühender Bewunderer Jean-Jacques Rousseaus war und sich als dessen Jünger und Sachwalter verstand [19] – und Antoine de Saint-Just, den treuesten Weggefährten Robespierres, haben als erste versucht, einen solchen Aufstand zu verwirklichen: jene „Revolution" durchzuführen, die der 1778 gestorbene Rousseau kommen sah („Wir nähern uns einer Krise, dem Jahrhundert der Revolutionen" [20], heißt es im *Emile*), und mit den Mitteln der Politik jenen „neuen" Menschen zu schaffen, wie Rousseau ihn in seinem Erziehungsroman entworfen hatte.

Tugend und Terror: Robespierre

Robespierre, Saint-Just und die Jakobiner – eine politische Sekte, die sich in Paris im ehemaligen Dominikanerkloster St. Jakob zu versammeln pflegte; daher der Name – wollten die Geschichte ihres Landes, wie überhaupt die Weltgeschichte, von Grund auf neu schreiben. Sie gingen daran – um mit Friedrich von Gentz zu sprechen – „die Welt von Frischem wieder anzufangen“[1]. Sie waren davon überzeugt, daß sie nicht nur das Recht, sondern sogar die Pflicht hätten, alles „Alte“ und „Überkommene“ zu bekämpfen und schließlich zu vernichten: im Namen der „Botschaft“ Rousseaus, es müsse gleichsam der Schutt von Jahrhunderten, der von den Menschen selber aufgetürmte Schutt, beiseite geräumt werden, damit die Wiedergeburt des von seiner Natur her „guten“ Menschen erfolgen und eine neue, harmonische, in sich vollkommene und nicht mehr verbesserungsbedürftige Gesellschaft aufgebaut werden könne.

So kreist die Ideologie der Jakobiner um Sätze des Revolutionärs Rabaud de St. Etienne: „Alle Arten von Verfassungen in Frankreich befördern das Unglück des Volkes; um das Volk glücklich zu machen, muß man es umschaffen, seine Ideen ändern, seine Gesetze ändern, seine Sitten ändern, die Sachen ändern, die Worte ändern ... alles zerstören, ja, alles zerstören, weil alles von Neuem gebaut werden muß.“[2] Und Maximilien de Robespierre, *spiritus rector* dieser politischen Sekte, die zur Monopartei aufstieg, war nach den Worten Heinrich Heines „nichts als die Hand von Jean-Jacques Rousseau, die blutige Hand, die aus dem Schoße der Zeit den Leib hervorzog, dessen Seele Rousseau geschaffen“[3].

Augenzeugen berichten, „daß an mehreren Stellen von Paris unabhängig voneinander und gleichzeitig nach den Turmuhren geschossen wurde“, um die Zeit anzuhalten: „Zeit sollte im erfüllten Augenblick der Menschheit zum Stillstand gebracht, als Feind entmächtigt und aufgehoben werden.“[4]

Es war nur folgerichtig, daß die Revolutionäre die bis dahin geltende Zeitrechnung aufhoben: „Wo man ... versucht, den neuen Menschen zu schaffen, dort ändert sich das Verhältnis zur Geschichte. Dies geschieht meist so, daß die siegreiche Fortschrittsgruppe die Wurzeln der altetablierten Herrschaftsmächte abgräbt und ihre eigene Geschichtslosigkeit zum Prinzip der Gesamtgesellschaft ausruft. Die französischen Revolutionäre ernannten das Jahr 1793 zum Jahre 1 eines neuen Weltalters ...“[5]

Um mit der christlichen Tradition „ganz zu brechen“ [6], änderte der Konvent die Monatsnamen und ersetzte die Wochen durch Dekaden; Volks- oder Nationalfeste in zehntägigem Rhythmus traten an die Stelle der Sonntage ...

Kreuzzug im Namen der Revolution

Das geistige Europa hatte die Revolution in Frankreich zunächst mit einigem Entzücken begrüßt. „Morgenröte, Menschheitsfrühling, das waren Metaphern, die weit über die Grenzen hinaus griffen, auch tief nach Deutschland hinein. Das Prinzip Hoffnung strahlte, phantastisch illuminiert, über den deutschen Staaten auf.“ [7]

Etwas vom schwärmerischen Hochgefühl, mit dem man gerade in Deutschland über den Rhein nach Frankreich blickte, ist aus Goethes Epos „Hermann und Dorothea“ herauszuhören:

„Denn wer leugnet es wohl, daß sich das Herz ihm erhoben,
Ihm die freiere Brust mit reineren Pulsen geschlagen,
Als sich der erste Glanz der neuen Sonne heranhob,
Als man hörte vom Rechte der Menschen, das allen gemein sei,
Von der begeisternden Freiheit und von der löblichen Gleichheit! ...
Schauten nicht alle Völker in jenen drängenden Tagen
Nach der Hauptstadt der Welt, die es schon so lange gewesen,
Und jetzt mehr als je den herrlichen Namen verdiente?
Waren nicht jener Männer, der ersten Verkünder der Botschaft,
Namen den höchsten gleich, die unter die Sterne gesetzt sind?
Wuchs nicht jeglichem Menschen der Mut und der Geist und die Sprache?
Und wir waren zuerst, als Nachbarn, lebhaft entzündet ... “ [8]

Georg Wilhelm Friedrich Hegel verglich die neue Epoche der Weltgeschichte mit einem „herrlichen Sonnenaufgang“ [9]; Immanuel Kant sagte: „Diese Revolution findet doch in den Gemütern aller Zuschauer (die nicht selber in diesem Spiele mit verwickelt sind) eine Teilnehmung dem Wunsche nach, die nahe an Enthusiasmus grenzt ...“ [10]

Der Grund für diese Begeisterung war „charakteristisch für die deutsche Bildungsschicht“ [11]; in einem Brief des 26jährigen preußischen Kriegsrats – und späteren Metternich-Beraters und „europäischen Staatsmannes“ [12] – Friedrich Gentz vom 5. Dezember 1790 an seinen väterlichen Freund Christian Garve in Breslau heißt es, wenn diese Revolution scheitern sollte, so wäre das einer der „härtesten Unfälle ..., die je das menschliche Geschlecht betroffen haben“. Denn – und nun kommt es –:

„Sie ist der erste praktische Triumph der Philosophie, das erste Beispiel einer Regierungsform, die auf Prinzipien und ein zusammenhängendes System gegründet wird. Sie ist die Hoffnung und der Trost für so viele alte Übel, unter denen die Menschheit seufzt. Sollte diese Revolution zurückgehen, so würden alle diese Übel zehnmal unheilbarer.“ [13]

Der Triumph der Philosophie – das war es! „Die Philosophie an die Macht! Die Revolution als letzte Vollendung, als politische Übersetzung eines Jahrhunderts des Geistes, des Fortschritts und der Aufklärung! Alle Welt pilgerte nach Paris, verfolgte andächtig die Sitzungen der Nationalversammlung und kehrte, wie der Pädagoge Johann Heinrich Campe, in der Überzeugung zurück, ‚daß diese französische Staatsumwälzung die größte und allgemeinste Wohltat ist, welche die Vorsehung, seit Luthers Glaubensverbesserung, der Menschheit zugewandt hat, und daß daher das ganze weiße, schwarze, braune und gelbe Menschengeschlecht, rund um den Erdball herum, ein allgemeines feierliches ‚Herr Gott Dich loben wir‘ dafür anstimmen sollte‘.“ [14]

Aber der Enthusiasmus über die revolutionären Umwälzungen in Frankreich währte nicht lange in Deutschland. „Das Ideal vom brüderlichen und friedlichen Zusammenleben freier und gleicher Bürger vertrug sich nicht mit den weiteren Nachrichten aus Paris; die Revolution glitt blutig aus, und der revolutionäre Terror, der Massenmord im Namen sämtlicher Tugenden der Aufklärung, wurde von den entsetzten deutschen Bürgern als Katastrophe empfunden. Die Revolution wandelte sich zum Lehrstück: Politisches Handeln und philosophisches Denken sind zwei schwer vereinbare Welten.“ [15]

Gentz hatte dies mittlerweile erkannt. Er, der noch 1790 auf die Ereignisse im Nachbarland blickend, ergriffen vom „Triumph der Philosophie“ gesprochen hatte, wollte von diesem hochgemuten Urteil drei Jahre später nichts mehr wissen. Was ihn jetzt abstieß, war der *ideologische Messianismus* der Revolutionäre im Nachbarland – die monomanische Sucht Robespierres und seiner Gefolgschaft, nicht nur im eigenen Land, sondern überall auf dem Kontinent als Menschheitsbeglücker, ja als „allgemeiner Gesetzgeber anerkannt sein“ zu wollen. Aus dem „Triumph der Philosophie“ war – jedenfalls für Gentz – so etwas wie ein Fluch der Philosophie geworden:

„Die despotische Synode zu Paris, innerlich von ihren Inquisitionsgerichten, äußerlich von Tausenden freiwilliger Missionarien unterstützt, erklärt mit einer Intoleranz, von welcher seit dem Verfall der Untrüglichkeit der Päpste kein Beispiel vorhanden war, jede Abweichung von ihren Maximen für Ketzerei und Greuel... Eine Gesellschaft seichter Köpfe, die alles,

was Genie mit Mäßigung verband, weggefegt und verwiesen haben, gibt jetzt, nicht ihrem Pöbel allein, sondern dem erstaunten Europa den Maßstab der Menschenbeurteilung, der Theorie der Staaten und der Grundsätze aller bürgerlichen Verbindung, gibt sie mit einer Vermessenheit und einem Stolz, dessen noch nie ein Fürst sich schuldig gemacht hat, und will als allgemeiner Gesetzgeber anerkannt sein. Alles, was bisher in den Augen der Menschen Wert hatte, soll für Tand gelten, alles, wobei sich Millionen glücklich fühlten, als Grille und Verderbnis ausgerottet werden. Alles soll forthin ein Reich, ein Volk, ein Glaube und eine Sprache sein.“ [16]

Als Gentz diese von Empörung durchtränkten Sätze niederschrieb, hatten die neuen Machthaber in Frankreich dem Kontinent längst den Krieg erklärt – im Namen der Revolution. Sie hatten die europäische Öffentlichkeit wissen lassen, „worum es in dieser historischen Stunde gehe: Dies sei der große Kreuzzug zur Befreiung aller Völker von fürstlicher Despotie und aristokratischen Privilegien. Die Losung laute: Guerre aux chateaux, paix aux chaumières (Krieg den Palästen, Friede den Hütten).“ [17]

Im Namen der Revolution war Ludwig XVI. am 21. Januar 1793 guillotiniert worden. Was Europa entsetzte, war die Eiseskälte, mit der Robespierre und Saint-Just, aber auch Georges Danton, die Notwendigkeit dieser öffentlichen Hinrichtung begründeten:

Ludwig sei kein „Bürger“, so hieß es, sondern er stehe außerhalb des Gesetzes. Als König sei er ein „Feind des Volkes“, der – wie Saint-Just anmerkte – „weniger abzuurteilen als zu bekämpfen“ [18] sei. Danton sekundierte: „Wir wollen den König nicht aburteilen, wir wollen ihn töten.“ [19] Und Robespierre stellte klar, worauf es ihm und den Jakobinern ankam: Es galt, „den Fall nach einer Regel zu behandeln, die nicht im menschlichen Gewissen, nicht einmal im Gesetz, sondern einzig und allein in der revolutionären Logik“ [20] lag.
An die Abgeordneten gewandt, sagte Robespierre am 3. Dezember 1792:

„Hier gibt es keinen Prozeß zu führen. Ludwig ist kein Angeklagter. Ihr seid keine Richter. Ihr seid Staatsmänner und Vertreter des Volkes und könnt nichts anderes sein. Ihr habt nicht einen Spruch für oder gegen einen Menschen zu fällen, sondern eine Maßnahme des öffentlichen Wohles zu treffen, einen Akt der nationalen Vorsehung auszuüben.“ [21]

Anders zu entscheiden, so hämmerte Robespierre den Abgeordneten ein, sei undenkbar. Denn:

„... wenn Ludwig losgesprochen wird, wenn Ludwig als unschuldig angenommen wird, was wird dann aus der Revolution? Wenn Ludwig unschuldig

ist, dann werden alle Verteidiger der Freiheit zu Verleumdern; die Rebellen werden dann die Freunde der Wahrheit und die Verteidiger der unterdrückten Unschuld."[22]

So kam Robespierre zu einer Schlußfolgerung, die alsbald ihren Lauf um die ganze Welt nahm: „Ludwig muß sterben, weil das Vaterland leben muß."[23]

Es ist eine Art der „Beweisführung", wie sie viele Jahrzehnte später, bei Schauprozessen in den totalitären Staaten des 20. Jahrhunderts, schaurige Auferstehung feiern sollte ...

Regie mit dem Schrecken

Mit der Enthauptung Ludwig XVI. begann die „eigentliche Machtentfaltung"[24] Maximilien de Robespierres. Mit dem gewaltsamen Tod des Königs wurde aber auch „die Grundlage für den Schrecken geschaffen, der noch im selben Jahr auf die Tagesordnung gesetzt"[25] wurde – und der bis zu jenem brütend heißen Julitag des Jahres 1794 andauerte, an dem der blutige Diktator selber unter das Fallbeil kam.

La Terreur, Schreckensherrschaft: das bedeutete die physische Vernichtung aller „Feinde" der Revolution – der wirklichen wie vor allem der vermeintlichen „Feinde". Annähernd 40 000 Menschen wurden in dieser Zeit zu Tode gebracht.[26] „Der Terror", dozierte Robespierre am 5. Februar 1794 im Konvent, „ist nichts anderes als das schlagfertige, unerbittliche, unbeugsame Recht, er ist somit eine Emanation der Tugend; er ist weniger ein besonderes Prinzip als ein Produkt des allgemeinen Prinzips der Demokratie, das auf die besonderen Angelegenheiten des Vaterlandes angewendet wird."[27]

Wer war der Mann, der so redete?

„Der gefährlichste Mensch", schreibt Friedrich Sieburg in seiner meisterlichen Robespierre-Biographie, „ist derjenige, der nur eine einzige Idee hat. Robespierre ist ein solcher Mensch. Die Einfachheit seines Weltbildes, die Ausschließlichkeit seines Wollens und die Abwesenheit störender Leidenschaften geben ihm jene unwiderstehliche Stoßkraft, die ihn zum ersten Manne der Französischen Revolution macht. Er tötet seine Mitmenschen um dieser Lehre willen, aber er stirbt auch selbst für sie. Er versucht, *diese Philosophie in Politik zu übersetzen und macht sie dadurch tödlich.* Seine Erscheinung ist darum so einzigartig, weil nie jemand vor und nach ihm so konsequent versucht hat, eine Utopie religiösen Ursprungs vollständig in praktische Politik zu verwandeln. Seine öffentliche Tätigkeit ist die fast mechanische Ersetzung einer religiösen Vorstellung durch politische Begriffe. Er will eine vollkommene Gesellschaft gründen, deren Souverän das Volk (le peuple) ist. Er will ein Reich Gottes auf Erden schaffen, dessen Gott dieses Volk ist. Dieses Unternehmen wird von ihm ohne Berücksichtigung des Unterschiedes zwischen dem wahren Charakter Gottes und dem nur gedachten Charakter des Volkes durchgeführt. *Die Wirklichkeit wird ihm somit zu einer verbrecherischen Einrichtung, da sie seiner Unternehmung widersteht.* Ohne sich darüber klarzuwerden, nimmt er den Kampf gegen alles Lebendige, ja gegen das Leben selbst auf. Seine Erfindung ist die Überführung der religiösen Intoleranz auf das politische Leben, ist die *Gesinnungspolitik, die nicht mehr den Bruch der Gesetze, sondern die abweichende Gesinnung bestraft.*“ [28]

Die „einzige Idee“, die Robespierre hat, die *idée fixe*, die ihn umtreibt, ist das Konstrukt des „Gemeinwillens“: Jean-Jacques Rousseaus mystische Lehre von der unfehlbaren *volonté générale*; sie ist „das winzige Samenkorn, aus dem das gewaltige Gebäude der Schreckensherrschaft und der jakobinischen Diktatur geboren“ [29] wird.

Was versteht Rousseau unter der *volonté générale*? Sie ist zunächst einmal von der *volonté de tous*, dem bloßen „Gesamtwillen“, zu unterscheiden; denn dieser stellt – nach den Worten Rousseaus – „nur die Summe der Einzelinteressen“ [30] dar, entspricht folglich der „bösen“ *amour propre*, der Eigensucht, während die *volonté générale* „jederzeit recht hat und jederzeit nach dem Gemeinwohl strebt“ [31], mithin Ausdruck der „guten“ *amour de soi*, des Selbsterhaltungstriebes, ist.

Wie ist dieser mystische „Gemeinwille“ aber zu erkennen? Wie kommt er zustande? Rousseaus Antwort ist höchst aufschlußreich:

„Niemand wird bestreiten wollen, daß der Allgemeine Wille ein reiner Akt des Erkenntnisvermögens in jedem Individuum ist, das sich im Schweigen der Leidenschaften klar wird über das, was der Mensch von seinem Nächsten fordern kann, und über das, was sein Nächster von ihm fordern kann.“ [32]

Mit anderen Worten: Wer glauben *will*, daß es einen solchen „Allgemeinen Willen“ tatsächlich *gibt*, der wird ihn in einem Akt mystischer Kontemplation auch erkennen und sich ihm unterwerfen. Er wird gleichsam erleuchtet werden und von nun an für immer wissen, welches der „wahre“ Wille des Volkes – und damit das „wahre“ Wohl des Volkes – ist.

Robespierre ist ein solcher Wissender, Erleuchteter; unverrückbar ist seine Überzeugung, „den Volkswillen besser zu erkennen als das Volk selber“ [33], unnachsichtig seine Entschlossenheit, diesem nur von ihm erkannten „Volkswillen“ Geltung zu verschaffen.

Mit kalt-leidenschaftlicher Präzision, wie ein monströser Buchhalter geht der „Unbestechliche“ (wie man ihn aufgrund seines nahezu puritanischen Lebenswandels nennt) an den Versuch, „die Bevölkerung seines Landes in *einer* politischen Gesinnung zu verschmelzen, ihren Charakter gleichsam zu ändern, im Sinne einer Parteidoktrin und durch das Mittel einer Parteidiktatur“ [34].

Paradies mit „neuen Menschen“

Was Maximilien de Robespierre im einzelnen will, hört sich an – aber ist das verwunderlich bei einem Mann, der sich bis zur Selbstaufgabe mit seinem vergötterten Lehrmeister Rousseau identifiziert hat? –, als wolle er auf Erden ein veritables Paradies errichten:

„Wir wollen in unserem Lande den Egoismus durch die Moral ersetzen, die Ehre durch Rechtschaffenheit, die Gewohnheiten durch die Prinzipien, die Schicklichkeit durch die Pflicht, den Zwang der Tradition durch die Herrschaft der Vernunft, die Geringschätzung des Unglücks durch die Geringschätzung des Lasters, die Frechheit durch das Selbstgefühl, die Eitelkeit durch die Seelengröße, den Geldhunger durch die edle Ruhmsucht, die sogenannte gute Gesellschaft durch gute Menschen, den Schöngeist durch die Genialität, den falschen Glanz durch die Wahrheit, die Langweiligkeit der Wollust durch den Zauber des wahren Glücks, die Kleinheit der großen Leute durch die Größe des Menschen, ein artiges, leichtfertiges, klägliches Volk durch ein großes, glückliches Volk ... Mit einem Wort, wir wollen den Willen der Natur erfüllen, die Bestimmung der Menschheit Wirklichkeit werden lassen, die Versprechungen der Philosophie einlösen, die Vorsehung von der langen Herrschaft des Verbrechens und der Tyrannei freisprechen.“ [35]

Wie schrill klingen uns, den gebrannten Kindern des 20. Jahrhunderts, diese berauschenden *Verheißungen* einer „neuen“ Gesellschaft mit „neuen“ Menschen in den Ohren! Alles, was – nach den Worten Karl Dietrich Brachers – die totalitären Bewegungen unseres Säkulums charakterisiert hat – „jedem jedes zu versprechen, Sammelbewegung und Sammelglauben zu sein und zugleich in scharfer Konfrontation den absoluten ideologischen Gegner auszumachen: Integrations- und Feindideologie in einem“ [36] –, alles dies ist bei Robespierre schon vorgezeichnet.

Robespierre, „vollendeter politischer Ideologe“[37] wie sein Lehrmeister Rousseau, sah die Menschen nicht so, „wie sie tatsächlich sind, sondern so, wie sie sein sollten und unter den ‚richtigen‘ Bedingungen auch sein würden“[38]. Er glaubte, “es gebe nichts in der Kunst der Menschenformung, was eine Regierung nicht fertigbringen könne“[39]. Die Diktatur der Jakobiner ist – wie später die kommunistische, aber auch die nationalsozialistische – eine *Erziehungsdiktatur*: Politik ist Erziehung, Erziehung ist Politik. Auch hier stand Jean-Jacques Rousseau Pate: mit seiner Lehre vom Gesetzgeber (*législateur*).

Der Gesetzgeber, „in jeder Hinsicht ein außergewöhnlicher Mann im Staat“, außergewöhnlich „durch sein Genie“ und außergewöhnlich „durch seine Tätigkeit“[40], hat dafür Sorge zu tragen, das Volk auf die *volonté générale* einzuschwören und nicht mehr zuzulassen, daß es auf die Irrwege der *volonté de tous* gerät. So ist die „primäre Rolle“ des Gesetzgebers „die eines Erziehers, ja sogar die eines Schöpfers neuer Menschen“[41]. Rousseau dekretierte:

„Wer es zu unternehmen wagt, ein Volk zu bilden, muß sich imstande fühlen, sozusagen die menschliche Natur zu verwandeln. Er muß jedes Individuum, das als solches ein vollkommenes und selbständiges Ganzes ist, in einen Teil eines größeren Ganzen umformen, von dem dieses Individuum in gewisser Hinsicht sein Leben und sein Wesen empfängt. Er muß die Beschaffenheit des Menschen verschlechtern, um sie zu verstärken.“[42]

Robespierre, der Jünger, nahm diese Anweisungen wörtlich: Wer wenn nicht er, der Erleuchtete, der Wissende, der vom unfehlbaren und allmächtigen „Gemeinwillen“ Durchdrungene, konnte beanspruchen, der *législateur* zu sein und, gemeinsam mit der um ihn gescharten aufgeklärten Avantgarde, die „totale Identität von Regierenden und Regierten“[43] herzustellen ...

Eine mörderische Ehe

Die jakobinische Diktatur nahm auch den Terror, mit dem die totalitären Systeme des 20. Jahrhunderts ihren “Kampf gegen die politisch Nichtgläubigen“[44] führten, gewissermaßen vorweg:

Die Seele der „neuen“ Gesellschaft, wie Robespierre sie feiert, ist die *vertu publique*, die „öffentliche Tugend“. Wer aber bestimmt, was und wer tugendhaft ist? Das kann nur der leisten, der die *volonté générale* kennt, der weiß, was das Volk wirklich will – und was gut ist für das Volk. „So wird Robespierre selbst das Kriterium. Wer so denkt und handelt wie er, ist tugendhaft." [45]

Alle, die sich ihm anschließen, sich unter das Gesetz der *volonté générale* stellen und ihren Einzelwillen an den „Gemeinwillen" abtreten, werden der Gnade teilhaftig, sich „wahre" – weil erst wirklich „freie" – Staatsbürger nennen zu dürfen. Sie sind „frei", weil sie nur dem Gesetz gehorchen, das sie sich selbst gegeben haben. Das hatte – wiederum – schon Rousseau gelehrt: „Gehorsam dem Gesetz gegenüber, das man sich selbst gegeben hat, ist Freiheit." [46] Und: „Übereinstimmung der Einzelwillen mit dem Gemeinwillen ist ... Tugend." [47]

Was aber geschieht mit denen, die nicht willens sind, den „Gemeinwillen" anzuerkennen und sich ihm zu unterwerfen? Robespierre brauchte erneut nur auf Rousseau zurückzugreifen, um darauf eine Antwort zu finden:

„... Wer immer dem Gemeinwillen den Gehorsam verweigert, wird von der Gemeinschaft dazu gezwungen: Das bedeutet nichts anderes, als daß man ihn zwingen wird, frei zu sein." [48]

Terror und Tugend gingen im Jakobinismus eine mörderische Ehe ein. „Die Triebfeder der in Revolution befindlichen Volksregierung ist *zugleich* die Tugend und der Terror„ [49], sagte Robespierre. Der Zwang, die Menschen „frei" und „tugendhaft" zu machen – „Macht, daß die Tugend regiert" [50], hatte Rousseau postuliert –, „geht bis zur Vernichtung, weil derjenige, der den Allgemeinwillen nicht achtet, für die Allgemeinheit gefährlich wird; man vernichtet ihn nicht als Verbrecher, sondern als einen Korrumpierten, als einen Tugendlosen, als einen Menschen, der nicht versteht, frei zu sein, indem er dem Gesetz gehorcht. Damit entsteht die Scheidung der Staatsbürger in gute und schlechte Bürger, von denen die einen alles ‚Recht' für sich und die anderen das ‚Recht' gegen sich haben. So sieht die Diktatur einer Weltanschauung aus. Ihr System zeigt ... schon sehr moderne Züge." [51]

Griff nach den Kindern

Modern – bestürzend modern, wenn man an die totalitären Herrschaftssysteme des 20. Jahrhunderts denkt – wirken die von den Jakobinern ausgearbeiteten Pläne zur ideologischen Erziehung *der Kinder* und der *Jugendlichen.* „Bereits das Kind in der Wiege gehört dem Vaterlande, also muß die Sorge des Gesetzgebers ihm von Anfang an gelten, hört man verkünden. Daß der Staat die Erziehung des Kindes in den ersten Jahren nicht selbst in die Hand nehmen kann, ist offenkundig; es wird aber gefordert, daß sie für die Knaben vom 5. bis 12., für die Mädchen vom 5. bis 11. Lebensjahr einsetze und so, daß sie die Gemeinsamkeit in jeder Hinsicht verkörpere, in der Kleidung, in der Nahrung, in der Unterweisung, in der Fürsorge.“ [52]

Im einzelnen wird betont – Saint-Just hat es aufgezeichnet –:

- „Die Kinder gehören bis zum fünften Jahre ihrer Mutter und danach bis zu ihrem Tode der Republik.“
- „Die Erziehung der Kinder vom zehnten bis sechzehnten Jahr ist militärisch und landwirtschaftlich.“
- „Sie werden in Kompanien zu sechzig eingeteilt. Sechs Kompanien bilden ein Bataillon. Die Lehrer ernennen jeden Monat den Führer unter denen, die sich am besten geführt haben.“
- „Sie werden während der Erntezeit den Landarbeitern zugeteilt. Sie lernen alle militärischen Übungen und versammeln sich jährlich am Jugendfesttag in Lagern, wo sie in besonders vorbereiteten Arenen Infanterieübungen abhalten.“
- „Alle Kinder behalten die gleiche Kleidung bis zum sechzehnten Jahr. Vom sechzehnten bis einundzwanzigsten Jahr tragen sie den Arbeiteranzug, dann bis zum fünfundzwanzigsten Jahr Uniform.“[53]

Das alles klingt so, daß man meinen könnte, die Diktatoren unseres Jahrhunderts seien bei Robespierre und den Jakobinern „zur Schule gegangen“[54].

Der Henker fällt durch den Henker

Modern mutet uns schließlich der Eifer an, mit dem Robespierre und die Jakobiner die *Denunziation* als Tugend, als Ausweis „richtiger“ staatsbürgerlicher Gesinnung, als vaterländische Pflicht priesen.[55] Das schmutzige Geschäft des Anschwärzens blühte und gedieh und trieb abscheuliche Früchte. „Ich erkenne“ – so das Wort eines Abgeordneten – „nur diejenigen als Patrioten an, die wie ich nötigenfalls ihren Vater, ihre Mutter, ihre Schwester anzeigen und auf dem Schafott ein Glas von ihrem Blute trinken.“ [56]

Da in der jakobinischen Diktatur „jede leiseste Opposition strafwürdige Verworfenheit“ [57] war, nahmen die Denunziationen immer maßlosere Dimensionen an. Der Justizterror steigerte sich zu einer aberwitzigen „Kopfjagd“ [58]: Jeder, der in irgendeiner Weise auffiel – sei es durch ausgesuchte Kleidung, sei es durch gewählte Sprechweise, sei es durch „feine Sitten“ –, war ein potentieller „Gegenrevolutionär", war ein „Verräter" an der guten Sache, war schuldig. Die Gefängnisse barsten – die Zahl der in ganz Frankreich Verhafteten erreichte im Juli 1794 eine halbe Million –, der Henker hatte Schwerstarbeit zu leisten: Täglich fielen „vierzig, fünfzig, ja sechzig Köpfe" [59] unter der Guillotine.

Am Ende – das sah ein von Robespierre eigens entworfenes Gesetz vor – sollte nur noch ein „moralischer Beweis" genügen, um die „Feinde" der Revolution vom Leben zum Tod zu befördern. Der „Beweis" wurde von den Geschworenen des Revolutionstribunals – die allesamt Jakobiner waren – erbracht: Sie sollten ihr revolutionäres Gewissen befragen und dann darüber befinden, ob ein Angeklagter den Tod verdiene oder nicht. Voruntersuchung? Schriftliche Aussagen? Zeugen? Verteidigung? Das alles sollte es nicht mehr geben ...

Doch von nun an begann sich, zaghaft zuerst und dann immer stärker werdend, Widerstand gegen den Diktator zu regen. Die Furcht, „durch eine Laune des Unbestechlichen" [60] das Leben zu verlieren, griff unter den Jakobinern um sich. Der Bogen war überspannt. „Das Leben war vergewaltigt worden zugunsten einer Doktrin, und es rächte sich schließlich, indem es diese ganze Tugendspielerei vernichtete" [61]:

Als Robespierre am 26. Juli 1794 in seiner letzten Rede vor den Abgeordneten in dunklen Andeutungen und Drohungen auf „Schurken, Verschwörer und Verräter" im „Schoße des Volkes" verweist und „Säuberungen" verlangt, steht der Abgeordnete Joseph Cambon auf, deutet auf Robespierre und ruft aus: „Ein einziger Mann lähmt den Willen des ganzen Konvents – es ist Robespierre." [62]

Das Signal, das den Bann bricht, ist gesetzt: „Robespierre wird das Wort verweigert, man drückt ihn zu Boden und beschließt seine Verhaftung." [63] In der Nacht zum 27. Juli 1794, gegen zwei Uhr früh, wird der „Unbestechliche" festgenommen und dabei durch einen Pistolenschuß am Unterkiefer verletzt. Einen Tag später werden er und 21 seiner Anhänger – darunter Saint-Just – auf drei Karren geladen und zur Richtstätte gebracht. „Eine riesige Menge hat sich eingefunden. Fensterplätze sind zu höchsten Preisen vermietet worden. Nicht nur die Angehörigen der Verurteilten und Verhafteten beschimpfen und verspotten die Gewalthaber von gestern, die zu Opfern von heute geworden sind ... Zuletzt reißt ihm noch der Henker die blutbefleckte Binde ab, die seine zertrümmerte Kinnlade hält. So hört man ihn schreien, ehe das Fallbeil seinen Kopf vom Körper trennt." [64]

Messianischer Machtanspruch: Marx

Mit dem Sturz Robespierres stirbt die jakobinische Diktatur – nicht aber die Weltanschauung, auf die sie gegründet war. Es überleben der ideologische Messianismus Rousseaus und der Jakobiner: die „politische Anthropologie von dem im Naturzustand guten Menschen“ [1]; der „Glaube, man könne durch gesellschaftliche Bedingungen einen ‚neuen Menschen‘ mit neuen Eigenschaften, einen allseitig entwickelten und sich jederzeit sozial und kommunikativ verhaltenden Menschen schaffen“ [2]; die Verheißung schließlich, es sei möglich, eine „vollkommene, heile, endgültige Ordnung“ herbeizuführen, in der das allgemeine Glück perfekt ist“ [3].

Die „Botschaften“ Jean-Jacques Rousseaus sind auch die „Botschaften“ des charismatischen „Advokatensohns aus Trier“ [4]: Schon der Abiturient Karl Marx spricht vom allgemeinen Ziel des Menschen, „die Menschheit und sich zu veredlen“ [5]. Das ist freilich ein Vorhaben, das von den Menschen nur gemeinsam bewältigt werden kann; denn „die Natur des Menschen ist so eingerichtet, daß er seine Vervollkommnung nur erreichen kann, wenn er für die Vollendung, für das Wohl seiner Mitwelt sorgt. Wenn er nur für sich schafft, kann er wohl ein berühmter Gelehrter, ein großer Weiser, ein ausgezeichneter Dichter, aber nie ein vollendeter, wahrhaft großer Mensch sein.“ [6]

Aber der junge Idealist entdeckt sehr bald den „Gegensatz von dem, was da ist, und dem, was sein soll“ [7]. Er findet die Wurzel aller Übel: Der Mensch lebt in „falschen“ Verhältnissen. Die bestehende Gesellschaftsordnung hindert ihn daran, sich zu vervollkommnen. Deshalb müssen die „Umstände“, in denen der Mensch lebt, radikal geändert werden: „Wenn der Mensch von den Umständen gebildet wird, so muß man die Umstände menschlich bilden.“ [8]

Marx, der „den Menschen zum Menschen“ [9] machen will und von einer „neuen Menschheit“ [10] fabuliert, ruft zur Beseitigung der bürgerlichen Gesellschaftsordnung auf. 1843 schreibt er an seinen Freund Arnold Ruge:

„Ist die Konstruktion der Zukunft und das Fertigwerden für alle Zeiten nicht unsere Sache, so ist desto gewisser, was wir gegenwärtig zu vollbringen haben, ich meine die rücksichtslose Kritik alles Bestehenden, rücksichtslos sowohl in dem Sinne, daß die Kritik sich nicht vor ihren Resultaten fürchtet und ebensowenig vor dem Konflikte mit den vorhandenen Mächten.“ [11]

Sein Konzept heißt: Kommunismus. 1845 drückt Marx aus, „was als Programm seiner ganzen Arbeit gelten kann“ [12]: „Wir nennen Kommunismus die wirkliche Bewegung, welche den jetzigen Zustand aufhebt.“ [13]

Die bürgerliche Gesellschaftordnung ist deshalb so unerträglich, weil sie auf dem *Privateigentum an den Produktionsmitteln* beruht: Das Recht auf Eigentum „läßt jeden Menschen im anderen Menschen nicht die Verwirklichung, sondern vielmehr die Schranke seiner Freiheit finden“[14]. In einer solchen Gesellschaftsordnung ist der Mensch, wie Marx behauptet, sich selbst entfremdet. Selbstentfremdung – was bedeutet dieser Begriff, der im Mittelpunkt des Marxschen Denkens steht?

Der Mensch, wie Marx ihn sieht, ist ein Wesen, das sich allein durch seine *Arbeit* verwirklicht. Der Mensch ist *homo faber*: Arbeit „ist der Ausdruck seiner individuellen physischen und geistigen Kräfte. In diesem Prozeß echter Tätigkeit entwickelt sich der Mensch, er wird er selbst. Die Arbeit ist nicht nur ein Mittel zum Zweck – dem Produkt – sondern sie ist Selbstzweck, sie ist der sinnvolle Ausdruck der menschlichen Energie“[15]:

Arbeit, nach Hegel der „Akt der Selbsterschaffung des Menschen“[16], wird auch von Marx als „Selbsterzeugungsakt des Menschen“[17] qualifiziert. Arbeit ist „das Fürsichwerden des Menschen“[18]; Arbeit ist „Lebenstätigkeit, das produktive Leben selbst“[19].

Wenn die Arbeit aber für die *Wesensbestimmung* und *Wesenserfüllung* des Menschen ein so überragendes Gewicht besitzt, dann ist „Entfremdung“ des Menschen von seiner Arbeit soviel wie „*Selbstentfremdung des Menschen*“; wenn *Wesen* und *Existenz* des Menschen auseinanderklaffen, dann folgt daraus, „daß der Mensch in Wirklichkeit nicht das ist, was er potentiell ist, oder, anders ausgedrückt, daß er *nicht ist, was er sein sollte, und daß er sein sollte, was er sein könnte*“[20].

„Entfremdung“ von der Arbeit tritt ein, wenn der Mensch seine Produkte zur Ware macht, sie austauscht oder verkauft. Dann kann jemand, ohne selber zu produzieren, Produkte anhäufen und auf diese Weise ökonomische Macht erlangen – „Kapitalist“ werden. Dann „wird das Produkt der Arbeit zu einer vom Produzenten unabhängigen Macht, als Privateigentum überhaupt und besonders als Kapital“[21]. Ein Mechanismus setzt sich in Gang, der nicht nur zur Trennung von Produzent und Produkt führt, sondern auch zur Spaltung der Gesellschaft in Arbeiter und Eigentümer, Besitzlose und Besitzende, ausgebeutete und ausbeuterische Klassen. Vor allem aber: der Arbeiter „entfremdet ... sich selbst im Akt des Produzierens, da die Arbeit für ihn nicht freiwillige Tätigkeit, sondern unerbittlicher Zwang ist“[22].

Die Beziehungen zwischen Arbeiter und Eigentümer erschöpfen sich im bloßen Produktionsverhältnis: Der Arbeiter ist nicht mehr als Mensch wertvoll, sondern nur noch als Verfertiger wertvoller Produkte. Er muß seine Produkte verkaufen, um existieren zu können. Auf dem Arbeitsmarkt ist seine Arbeitskraft der Willkür der Käufer ausgeliefert. Schließlich wird der Arbeiter selber zur „Ware":

„Der Arbeiter wird um so ärmer, je mehr Reichtum er produziert, je mehr seine Produktion an Macht und Umfang zunimmt. Der Arbeiter wird eine um so wohlfeilere Ware, je mehr Ware er schafft. Mit der Verwertung der Sachenwelt nimmt die Entwertung der Menschenwelt in direktem Verhältnis zu. Die Arbeit produziert nicht nur Ware, sie produziert sich selbst und den Arbeiter als eine Ware, und zwar in dem Verhältnis, in dem sie überhaupt Waren produziert.

Dieses Faktum drückt weiter nichts aus als: Der Gegenstand, den die Arbeit produziert, tritt ihr als ein fremdes Wesen, als eine von dem Produzenten unabhängige Macht gegenüber. Das Produkt der Arbeit ist die Arbeit, die sich in einem Gegenstand fixiert, sachlich gemacht hat, es ist die Vergegenständlichung der Arbeit. Die Verwirklichung der Arbeit ist ihre Vergegenständlichung. Diese Verwirklichung der Arbeit erscheint ... als Entwirklichung des Arbeiters, die Vergegenständlichung als Verlust und Knechtschaft des Gegenstandes, die Aneignung als Entfremdung, als Entäußerung. Die Verwirklichung der Arbeit erscheint so sehr als Entwirklichung, daß der Arbeiter bis zum Hungertod entwirklicht wird. Die Vergegenständlichung erscheint so sehr als Verlust des Gegenstandes, daß der Arbeiter der notwendigsten Gegenstände, nicht nur des Lebens, sondern auch der Arbeitsgegenstände, beraubt ist.

Ja, die Arbeit selbst wird zu einem Gegenstand, dessen er nur mit der größten Anstrengung und mit den unregelmäßigsten Unterbrechungen sich bemächtigen kann. Die Aneignung des Gegenstandes erscheint so sehr als Entfremdung, daß, je mehr Gegenstände der Arbeiter produziert, er um so weniger besitzen kann und um so mehr unter die Herrschaft seines Produkts, des Kapitals gerät." [23]

Wenn Arbeit aber nicht mehr Erfüllung menschlichen Wesens, sondern „Zwangsarbeit" ist, dann sieht sich der arbeitende Mensch dem „Verlust seiner Selbst" [24] gegenüber; dann ist er „ein ebenso geistig wie körperlich entmenschtes Wesen" [25], das sich „in seiner Arbeit nicht bejaht, sondern verneint, nicht wohl, sondern unglücklich fühlt, keine freie physische und geistige Energie entwickelt, sondern seine Physis abkasteit und seinen Geist ruiniert" [26]; dann ist er „der sich abhandengekommene Mensch" [27].

Was ist zu tun, damit die „Rückkehr des Menschen zu sich selbst, seine Selbstverwirklichung“ [28] möglich wird? Wie kann eine Gesellschaftsordnung geschaffen werden, die „sich auf die Befreiung des menschlichen Wesens durch die Wiederherstellung der nichtentfremdeten und daher freien Tätigkeit aller Menschen richtet“ – eine Ordnung, „die den Menschen und nicht die Herstellung von Dingen zum Zweck hat und in der der Mensch aufhört, eine verkrüppelte Mißgeburt zu sein und ein voll entwickeltes menschliches Wesen wird“ [29]?

Mit seinen Antworten auf diese Fragen glaubte der „Advokatensohn aus Trier“ den „archimedischen Punkt“ gefunden zu haben, „von dem aus sich für die Menschheit die Bahnen der Gestirne ändern lassen“ [30].

Der Proletarier als Erlöser

Die Quelle der menschlichen Selbstentfremdung, das kapitalistische Privateigentum an den Produktionsmitteln, kann – das hatte schon der junge Marx erkannt – nur durch „Aktion“ zum Versiegen gebracht werden: „Um den *Gedanken* des Privateigentums aufzuheben, dazu reicht der *gedachte* Kommunismus vollständig aus. Um das wirkliche Privateigentum aufzuheben, dazu gehört eine *wirkliche* kommunistische Aktion. Die Geschichte wird sie bringen...“ [31]

Träger der „Aktion“ zur Aufhebung der menschlichen Selbstentfremdung ist das Riesenheer derer, die der Kapitalismus zu einer Klasse der Rechtlosen und Besitzlosen gemacht hat; es sind die „modernen Arbeiter“ – wie es im Kommunistischen Manifest vom Februar 1848 heißt –, „die Proletarier“ [32]:

„Die besitzende Klasse und die Klasse des Proletariats stellen dieselbe menschliche Selbstentfremdung dar. Aber die erste Klasse fühlt sich in dieser Selbstentfremdung wohl und bestätigt, weiß die Entfremdung als ihre eigne Macht und besitzt in ihr den Schein einer menschlichen Existenz; die zweite fühlt sich in der Entfremdung vernichtet, erblickt in ihr ihre Ohnmacht und die Wirklichkeit einer unmenschlichen Existenz ... Innerhalb des Gegensatzes ist der Privateigentümer also die konservative, der Proletarier die destruktive Partei. Von jenem geht die Aktion des Erhaltens des Gegensatzes, von diesem die Aktion seiner Vernichtung aus.“ [33]

In der Vision des „revolutionären Propheten“ [34] Marx ist das Proletariat zu einer „menschheitserlösenden Mission“ [35] berufen. Wenn die Proletarier in der kommenden kommunistischen Revolution ihre eigenen Ketten zerbrechen, so befreien sie mit dieser Tat *alle* Menschen von den Ketten der Selbstentfremdung. Denn das Proletariat kann sich „nicht selbst befreien, ohne seine eigenen Lebensbedingungen aufzuheben. Es kann seine eigenen Lebensbedingungen nicht aufheben, ohne *alle* unmenschlichen Lebensbedingungen der heutigen Gesellschaft, die sich in seiner Situation zusammenfassen, aufzuheben.“ [36]

Noch zugespitzter formuliert, heißt es an anderer Stelle bei Marx: „Wenn das Proletariat die Auflösung der bisherigen Weltordnung verkündet, so spricht es nur das Geheimnis seines eigenen Daseins aus, denn es ist die faktische Auflösung dieser Weltordnung.“ [37]

Marx und Stalin

Das sind Sätze, Parolen, Verkündigungen, mit denen gewissermaßen Fahnen entrollt werden. Marx hat wahrlich nicht versäumt, die kommunistische Zukunftsgesellschaft in leuchtenden Farben zu malen. Die Verheißung lautete:

In der kommunistischen Gesellschaft kann jeder nach seinen Fähigkeiten wie nach seinen Bedürfnissen leben. Es gibt in ihr weder Klassen noch Ausbeutung noch politische Herrschaft: An die Stelle des Staates „tritt eine Assoziation, worin die freie Entwicklung eines jeden die Bedingung für die freie Entwicklung aller ist“ [38].

Die kommunistische Gesellschaft der Zukunft, wie Marx sie beschreibt, ist auch eine Gesellschaft ohne Teilung der Arbeit in die verschiedenen Berufszweige. Da Arbeitsteilung und Privateigentum für Marx ohnehin identische Ausdrücke[39] waren, konnte in seiner Sicht die auf die Zwänge der kapitalistischen Produktion zurückzuführende Arbeitsteilung nur Entfremdung bewirken: Die „eigne Tat“ werde dem arbeitenden Menschen „zu einer fremden, gegenüberstehenden Macht..., die ihn unterjocht, statt daß er sie beherrscht“ [40]:

„Sowie nämlich die Arbeit verteilt zu werden anfängt, hat jeder einen bestimmten ausschließlichen Kreis der Tätigkeit, der ihm aufgedrängt wird, aus dem er nicht heraus kann; er ist Jäger, Fischer oder Hirt oder kritischer Kritiker, und muß es bleiben, wenn er nicht die Mittel zum Leben verlieren will – während in der kommunistischen Gesellschaft, so Jeder nicht einen ausschließlichen Kreis der Tätigkeit hat, sondern sich in jedem beliebigen Zweig ausbilden kann, die Gesellschaft die allgemeine Produktion regelt und mir eben dadurch möglich macht, heute dies, morgen jenes zu tun, morgens zu jagen, nachmittags zu fischen, abends Viehzucht zu treiben, nach dem Essen

zu kritisieren, wie ich gerade Lust habe; ohne je Jäger, Fischer oder Kritiker zu werden.“ [41]

Paradiesische Ausblicke ... Auf die doch naheliegende Frage, wie eine Gesellschaft eigentlich organisiert sein soll, in der jeder nach Belieben heute dies und morgen jenes tun kann, hat Marx freilich niemals eine Antwort gegeben – er beließ es bei der hedonistischen Verheißung, daß die Menschheit mit der proletarischen Revolution, mit der Aufhebung des Privateigentums an den Produktionsmitteln und mit der Abschaffung der Arbeitsteilung den Sprung aus dem „Reich der Notwendigkeit“ in das „Reich der Freiheit“ vollbringe. Denn das ist sie, die kommunistische Gesellschaft der Zukunft: Sie ist das „wahre Reich der Freiheit“. Daran läßt Marx keinen Zweifel: „Das Reich der Freiheit beginnt in der Tat erst da, wo das Arbeiten, das durch Not und äußere Zweckmäßigkeit bestimmt ist, aufhört; es liegt also der Natur der Sache nach jenseits der Sphäre der eigentlichen materiellen Produktion.“ [42]

Aber der Kommunismus ist noch mehr: „Er ist das aufgelöste Rätsel der Geschichte und weiß sich als diese Lösung.“ [43] Hier spricht der „Geschichtstheologe“ [44] Marx, der mit dem „Kommunistenstolz der Unfehlbarkeit“ [45] die von ihm verkündete Lehre zum Evangelium erhebt und für sich selber die Rolle eines Heilsbringers, des Schöpfers einer „neuen“ Welt, eines eschatologischen Reichs der Harmonie und des Friedens in Anspruch nimmt.

Es ist der *Mystagoge* Marx, der sich seine Jüngerschar schuf und sie auch fand. Zwar wetterte er immer wieder gegen „Utopisten“, pochte auf die „Wissenschaftlichkeit“ seiner Aussagen und beteuerte, es sei nicht seine „Sache“, eine „Konstruktion der Zukunft“ zu verfertigen.[46] Aber Marx wies den *Weg* dorthin – mit großer, seherischer Gebärde: den Weg zu „jenem glücklichen Endzustand“ [47], in dem mit der Rückkehr des Menschen zu sich selbst das „Rätsel der Geschichte“ gelöst ist...

Als „Wissenschaftler“ mag Marx längst tot sein – als Mystagoge ist er es nicht. Wenn ein vielgelesener Sozialphilosoph unserer Tage emphatisch versicherte: „Marx’ Philosophie war in nicht theistischer Sprache ein neuer und radikaler Schritt vorwärts in die Tradition des prophetischen Messianismus“ – und hinzufügte, „dieses Bild“ werde „zweifellos viele Leser schockieren, da es mit den Ideen über Marx unvereinbar“ sei, „mit denen man sie bisher vertraut gemacht“ [48] habe –, dann ist aus solchen Worten nicht nur ungebrochene Verehrung für den messianischen Propheten herauszuhören, sondern man spürt auch den Willen, Marx abzuschirmen gegen alles, was in seinem Namen, unter Berufung auf seine Lehre, im 20. Jahrhundert geschehen ist.

Die Versuche, zwischen Marx und den kommunistischen Diktaturen unseres Jahrhunderts, zwischen „guter“ Theorie und „schlechter“ Praxis eine Scheidelinie zu ziehen, sind nicht neu und werden nicht abbrechen – auch nicht nach dem Zusammensturz dieser Diktaturen im Osten des europäischen Kontinents.

Welche Formen solche Versuche allerdings schon vor Jahren annehmen konnten, ist bei Erich Fromm nachzulesen. Der – laut Fromm – nachgerade verleumderische Vorwurf, Marx sei „ein Feind der Freiheit“ gewesen, „wurde nur durch den phantastischen Betrug Stalins ermöglicht, der vorgab, im Namen von Marx zu sprechen, verbunden mit der ebenso phantastischen Unkenntnis über Marx, die in der westlichen Welt herrscht“[49].

Das sind Behauptungen, die sich selbst *ad absurdum* führen: Apologie ohne Bezug zur Wirklichkeit. Das gilt für die angeblich „phantastische“ Unkenntnis über Marx in den Ländern des Westens in gleicher Weise wie für das erstaunliche Wort vom „phantastischen“ Betrüger Stalin:

Mit Marx, vor allem auch mit dem *jungen* Marx, hat sich gerade die westliche Welt in der Zeit nach 1945 so nachhaltig, so umfassend auseinandergesetzt wie mit kaum einem anderen Denker. Und was die Erwähnung Stalins in diesem Zusammenhang angeht: Wer Marx gleichsam unter Denkmalschutz stellt und das Weihrauchfaß schwingt – wie Fromm das mit seiner These, Marx stelle die „Blüte der westlichen Humanität“[50] dar, tat –, der muß natürlich mit ausgestrecktem Zeigefinger auf den georgischen Diktator weisen und ausrufen: *Ecce diabolus...*

Aber ist es denn wahr, daß sich die Kommunisten dort, wo sie im 20. Jahrhundert herrschten, auf eine „falsche Auslegung“[51] dessen stützten, was Marx gewollt und gefordert hatte? Die in der Sowjetunion, in Polen, in der Tschechoslowakei, in Ungarn, in Mitteldeutschland von kommunistischen Monopolparteien bis vor kurzem ausgeübte politische Praxis: Hatte sie nichts, aber auch gar nichts mit der „Marxschen Theorie“[52] zu tun – wie Fromm und viele andere uns glauben machen wollen?

Wahr ist: Wer die Marxsche Theorie gegen die Praxis in den kommunistischen Diktaturen des 20. Jahrhunderts ausspielt, will Zusammenhänge, die kaum mit dem gloriosen Bild vom „Humanisten“ Marx zu vereinbaren sind, verschleiern. Marx hat seine Lehre entwickelt, um eine Plattform für praktisches Handeln zu gewinnen. Es ging ihm nicht um ein Glasperlenspiel, sondern um „Aktion“: „Die Philosophen haben die Welt nur verschieden interpretiert; es kömmt darauf an, sie zu verändern.“[53] Wer die Marxsche Theorie global in Schutz nimmt gegen alles, was später die „regierenden Kommunisten“ [54], auf sie gestützt, sich auf sie berufend, mit ihr – oder auch aus ihr – machten, der lenkt ab vom „revolutionären Machtanspruch“ [55], den Marx hatte – und den er im Kommunistischen Manifest vom Februar 1848 unverhüllt aussprach: „Die Kommunisten... erklären es offen, daß ihre Zwecke nur erreicht werden können durch den gewaltsamen Umsturz aller bisherigen Gesellschaftsordnung.“ [56]

Im Manifest heißt es dann weiter, nach der „Erhebung des Proletariats zur herrschenden Klasse“ werde es seine „politische Herrschaft dazu benutzen, der Bourgeoisie nach und nach alles Kapital zu entreißen“ und „alle Produktionsinstrumente in den Händen des Staats, d. h. des als herrschende Klasse organisierten Proletariats, zu zentralisieren... Es kann dies natürlich zunächst nur geschehen vermittels despotischer Eingriffe in das Eigentumsrecht und in die bürgerlichen Produktionsverhältnisse...“ [57]

Haben die „regierenden Kommunisten“ – so möchte man Erich Fromm *e tutti quanti* fragen – etwa nicht nach diesen Anweisungen gehandelt?

Gewiß: die „Diktatur des Proletariats“ – Marx und Engels haben diesen Begriff nicht im Manifest selbst, aber *vor* und *nach* dessen Veröffentlichung verwendet – sollte nach dem Willen der beiden nicht auf Dauer angelegt sein: „Zwischen der kapitalistischen und der kommunistischen Gesellschaft liegt die Periode der revolutionären Umwandlung der einen in die andere. Der entspricht auch eine politische Übergangsperiode, deren Staat nichts anderes sein kann als die *revolutionäre Diktatur des Proletariats*.“ [58]

Wie lange diese politische Übergangsperiode auf dem Weg zum kommunistischen Reich der Freiheit aber währen sollte – darüber hat Marx nichts gesagt, auch darüber nicht, „wie eine Diktatur konkret sich in Freiheit verwandeln könne“ [59].

Hellsichtig erkannte Arnold Ruge, der gemeinsam mit dem jungen Marx in den 40er Jahren die „Deutsch-Französischen Jahrbücher“ herausgegeben hatte, schon 1844, daß der Kommunismus, so wie Marx ihn verstand, bei dem Versuch, ihn in die politische Praxis umzusetzen, „immer auf einen förmlichen Polizei- oder Sklavenstaat“ [60] hinauslaufen werde.

Arnold Künzli schrieb 1966: „So wenig man Marx für die paranoiden Exzesse und den Terror eines Stalin verantwortlich machen kann, so wenig darf übersehen werden, daß in der Marxschen Lehre ein Absolutismus mächtig ist, der zumindest die Möglichkeit stalinistischer Entartungen in sich birgt und dem keine Sicherungen eingebaut sind, solches zu verhindern.“ [61]

Absolutistisch war der Marxsche Glaubenssatz, Kommunismus bedeute „Menschwerdung des Menschen“ und sei nichts anderes als „das aufgelöste Rätsel der Geschichte“. Diese schmetternde „Botschaft“ gab den „revolutionären Kämpfern..., was sie benötigten: den unerschütterlichen Glauben an den Endsieg und die absolute Legitimation ihrer Taten und Untaten“[62].

Entmündigung statt Selbstbestimmung

Alles, was zum Kommunismus, zur kommunistischen Gesellschaft hinführt, nennt Marx – das Wort ist ein Schlüsselbegriff für die, die sich zur „Linken“ rechnen – *Emanzipation*; Robert Spaemann hat diesen Sachverhalt im Auge, wenn er den Marxismus als „die Linke par excellence“[63] apostrophiert.

Emanzipation ist eigentlich ein Begriff aus der Rechtssprache. Nach dem alten römischen Recht bedeutete Emanzipation die Entlassung eines Familienmitgliedes aus der väterlichen Gewalt, der *patria potestas*. Bei Marx hat der Begriff eine ganz andere Bedeutung angenommen: Emanzipation ist hier *Befreiung von Entfremdung*: ein *Prozeß*, in dessen Verlauf alle den Menschen begrenzenden Abhängigkeiten überwunden werden, alle Fremdbestimmung durch Selbstbestimmung ersetzt wird und die „Wiedergewinnung“[64] des Menschen erfolgt: „Alle Emanzipation ist Rückführung der menschlichen Welt, der Verhältnisse auf den Menschen selbst.“[65] Die Marxsche Vision der kommunistischen, von aller Entfremdung gereinigten Zukunftsgesellschaft wäre demnach so etwas wie „das Ergebnis allseitiger Emanzipation“[66].

Emanzipatorisches Denken steht – mit Marx gesprochen – unter dem „kategorischen Imperativ, alle Verhältnisse umzuwerfen, in denen der Mensch ein erniedrigtes, ein geknechtetes, ein verlassenes, ein verächtliches Wesen ist“[67]. Das „Umwerfen“ kann aber nur gelingen, wenn sich der Mensch als das begreift und anerkennt, was er ist: als ein *Gattungswesen*.

Das Gattungswesen Mensch ist der „gesellschaftliche, d. h. menschliche Mensch“[68]. Er muß seine „eigentlichen“, seine individuellen Kräfte als gesellschaftliche Kräfte erkennen, weil er erst dann in der Lage ist, zu „wirklicher“ Gemeinschaft innerhalb der Gesellschaft zu gelangen. Die Ersatzgemeinschaft, die er sich – „entfremdet“, wie er nun einmal ist – geschaffen hat: der Staat, ist nur eine „abstrakte“ und „illusorische“ Gemeinschaft, eine „künstliche“ politische Ordnung. In ihr ist der Mensch nur „das imaginäre Glied einer eingebildeten Souveränität, seines wirklichen individuellen Lebens beraubt und mit einer unwirklichen Allgemeinheit erfüllt“. Will sich der

Mensch als „wirkliches“ Individuum emanzipieren, muß er sich vom „abstrakten Staatsbürger in sich“ befreien und den Staat, die „künstliche“ politische Ordnung, überwinden:

„Erst wenn der wirkliche individuelle Mensch den abstrakten Staatsbürger in sich zurücknimmt und als individueller Mensch in seinem empirischen Leben, in seiner individuellen Arbeit, in seinen individuellen Verhältnissen, Gattungswesen geworden ist, erst wenn der Mensch seine ‚forces propres‘ (Rousseau) als gesellschaftliche Kräfte erkannt und organisiert hat und daher die gesellschaftliche Kraft nicht mehr in der Gestalt der politischen Kraft von sich trennt, erst dann ist die menschliche Emanzipation vollbracht.“ [69]

Emanzipation à la Marx hat – wie aus solchen Thesen unschwer geschlossen werden kann – eine dunkle Kehrseite. Versprochen wird die „Freisetzung des Menschen zu Autonomie und Selbstbestimmung aufgrund der fundamentalen Forderung, daß der Mensch das Maß aller Dinge“ [70] sein solle; „daß der Mensch das höchste Wesen für den Menschen sei“ [71] – wie Marx unterstreicht. Der Mensch kann sich freilich nur als Gattungswesen von allen unwürdigen und inhumanen „Verhältnissen“ und Abhängigkeiten befreien. Wenn die Emanzipation des Menschen aber nicht „vollbracht“ werden kann, ohne daß sich der Mensch kollektiviert, dann kann sich die verheißene Selbstbestimmung in ihr Gegenteil verkehren; dann kann es dazu kommen, „daß Selbstbestimmung über das Kollektiv, und das heißt konkret: über die im Namen des Kollektivs regierenden Eliten und Führer erfolgt. Emanzipation wird dann immer noch nach dem ‚Maß des Menschen‘ vollzogen, praktisch ist sie jedoch die Ideologie der Unterwerfung.“ [72]

Emanzipatorische Praxis à la Marx hat genau dieses Ergebnis gezeitigt: Fremdbestimmung und Entmündigung statt Selbstbestimmung und Autonomie. Der Faszination, die das Wort „Emanzipation“ auf die „Linke“ ausübt, hat das keinen Abbruch getan. Wie könnte es auch anders sein?

Seit Rousseau und Marx sieht sich die „Linke“ mit einer „emanzipatorischen Mission“ [73] betraut. Auf Rousseau und Marx blickend, macht sie aus einer „philosophischen Hypothese eine politische Forderung, ein Programm“ und „läßt das eine vom anderen abhängig sein“ [74]:

Die apriorische Annahme, daß sich die Menschheit zu ihrem Unheil in einer „falschen“ Welt eingerichtet habe, wird in das emanzipatorische Gebot umgesetzt, diese „falsche“ Welt aufzuheben und die Menschheit in eine „bessere“, eine freiere, gerechtere, eine harmonisch befriedete Zukunftswelt zu führen. „Ein solches Weltbild gibt die Genugtuung, immer auf der Seite der

Unterdrückten und Unterprivilegierten, der ‚Erniedrigten und Beleidigten' zu stehen, damit aber auch – in einem trotz Aufklärung und Säkularisation noch immer christlich wertenden Kulturkreis – *die Moral auf seiner Seite zu haben.* Man vertritt damit immer die Mehrheit der nunmehr gleichwertig zu addierenden Menschen – den dritten Stand, das Proletariat, die Eingeborenen der Entwicklungsländer. Da es sich bei diesen unterprivilegierten Mehrheiten in der Regel um aufstrebende Gruppen und Schichten handelt, gehört dem Anhänger eines linken Welt- und Gesellschaftsbildes schließlich auch die Zukunft. Kein Wunder, daß dieses ideologische System der Linken unterprivilegierte und aufstrebende Schichten anspricht, christliche und andere Moralisten, vor allem aber die junge Generation, die ja nicht nur gesellschaftlich, sondern auch biologisch in einer revolutionären Situation lebt." [75]

Zusammenfassung

Fassen wir zusammen, was zum „Grundbestand" [1] des „linken" Weltverständnisses, des „linken" Bildes vom Menschen gehört:

Erstens

Die „Linke" ist von dem Glauben beseelt, „der Mensch und die Welt" seien „im Prinzip vollkommene Gebilde, ihre reale Unvollkommenheit eine Schuld der Umstände, die deshalb verändert werden" [2] müßten: verändert durch „soziale Umformung" [3], durch „Umstrukturierung der Gesellschaft" [4].

Die Menschheit – das ist das Alpha und Omega dieses Glaubens – ist fähig, hat die Kraft, die Welt zu verändern und „einen sittlich vollkommenen Zustand der Geschichte zu erreichen" [5], weil der Mensch selber veränderbar, „unendlich formbar" [6] ist; weil er ein „potentiell unerschöpfliches und unbegrenzt emanzipierbares Wesen" [7] ist; weil der Mensch nicht so sehr *Geschöpf* als vielmehr *Schöpfer* ist. Was Thomas Molnar von Hegel sagt, gilt letztlich auch für Marx: Auch er ist „für die Linke der Prototyp des Denkers..., weil er Gott ins Bewußtsein des Menschen versetzte und dem Menschen das Recht zugestanden hat, die Veränderungen der Geschichte zu beschließen" [8]. *Homo homini Deus*, der Mensch ist des Menschen Gott [9]: In dieser „Botschaft" gipfelt die Marxsche Anthropologie...

Zweitens

„Linkes" Denken und „Weltgefühl", wie es bei Rousseau, bei Robespierre und den Jakobinern, bei Marx und dann später, im 20. Jahrhundert, bei Ernst

Bloch und Herbert Marcuse, bei den Theoretikern der „Frankfurter Schule" und bei der „Außerparlamentarischen Opposition" im Deutschland der 60 er und frühen 70 er Jahre hervortritt, drängt auf die „Auflösung des Bestehenden"[10]; zumindest ist „linkes" Weltgefühl – so Thomas Molnar – von der „Hoffnung" getragen, „daß das Bestehende auf immer der *Bewegung*, dem Entwurf, weicht"[11].

Der Entwurf zielt auf die „Errichtung der idealen Gesellschaft"[12], in der „sich alle Sehnsüchte ... des Menschen erfüllen"[13], ja in der sich etwas vollzieht, was „nach der christlichen Ontologie niemals stattfinden wird: die Versöhnung von Subjekt und Objekt ... Denn (in der idealen Gesellschaft) werden die trennenden Mauern fallen, es wird keine Völker, Rassen, gesellschaftliche Unterschiede, ja selbst keinen Unterschied mehr zwischen einem Subjekt (Bewußtsein) und einem anderen geben. Das Bewußtsein eines jeden wird völlig mit dem der anderen verschmolzen, und durch die bloße Tatsache des Verschmelzens wird die Entfremdung des Bewußtseins aufhören; das Wissen wird unmittelbar aufs Objekt wirken, das heißt, auf die Natur und den ehemals anderen, und es wird nicht mehr durch die Vielfalt der Deutungen verfälscht, die hervorgerufen werden durch unseren Zustand der Trennung in Bürger, Deutsche, Leute mit Komplexen, Juden, Schwarze, Arbeiter, Studenten."[14]

Man kann das Marxsche „Reich der Freiheit", die Marxsche Vision vom „totalen, allseitigen" Zukunftsmenschen natürlich weniger unfreundlich, weniger ironisch beschreiben, als es Thomas Molnar hier tut.

Man kann die „ideale Gesellschaft" der Zukunft auch von Marxisten unseres Jahrhunderts beschwören lassen – von Herbert Marcuse beispielsweise, der „gegen die bestehende Unfreiheit, Ausbeutung und Unmenschlichkeit"[15], gegen die „Brutalität" und „Ignoranz der Menschen"[16] die emanzipatorische Verheißung eines „befriedeten Daseins"[17] setzte; der felsenfest davon überzeugt war, die aus „Ekel" an der „allgemeinen Entmenschung" geborene Revolution werde die Menschheit in die Lage versetzen, „eine wirklich menschenwürdige Existenz zu finden"[18]; der selbstgewiß sagte: „Eine Gesellschaft ohne Krieg, ohne Grausamkeit, ohne Brutalität, ohne Unterdrückung, ohne Dummheit, ohne Häßlichkeit: daß eine solche Gesellschaft möglich ist, daran zweifle ich überhaupt nicht."[19]

Poetisch verklärt erscheint die „ideale Gesellschaft" bei Ernst Bloch, dem Hymniker unter den Marx-Jüngern des 20. Jahrhunderts: Hier ist sie „ein Gottes Reich ohne Gott"[20] – ein „irdisches Paradies, ein Endzustand vollkommener Seligkeit, auf den die Welt von Anbeginn angelegt ist"[21].

Bloch veröffentlichte 1959 sein „Prinzip Hoffnung" – ein Werk mit dem einschüchternden Volumen von 1600 Seiten, in dem alle chiliastischen Verheißungen der „Linken" wie in einem Brennspiegel gesammelt sind.

Auf das „Gottes Reich ohne Gott" richten sich seit Jahrhunderten die Hoffnungen und Sehnsüchte der Menschen; sie alle träumen einen „Traum nach vorwärts". Worauf sie hoffen dürfen, teilt ihnen Bloch in mystisch-suggestiver Sprache, „in einer Fülle von Assoziationen"[22] mit: „Glück, Freiheit, Nicht-Entfremdung, Goldenes Zeitalter, Land, wo Milch und Honig fließt, das Ewigweibliche, Trompetensignal im Fidelio und das Christförmige des Auferstehungstags danach: es sind so viele und verschiedenartige Zeugen und Bilder, doch alle um das her aufgestellt, was für sich selber spricht, indem es noch schweigt."[23]

Das Kommen des Heils ist allerdings an eine eherne Voraussetzung, eine *conditio sine qua non* geknüpft, die schon von Marx genannt worden ist: an die Vergesellschaftung der Produktionsmittel. Wenn *sie* verwirklicht ist, öffnen sich die Portale zum Paradies...

Mit einem feierlichen Aufruf an die Gesellschaft, „radikal zu werden, das heißt sich an der Wurzel zu fassen" – die Utopie sei ein „Kampfprinzip"; die Hoffnung „in jedem Fall revolutionär", sagte Bloch später in einem Zeitungsgespräch[24] –, klingt sein *opus maximum* aus:

„Der Mensch lebt noch überall in der Vorgeschichte, ja alles und jedes steht noch vor Erschaffung der Welt, als einer rechten. Die wirkliche Genesis ist nicht am Anfang, sondern am Ende, und sie beginnt erst anzufangen, wenn Gesellschaft und Dasein radikal werden, das heißt sich an der Wurzel fassen. Die Wurzel der Geschichte aber ist der arbeitende, schaffende, die Gegebenheiten umbildende und überholende Mensch. Hat er sich erfaßt und das Seine ohne Entäußerung und Entfremdung in realer Demokratie begründet, so entsteht in der Welt etwas, das allen in die Kindheit scheint und worin noch niemand war: Heimat."

Drittens

Wer die „ideale" Gesellschaft aufbauen will, muß es mit dem, was *ist*, aufnehmen; mit dem, was *geworden*, was „überkommen" und „überliefert" ist; mit dem, was sich *verfestigt* hat. Ob es sich nun um staatliche oder gesellschaftliche Ordnungen und Einrichtungen oder um Sitten, Riten oder sogar Gewohnheiten handelt:

Alles steht der Verwirklichung der Ideale vom „neuen" Menschen und von einer „neuen" Welt gleichsam als erratischer Block im Wege. Die Politik ist demzufolge dazu da, diesen Block zu zertrümmern, damit der Weg frei wird für die Befreiung der Menschen von Schäden und Übeln, die sie sich selbst zugefügt haben – und immer noch zufügen. Denn der Mensch ist ja an sich „gut", von seiner Natur her vollkommen. Man muß nur dafür sorgen, daß er es wieder *wird*; daß er es wieder werden kann, nachdem er so lange in die Irre gegangen ist – und immer wieder der Versuchung erliegt, weiter zu irren ...

Thomas Molnar zitiert in seinem Buch „Die Linke beim Wort genommen" den französischen Philosophen Jacques Maritain mit einem Satz aus dessen Werk „Der Bauer von der Garonne": „Der Mann der Linken verachtet das Sein; er bevorzugt nach den Worten Jean Jacques Rousseaus – immer und unbegründet – das, was nicht ist, vor dem, was ist."[25]

Maritains Aussage, meint Molnar, bedürfe einer gewissen Korrektur, weil man zwar durchaus von einem „Seins-Haß" der „Linken" reden könne, dieser Haß sich indessen „gegen das Seiende richtet, wie es hic et nunc ist, aber nicht gegen das Sein, wie es am Ende seines Werdens sein wird"[26]. Es handele sich „um einen Haß auf das Sein, insoweit es unvollständig und unvollkommen ist"[27]. Erst vor diesem Hintergrund lassen sich die trotzig herausgeschleuderten „Blitze" Ernst Blochs, Theodor W. Adornos und Herbert Marcuses begreifen: „Was ist, kann nicht wahr sein"[28] (Bloch); „Das Ganze ist das Unwahre"[29] – „Das Ganze ist falsch"[30] (Adorno); „Wahr ist das, was das Bestehende negiert. Das Bestehende ist falsch, weil es negiert werden muß"[31] (Marcuse).

Befreiung von den Fesseln des „Bestehenden"; Entwurf eines emanzipatorisch-chiliastischen Gegenbildes zu den herrschenden „Zuständen" in Staat und Gesellschaft, die schwer auf dem Menschen lasten, da sie ihn an der Entfaltung seiner „eigentlichen", seiner „wahren" Kräfte hindern; kampfbereiter Wille „zur Ersetzung des Überkommenen durch das als richtig Erkannte"[32]: die eigenen Ideale; missionarischer Eifer schließlich, „eine verkehrte Welt zu ihrer wahren Geschichte zu bringen im Namen einer abstrakten Menschheit"[33]:

So kann man – um an Eugen Lemberg zu erinnern – die *eine* der „zwei Möglichkeiten" kennzeichnen, „die Welt zu interpretieren und die Gesellschaft zu konstruieren".

Wie sieht die *andere* aus?

Zweiter Teil

Die Welt – von „rechts“ gesehen

Reform – nicht Revolution: Burke

Im November 1790 – der Beginn der Revolution in Frankreich lag noch nicht lange zurück; bis zur blutigen Tyrannei der Jakobiner war es noch weit – erschien in London ein Buch, das dessen Verfasser über Nacht zu einem berühmten Mann machte – nicht nur in England und auf dem europäischen Kontinent, sondern auch jenseits des Atlantischen Ozeans: in Amerika.

Das Buch trug den kühl klingenden, akademisch anmutenden Titel *Reflections on the Revolution in France*, war aber in Wirklichkeit eine glühende Streitschrift, ein Fanal gegen die Revolutionäre, „die erste große Auseinandersetzung mit dem Jakobinismus“[1]. Es wurde „zu einem der wirkungsmächtigsten“ Bücher, „die je geschrieben worden sind“[2].

Verfasser war der 61jährige Edmund Burke, Ire von Geburt, Mitglied des englischen Unterhauses seit 1765, neben Charles James Fox führender Kopf der *Whigs* – einer Parlamentsgruppe, die sich Ende des 17. Jahrhunderts gebildet hatte, im 18. Jahrhundert häufig Regierungspartei war und sich im Verlauf des 19. Jahrhunderts zur *Liberal Party* entwickelte.

Was Burke trieb, zur Feder zu greifen, „um seine Partei und sein Land vor dem Einfluß der Ideen der Revolution zu schützen, der sich zu regen begann, mächtig und nach seiner Überzeugung unheilvoll“[3], läßt sich in einem von ihm selbst geprägten Satz zusammenfassen: *„Es ist eine Revolution der Doktrin, des theoretischen Dogmas.“*[4] Das Dogma war Rousseaus Theorie von der *volonté générale*; die Doktrin hieß, Rousseaus politischer Anthropologie folgend: Der Mensch ist nicht nur von Natur aus gut – er ist auch veränderbar.

Edmund Burke war kein starrer Apologet „bestehender Verhältnisse“ in Staat und Gesellschaft. „Ein Staat, dem es an allen Mitteln zu einer Veränderung fehlt, entbehrt die Mittel zu seiner Erhaltung“, schrieb er in den *Reflections*. „Ohne solche Mittel läuft er Gefahr, selbst den Teil der Konstitution, den er am heiligsten zu bewahren wünschte, zu verlieren.“[5] In den Jahrzehnten seiner parlamentarischen Arbeit hatte Burke hinlänglich bewiesen, daß er – nach seinen Worten – „kein Verächter großer und schwärmerischer Freiheitsideen“ war. „Sie erwärmen das Herz“, bekannte er, „sie entfesseln und erweitern das Gemüt; sie beleben den Mut in der Stunde des Kampfes.“[6] Im Unterhaus war er „wiederholt als leidenschaftlicher und einsichtiger Anwalt der Rechte der Kolonien aufgetreten“[7] – das galt für Indien wie vor allem für Amerika –, und er hatte die Freiheitsrechte der Amerikaner gegenüber den

Ansprüchen des Parlaments wie der Krone in so nachdrücklicher Weise verteidigt, daß im Amerika des 20. Jahrhunderts die Auffassung zu hören ist, Burke sei „in Tat und Wahrheit der größte politische Theoretiker der amerikanischen Revolution“ [8] gewesen.

Im revolutionären Frankreich sah Burke aber etwas am Werk, das ihn tief erschreckte: etwas Neues, Unheimliches, das es in der Geschichte noch nicht gegeben hatte: „Bevor dies in Frankreich geschah, findet man in den Annalen aller Zeiten kein Beispiel einer vollständigen Revolution.“ [9]

Burke blickt mit Trauer und Empörung nach Paris. Über der „unglücklichen Hauptstadt“ liegt „die kalte, dürre, versteinernde Hand einer falschen, unmenschlichen Philosophie“ [10]. Ein „Krieg gegen die Natur“ [11] wird dort ausgetragen – und Burke stellt in seinen Reden und Schriften, nicht nur in den *Reflections*, immer wieder klar, was er meint, wenn er die Revolutionäre anklagt, gegen die „Natur“ Krieg zu führen: Er meint die Natur des *Menschen*.

Was ist der Mensch für Edmund Burke?

„Barbarische Philosophie“

1791 schrieb Burke – als Erwiderung auf Kritik an den *Reflections* – einen „Brief an ein Mitglied der Nationalversammlung“ in Paris. Darin heißt es:

„Die Menschen sind für die politische Freiheit befähigt, im genauen Verhältnis zu ihrer Bereitschaft, ihren Begierden moralische Ketten anzulegen; im Verhältnis, wie ihre Liebe zur Gerechtigkeit ihre Raubsucht übersteigt; im Verhältnis, wie die Richtigkeit und Nüchternheit ihres Urteils höher als ihre Eitelkeit und Anmaßung ist; im Verhältnis, wie sie eher geneigt sind, den Ratschlägen der Weisen und Guten, als den Schmeicheleien von Schelmen zu folgen. Die Gesellschaft kann nicht bestehen, ohne daß eine einschränkende Macht über den Willen und die Begierden irgendwo eingerichtet wäre, und je weniger von dieser Macht im Inneren (des Menschen, K.H.) *ist, desto mehr muß von ihm im Äußeren vorhanden sein. Es ist in der ewigen Verfassung der Dinge angelegt, daß Menschen mit ungezügeltem Geist nicht frei sein können. Die Leidenschaften schmieden ihre Fesseln.“* [12]

Kein Zweifel: Hier begegnen wir einem *anderen* Bild vom Menschen als bei Rousseau. Hier, bei Burke, wird Front gemacht „gegen die beiden Behauptungen, um die Rousseaus Denken, wie in einen magischen Kreis gebannt, sich bewegt: einmal gegen die Behauptung von der ursprünglichen

Güte des Menschen, und dann gegen die Behauptung von der Verderbtheit der staatlichen und gesellschaftlichen Ordnungen"[13].

Burke greift Rousseau in diesem Brief heftig an; er schreibt ihm die ideologische Vaterschaft an der „barbarischen Philosophie"[14] zu, die die „despotische Republik von Paris erzeugt"[15] habe, und grenzt sein Bild vom Menschen gegen das seines Antipoden ab: „Wohlwollen für die gesamte Menschheit bei vollständigem Fehlen von Gefühl für Individuen, mit welchen das Leben in Berührung kommt, bildet das Wesen dieser Philosophie."[16]

Das ist der Kern der Burkeschen Philippika gegen die Jakobiner in Frankreich: *Hominem non sapiunt*[17] – sie kennen den Menschen nicht. „Diese Leute sind so voll von ihren Theorien über die Rechte des Menschen, daß sie seine Natur gänzlich vergessen haben."[18]

Burke ist von Skepsis gegenüber der menschlichen Natur erfüllt. Bei ihm, „der um die ständige Gefährdung menschlicher Existenz weiß und sie stets dem Verfall ausgesetzt sieht"[19], ist der Mensch ein von seiner Natur her zwiespältiges Wesen: anfällig für „Leidenschaften", „Begierden", „Raubsucht", „Eitelkeit" und „Anmaßung", ausgestattet mit der „Fähigkeit... zur Selbstzerstörung"[20]. Der Mensch, wie Burke ihn sieht, bedarf seiner *angeborenen* Mängel, seiner begrenzten Belastbarkeit wegen staatlicher und gesellschaftlicher Institutionen, an denen er Halt findet: *„Ordnung ist das Fundament aller guten Dinge."*[21] Ohne Ordnung, ohne Institutionen, an denen die „Leidenschaften" des Menschen ihre Grenzen finden – das ist Burkes *ceterum censeo* –, geht politische Freiheit zugrunde, drohen Willkür und Chaos, Anarchie und Terror.

Die Menschen „in solche politischen Verhältnisse zu versetzen, daß für eines jeden individuelle Beschaffenheit gesorgt"[22] ist: Darin erblickt Burke den Auftrag an den Gesetzgeber. Gegen dieses eherne moralische Gebot verstoßen die „alchimistischen Gesetzgeber"[23] in Paris, die über die Menschen vom Reißbrett einer Theorie aus verfügen zu dürfen glauben – und die mit dem frevelhaften Spiel begonnen haben, die Menschen „einer törichten Gleichheitsgrille zuliebe... in eine gleichartige Masse zusammenzuschmelzen"[24]. Burke fragt nach den *Folgen* solchen Tuns, nach den *Wirkungen*, die es für die Menschen mit sich bringt. „Die Folgen nicht zu bedenken, ist der Vorwurf, den er gegen die Theoretiker der Politik erhebt."[25]

Burke will die Menschen geschützt wissen vor einer „abstrakten" Politik, die nicht „den Test der Erfahrung bestanden hat"[26]. Politik kann nur gut sein, wenn sie auf *expediency*, auf Zweckdienlichkeit, ausgerichtet ist. „Gemeint ist die Übereinstimmung zwischen guten Absichten, der Auswahl der geeigneten Mittel, dem rechten Maß ihres Gebrauchs und Vorkehrungen gegen unerwünschte Wirkungen."[27]

Reform – nicht Revolution: Das war die Antwort Burkes an die „Staatsvermesser"[28] in Frankreich, die „alles, was sie vorfanden, als Unrat und Müll ausgefegt" hatten und nun „ihre neue Schöpfung in der Manier ihrer Kunstgärtner auf einer vollkommen ebenen Fläche erstehen"[29] lassen wollten. Burke hatte andere Vorstellungen: Er wollte „bestehende Institutionen so verändern, daß sie neuen Verhältnissen, gewandelten Anforderungen gerecht werden und eben damit bewahrt werden können"[30]: „Ich möchte die Ausbesserung, so genau als es nur möglich wäre, im Stil des alten Gebäudes vornehmen."[31] Gegen einen „blindwütigen Geist der Neuerung unter dem Namen ‚Reform'"[32] setzte Burke auf behutsames Vorgehen, auf Augenmaß und auf Geduld:

„... zeigt sich denn irgendeine Kunst im Niederreißen und Abtragen? Dies kann der Pöbel wenigstens ebensogut wie Nationalversammlungen; der gemeinste Verstand, die roheste Hand ist diesem Geschäft mehr als gewachsen. Wut und Verblendung können in einer halben Stunde mehr niederreißen, als Klugheit, Überlegung und weise Vorsicht in hundert Jahren aufzubauen imstande sind ...

Zugleich zu erhalten und zu verbessern, das ist eine Aufgabe anderer Art. Wenn die brauchbaren Teile einer alten Verfassung beibehalten werden und das, was hinzukommt, zu dem, was bleibt, passen soll, dann müssen wahre Geisteskraft, anhaltende und angestrengte Aufmerksamkeit, eine Mannigfaltigkeit vergleichender und verbindender Fähigkeiten und jedes schöpferische Talent eines fruchtbaren Kopfs in Bewegung gesetzt werden; sie haben mit der vereinten Macht streitender Laster zu kämpfen, mit der Hartnäckigkeit, die jede Reform verwirft, und mit dem Leichtsinn, den alles, was er besitzt, ermüdet und anekelt. – ‚Aber ein solches Verfahren', wird man mir einwenden, ‚ist langsam. Es war nicht für eine Versammlung gemacht, die ihren Ruhm darein setzt, ein Werk für Jahrhunderte in wenigen Monaten zu vollenden. Diese Art zu verbessern würde mehrere Jahre erfordern.' Das würde sie unstreitig, und das soll sie auch."[33]

Politik, die dem Menschen wirklich dienen will, muß sich auf die Prämisse stützen, daß man den Menschen nicht überfordern darf:

„Es ist die eigentümliche Vortrefflichkeit einer Methode, bei welcher die Zeit eine Mitarbeiterin ist, daß sie langsam und zuweilen unmerklich wirkt.

Wenn Behutsamkeit und Vorsicht da unentbehrlich sind, wo wir es mit leblosen Materien zu tun haben, so werden sie weit unerläßlicher, so werden sie heilige Pflicht, wenn die Gegenstände unsrer Zerstörung und unsrer Schöpfung nicht Holz und Stein, sondern empfindende Wesen sind, die wir durch rasche und unüberlegte Entschlüsse zu Tausenden elend machen können.“ [34]

Jedenfalls ist der Mensch nicht unbegrenzt emanzipierbar. Man kann nicht mit ihm machen, was man will. Pläne, ihn mit den Mitteln der Politik in einen „neuen“ Menschen umzuwandeln, sind auf „blinde Schwärmerei und schimärische Hoffnung“ [35] – auf Fließsand folglich – gebaut; sie gleichen dem „Versuch des Prokrustes, lebendige Menschen und Gesellschaften in ein tyrannisch verordnetes Fertigmaß zu zerren oder zu pressen“ [36]. Burke sagt dazu:

„Ich muß mit meinen eigenen Augen sehen, ich muß sozusagen mit meinen eigenen Händen berühren nicht nur das, was bereits entschieden ist, sondern die momentanen Umstände, ehe ich es mir leisten könnte, überhaupt irgendeinen politischen Plan vorzuschlagen. Ich muß die Macht erkennen, die Bereitschaft, etwas aufzunehmen, auszuführen, durchzuhalten, ich muß alle Hilfsmittel und alle Widerstände sehen. Ich muß die Mittel sehen, den Plan zu korrigieren, wenn das nötig wird. Ich muß die Dinge sehen; ich muß die Menschen sehen. Wenn diese nicht einverstanden sind, dann könnten die besten, weitgespannten Pläne nicht nur nutzlos werden, sondern verderblich. Pläne müssen für Menschen gemacht werden. Wir können nicht daran denken, Menschen zu machen und die Natur an unseren Plan zu binden.“ [37]

Um der Menschen willen müssen Reformen daher in „kontrollierbaren Teilschritten“ [38] vollzogen werden. Burke hat in diesem Zusammenhang Sätze gefunden, die es wert sind, immer wieder gelesen zu werden, weil sie zeitlos gültig sind:

„Der wahre Gesetzgeber muß ein Herz voll warmer Empfindungen haben. Er muß seinesgleichen lieben und achten, er muß sich selbst fürchten. Sein letztes Ziel mag ihm ganz und lebendig und begeisternd vor Augen stehen; aber alle Schritte zu diesem Ziel müssen anhand der nüchternsten Überlegungen geschehen... Zeit ist schlechterdings nötig, um die Vereinigung denkender Menschen zustande zu bringen, deren wir bedürfen, wenn das Gute, das wir beabsichtigen, vollständig erreicht werden soll. Geduld wird hier mehr ausrichten als Gewalt ... Bei einem langsamen und gehaltenen Vorrücken belauscht man gewissermaßen die Wirkungen eines jeden Schritts, den man tut: der gute oder schlechte Erfolg des ersten wirft Licht auf den zweiten, und so werden wir von Licht zu Licht durch die ganze Reihe sicher

hindurchgeführt. Wir sehen, wo sich die Teile des Systems nicht ineinanderfügen wollen. Wir sichern uns frühzeitig gegen die nachteiligen Folgen, die in den hoffnungsvollsten Plänen verborgen liegen. Ein Vorteil wird dem anderen sowenig als möglich aufgeopfert. Wir gleichen aus, wir vereinigen, wir wägen gegeneinander ab; wir setzen uns in den Stand, die Unregelmäßigkeiten, Abweichungen und streitenden Elemente, die in menschlichen Gemütern und menschlichen Angelegenheiten immer zu finden sind, in ein zusammenhängendes Ganzes zu verbinden. Was hieraus entsteht, ist nicht Vortrefflichkeit in der Einfachheit; es ist etwas weit Größeres: Vortrefflichkeit in der Zusammensetzung." [39]

Paines Fehdehandschuh

Burkes Buch erntete nicht nur begeisterten Beifall und höchstes Lob – es wurde auch erbittert befehdet: vor allem von denen, die mit den politischen und sozialen Umwälzungen in Frankreich ein neues, besseres Zeitalter für die Menschheit heraufkommen sahen.

Der große Thomas Jefferson, Verfasser der amerikanischen Unabhängigkeitserklärung von 1776, Bewunderer der Französischen Revolution – 1789 wirkte er als Gesandter in Paris am Entwurf der französischen Menschenrechtserklärung mit –, schrieb 1791 voller Abscheu: „Die Revolution in Frankreich verblüfft mich weit weniger als die des Mr. Burke... Wie schrecklich ist es, daß diese Beweise seiner geistigen Verdorbenheit uns dazu zwingen, daß wir nun bösartige Motive auch seinen früheren Handlungen unterstellen müssen, die uns durch Charakterfestigkeit und Patriotismus gekennzeichnet zu sein schienen." [40]

In ihrer Feindseligkeit erinnern Jeffersons Worte an das verächtliche Urteil, mit dem Karl Marx später Burke bedachte: „Dieser Sykophant, der im Sold der englischen Oligarchie den Romantiker gegenüber der französischen Revolution spielte..." [41]

Schroff wie Jefferson, mit einer Polemik *ad personam*, reagierte Burkes einflußreicher Zeitgenosse Thomas Paine auf die *Reflections*. Paine veröffentlichte ein Gegenmanifest zu Burkes Buch, das „eine mindestens so große Leserschaft" [42] fand wie die *Reflections*. Was Paine seinem Widerpart anklägerisch vorhielt, könnte man mit einem Schlagwort unserer Tage etikettieren – soziale Kälte:

„Nicht einen Blick des Mitleids, nicht einen teilnehmenden Gedanken kann ich in diesem Buche finden, welche er denjenigen zuwenden sollte, die unter schlechtestens Lebensbedingungen dahinschmachteten inmitten eines hoffnungslosen Daseins in einem elenden Gefängnis. Es ist schmerzlich zu sehen, wie ein Mann seine Gaben anwendet, um sich selbst zu verderben. Er wird nicht ergriffen von der Wirklichkeit der Not, sondern von dem Schein, den ihm seine Phantasie vorgaukelt. Er bemitleidet das Gefieder und vergißt den sterbenden Vogel... Sein Held oder seine Heldin müssen tragische Opfer sein, die in vollem Glanze erlöschen und nicht die Gefangenen des Elends, welche in der Stille eines Kerkers verschmachten.“ [43]

Der Dissens zwischen den beiden Kontrahenten ging freilich tiefer, als es die vordergründigen Attacken Paines auf den angeblich gefühlskalten, mitleidlosen, „unsozialen“ Burke vermuten lassen; es war ein Dissens *grundsätzlicher* Natur. Paine, der bedingungslose Parteigänger der Revolutionäre in Paris, hatte ein vollkommen anderes Welt- und Menschenbild als Burke. Er vermochte nicht einzusehen, daß der Mensch „in der Verantwortung der Generationen“ [44] stehe. Mit Burkes Maximen, „daß der Mensch ein zur Religion geschaffenes Wesen“ [45] sei, „nur ein anvertrautes Gut“ verwalte und „von seiner Verwaltung dem großen Machthaber, dem einzigen Herrn und Stifter und Gründer aller Gesellschaft ernste Rechenschaft abzulegen“ [46] habe, wußte Paine nichts anzufangen. Was ihn aber „zur Weißglut reizte“ [47], war folgender Gedankengang Burkes:

„Ein Staat... ist nicht bloß eine Gemeinschaft mit Dingen, deren die grobe tierische Existenz des vergänglichen Teils unseres Wesens bedarf, er ist eine Gemeinschaft in allem, was wissenswürdig, in allem, was schön, in allem, was schätzbar und gut und göttlich im Menschen ist. Da die Zwecke einer solchen Verbindung nicht in einer Generation zu erreichen sind, so wird daraus eine Gemeinschaft zwischen denen, welche leben, denen, welche gelebt haben, und denen, welche noch leben sollen.“ [48]

Paines schneidende Antwort darauf:

„Jedes Zeitalter und jede Generation müssen frei sein, um selbständig zu handeln... Die Eitelkeit und die Anmaßung, über das Grab hinaus regieren zu wollen, stellen die schlimmste Form der Tyrannei dar.“ [49]

Zwei Thesen – zwei Welten...

Erhalten und verbessern

Im Frühjahr 1791 zerbrach die langjährige, enge Freundschaft zwischen Fox und Burke. Fox, der die *Reflections* „als eine Verirrung betrachtete“ [50], pries am 6. Mai im Unterhaus mit überschwenglichen Worten die Ereignisse in Frankreich, worauf sich Burke erhob und antwortete, es sei „sicherlich unbedacht zu jeder Zeit und besonders in meinem Alter, Feinde herauszufordern oder meine Freunde zu verlassen. Doch, falls ich infolge meiner Treue zu der britischen Verfassung zu einem derartigen Zwiespalt gezwungen werde, so muß ich es auf mich nehmen... Ich weiß um den Preis meiner Handlung. Ich habe meine Pflicht getan um den Preis des Verlustes meines Freundes.“ [51]

Die *Whigs* waren entrüstet über Burke: Er wurde aus ihren Reihen ausgeschlossen. Am 12. Mai 1791 meldete der „Morning Chronicle“: „Die große und starke Partei der Whigs hat getreu ihren Grundsätzen in dem Streit zwischen Mr. Fox und Mr. Burke beschlossen, daß der erstere die reine Lehre, durch welche die Partei verbunden ist, vertritt. Die Folge davon ist, daß Mr. Burke aus dem Parlament ausscheidet.“ [52]

Tief verletzt zog sich Burke zurück. Es wurde einsam um ihn. Aber er blieb bis zu seinem Tode (1797) kämpferisch tätig: als unerbittlicher Warner vor den „Sophisten und Deklamatoren“ [53], den „verblendeten Philosophen“ [54] jenseits des Kanals; vor einem „Geist der Planung des Gemeinwesens nach geometrischem Rastermaß“ [55]; vor „abstrakter“, nicht an der „Wohlfahrt jedes Individuums“ [56] orientierter Politik, die in seinen Augen an luziferische Anmaßung grenzte und nur mutwillig Zerstörung heraufführen konnte:

„Ich begreife nicht, wie es irgendein Mensch bis zu einer solchen Raserei des Eigendünkels gebracht haben kann, daß er sein Vaterland wie ein weißes Stück Papier ansieht, worauf er kritzeln kann, was ihm beliebt. Ein tätiger Geist voll lebhafter und wohlwollender Spekulationen kann wünschen, daß die Gesellschaft, in der er lebt, anders organisiert sein möchte, als er sie findet; aber ein guter Patriot und ein wahrer Staatsmann sucht allemal aus dem schon vorhandenen Stoff, den ihm sein Vaterland darbietet, soviel zu machen, als möglich ist. Neigung zum Erhalten und Geschicklichkeit zum Verbessern sind die beiden Elemente, deren Vereinigung in meinen Augen den Charakter des großen Staatsmannes bilden. Alles, was hiervon abweicht, verrät den gemeinen Kopf in der Erfindung und eröffnet den Ruin der Gesellschaft in der Ausführung.“ [57]

Was Burke voraussah

Gewiß: Edmund Burke hat „nicht die ganze Wahrheit der großen Revolution“ [58] gesehen. Er verkannte die „historische Notwendigkeit“ [59] der epochalen Geschehnisse in Frankreich, „weil er sich über die historischen Ursachen der Revolution nicht klar wurde“ [60]. Er sah nicht – oder wollte nicht sehen –, daß der absolutistische Staat Frankreich zugrunde gewirtschaftet hatte. Aber *was* Burke sah; *was* er bei seiner Auseinandersetzung mit dem Jakobinismus herausfand – das erwies sich als prophetisch:

- Burke deutete den Jakobinismus als „Sündenfall in eine hybride Selbstvergottung des Menschen“ [61], spürte das „Apokalyptische“ [62] des totalen Umsturzes, ahnte, daß in dieser auf Theorie und Dogma abgestellten Revolution „schon der Gedanke einer Weltrevolution enthalten“ [63] war, und wies auf die „Flammenzeichen an der Wand“ [64]: „Mir ist, als winkte uns eine fürchterliche Krise nicht für die Angelegenheiten von Frankreich allein, sondern für die Angelegenheiten von Europa und vielleicht von mehr als Europa.“ [65]
- Burke sagte voraus, daß sich die jakobinischen „Gleichheitsapostel“ [66] am Ende als gewaltbereite und auch gewalttätige „Oligarchie“ [67] entpuppen würden, für die das Menschenleben zur Disposition stand.
- Burke sagte auch – 1790! – voraus, daß „irgendein allgemein beliebter General, der die Kunst versteht, den Soldaten zu fesseln, und der den wahren Geist eines militärischen Befehlshabers besitzt, es dahin bringen wird, aller Augen auf sich allein zu richten. Diesem werden die Armeen aus persönlicher Ergebenheit gehorchen. Keine andre Art von Gehorsam ist in dieser Lage der Sachen vom Soldaten zu erwarten. Von dem Augenblick aber, da dies geschehen wird, muß der Mann, der die Armee wirklich kommandiert, auch Meister alles übrigen werden; er muß Herr (so wenig dies auch sagen will) des Königs, Herr der gesetzgebenden Versammlung, Herr der ganzen Republik sein.“ [68]

Als Burke dies niederschrieb, war „der Schatten des korsischen Eroberers, welcher einige Jahre später diese prophetischen Worte in die Tat umsetzen sollte, noch nicht am Horizont erschienen“ [69]. Zwei Jahre nach Burkes Tod, im November 1799, setzte Napoleon Bonaparte zum Staatsstreich an und griff nach der Alleinherrschaft in Frankreich...

- Burke sagte schließlich voraus, daß der Staat, wie ihn die Jakobiner planten, nichts anderes als ein Staat „alles in allem“ sein könne – ein totaler Staat: *„Was jetzt in Frankreich als Herrschaft existiert, das ist in einem*

Zuge etabliert worden. Der Plan ist bösartig, unmoralisch, ehrfurchtslos, gewaltsam; aber es steckt Mut und Geist darin. Der Plan ist systematisch, er hat Einheit und Straffheit in Perfektion. In diesem Lande kann ein ganzer Handelszweig beseitigt, eine Industrie vernichtet werden, der Geldumlauf zerstört, der Kredit zerrüttet, der Gang der Landwirtschaft unterbrochen, selbst eine Stadt verbrannt und eine Provinz zur Wüste gemacht werden – das kostet sie nicht einen Augenblick der Angst. Für sie bedeutet Wille, Wunsch, Bedürfnis, Freiheit, Arbeit, Blut der Individuen überhaupt nichts. Ihre Vorstellung von der Regierung kennt keine Individualität. Der Staat ist alles in allem. Alles bezieht sich auf die Produktion von Gewalt; nachher wird alles durch ihren Gebrauch bestimmt. Er ist militärisch im Grundsatz, in den Richtlinien, im Geist, in jeder Tätigkeit. Der Staat hat Herrschaft und Eroberung als einziges Ziel: Herrschaft über die Seelen durch geistigen Zwang, über die Körper durch Waffen.“ [70]

Diese „Abrechnung“ Burkes mit dem Jakobinerstaat ist eine luzide Vision vom totalitären Staat des 20. Jahrhunderts. So kann man – mit Thomas Chaimowicz – sagen, Edmund Burke habe mit seinen Schriften und Reden zur Französischen Revolution „zu zwei Jahrhunderten gesprochen. Er beobachtete Robespierre und sah im Geiste Hitler und Stalin heraufziehen.“ [71]

Wider Dogma und Doktrin

Was ist „von bleibender Bedeutung“ [72] am Werk Edmund Burkes? Was macht Burkes „Rang in der politischen Ideengeschichte“ [73] aus?

Erstens

In einem Zeitungsaufsatz zum 150. Geburtstag Burkes warf Günther Gillessen 1979 die Frage auf, was uns Burke zu sagen hätte, wenn wir ihn heute, im 20. Jahrhundert, nach den Erfahrungen, die wir in diesem dunklen Säkulum machen mußten, um seinen „Rat“ bäten. Gillessens Antwort: „Das Wichtige an Burke ist sein Realismus, seine praktische Vernunft, ... die Betrachtung der Folgen vor den Absichten... Es ist ein Realismus ohne den Zynismus der ‚Realpolitik‘, eine praktische Vernunft ohne die technokratische Art des Pragmatismus, ein Orientierungssinn voller Skepsis gegen idealistische Ziele der Politik außerhalb des Glücks der einzelnen Menschen.“ [74]

Burkes Erwiderung auf die revolutionäre politische Philosophie Rousseaus und der Jakobiner „war nicht so sehr Gegendoktrin wie *Verneinung jeder politischen Doktrin*“ [75]. Darin liegt ihre Bedeutung, ihr Gewicht: für die Zeit, in der Burke lebte, wie für die Zeit nach ihm.

Weil „Burke wußte, wie leicht Freiheit verlorengeht, wenn an die Stelle probierender und revisionsbereiter Reform Männer treten, die ‚tabula rasa‘ und danach alles neu und viel besser machen wollen“[76], war er auf „Freiheitssicherung“[77] bedacht. Im September 1790 erläuterte er einem französischen Korrespondenten, „worin die Freiheit, wie ich sie liebe, besteht. Sie entspricht jenem Zustand, in welchem die Freiheit keines Menschen oder keiner Gruppe von Menschen übergangen werden darf. Diese Art von Freiheit ist nur eine andere Bezeichnung für Gerechtigkeit. Sobald eine Trennung zwischen Freiheit und Gerechtigkeit stattfindet, sind beide gefährdet.“[78]

Die Entwicklung, die das revolutionäre Frankreich in den nächsten Jahren nahm – von der politischen „Praxis“ in den Diktaturen des 20. Jahrhunderts zu schweigen –, bestätigte Burke: Was die Jakobiner, fixiert auf den „wahren“ Volkswillen à la Rousseau, und dann später die Kommunisten und die Nationalsozialisten unter „Freiheit“ verstanden, hatte mit „Gerechtigkeit“ gegenüber dem einzelnen Menschen nichts zu tun, sondern glich – im Gegenteil – einer Kampfansage, ja einer Art Kriegserklärung an das Individuum.

Burke sah voll düsterer Sorge die drohende *Kollektivierung* des Menschen. Mit der Revolution in Frankreich war, wie er sagte, das „Jahrhundert der Sophisten“ und „Ökonomisten“, der „Rechenmeister“[79] angebrochen, die die Menschen „in bloße Zahlpfennige verwandelt“ hatten, „um sich das Rechnen abzukürzen“[80].

Er faßte den „seltsamen Vorgang“ ins Auge, „den wir als das Abkoppeln des Menschen von der Geschichte bezeichnen können“[81]: Die politische Herrschaft wurde von einer intellektuellen Avantgarde ausgeübt, „die eine künstliche ideologische Welt“ schuf – mit dem Ergebnis, daß es von nun an „neben dem empirischen Volk ... ein ‚ideologisches Volk‘“ gab, „in dessen Namen das empirische versklavt“[82] wurde.

Auf die Avantgarde um Robespierre münzte Burke in den *Reflections* Sätze von alttestamentarischer Wucht, mit denen er wiederum weit in die Zukunft griff; er charakterisierte nicht allein die Jakobiner, sondern alle späteren totalitären Avantgarden: „Schon zeigt sich an allem, was die herrschende Partei tut, an allem, was ihre Orakel sagen und schreiben, eine Armseligkeit der Erfindung, eine Niedrigkeit in der Wahl der Mittel, eine verächtliche Einförmigkeit und Plumpheit in der Ausführung, eine Verderbtheit des Geschmacks, die, wo sie erscheinen, die *sicheren Vorboten eines fürchterlichen Verfalls* sind. In ihrer Freiheit wohnt kein freier Sinn. Ihr Wissen ist die Unwissenheit eines Marktschreiers. Ihre Menschlichkeit ist die Roheit der tierischen Natur.“[83]

Zweitens

Was muß – demgegenüber – zur Sicherung der Freiheit getan werden?

Es gilt der Grundsatz: „Freiheit bedarf der Ordnung und Ordnung bedeutet Einschränkung der Freiheit.“ [84] Burke hatte – wie wir gesehen haben – ein skeptisches Bild vom Menschen: Der Mensch ist nicht von Natur aus gut, sondern die Natur hat ihm zerstörerische Kräfte mitgegeben, denen der Mensch nicht freien Lauf lassen darf, wenn er nicht seine Freiheit einbüßen will. Deshalb „beruht Freiheit nicht auf Willkür und Belieben, sondern auf deren Beschränkung“ [85]. Freiheit ist nur möglich, wenn der Mensch seine „Begierden“, seine „Leidenschaften“ zügelt; wenn er sich Bindungen auferlegt: Bindungen an geschichtlich gewachsene staatliche und gesellschaftliche Institutionen; Bindungen auch an das, was Burke *prescription* nannte – ein Begriff, der kaum zu übersetzen ist. Gemeint sind Bindungen an ein „institutionelles Vermächtnis der Vorfahren“ [86]: an überlieferte Ansichten und Bräuche, die als maßgeblich gelten; an festbegründete Lebensformen in der Gesellschaft, an Tradition und Kontinuität. [87] Die Menschen aus solchen „natürlichen“ Bindungen herauszureißen, hielt Burke für menschenfeindlich:

„Das Unternehmen, alte Meinungen und Lebensregeln auf einmal auszurotten, ist allemal ein gewagtes Spiel, wobei der Verlust gar nicht zu berechnen ist. Der Mensch wird dadurch augenblicklich in ein unbekanntes Meer geworfen, wo er ohne Kompaß umherirrt, wo er nicht Klippe, nicht Hafen mehr unterscheidet.“ [88]

Drittens

Eine sinnvolle, tragfähige „Balance zwischen Freiheit und Bindung“ [89] herzustellen – dazu sind vor allem die Schöpfer von Staatsverfassungen aufgerufen:

„Eine Staatsverfassung erschaffen erfordert... keine große Geschicklichkeit. Weiset der Macht ihre Stelle an; lehrt Gehorsam; und das Werk ist vollbracht. Freiheit geben ist noch sehr viel leichter. Da bedarf es gar keiner Führung: es ist bloß nötig, den Zügel schießen zu lassen. Aber eine freie Staatsverfasssung hervorbringen, das heißt, die streitenden Elemente der Freiheit und der Beschränkung in ein festes und dauerndes Ganzes zusammenzuschmelzen, das ist ein Geschäft, das langes und tiefes Nachdenken, das einen scharfsichtigen, vielumfassenden und ordnenden Geist erfordert.“ [90]

Viertens

Freiheit wird auch durch *Reformbereitschaft* gesichert. Voraussetzung ist allerdings, daß *rechtzeitig* reformiert wird, weil sonst Chaos und Umsturz zu gewärtigen sind. Im Unterhaus sagte Burke 1780:

„Mit größtem Ernst möchte ich die Regierung bitten, die Weisheit frühzeitiger Reformen zu bedenken. Frühzeitige Reformen gleichen Übereinkünften unter mächtigen Freunden, verspätete Reformen Bedingungen, die man einem unterworfenen Feind diktiert. Frühzeitige Reformen finden in ruhiger Atmosphäre statt, verspätete in allgemeiner Erregung. Ist es erst so weit gekommen, dann nimmt ein Volk an seiner Regierung nichts Achtenswertes mehr wahr. Es verfällt in die Wut einer wilden Menge, die nichts mehr verbessern, sondern nur noch niederreißen will." [91]

Das ist eine Warnung, die – wie Christian Graf von Krockow mit Recht hervorhebt – „ebensowenig etwas von ihrer Aktualität verloren haben dürfte" [92] wie die gleichfalls in dieser Unterhausrede enthaltene Mahnung Burkes, Reformen nicht „überhastet", sondern umsichtig [93] anzugehen und stets zu bedenken, wie leicht „Reformeuphorie" in „Reformfeindschaft" [94] umschlagen könne:

„Wenn es im Interesse der Regierung liegt, daß Reformen rechtzeitig durchgeführt werden, dann ist es das Interesse des Volkes, daß sie gemäßigt bleiben. Denn eine gemäßigte Reform ist dauerhaft und schließt ein Prinzip des Wachstums ein. Wann immer wir verbessern, sollten wir Raum für weitere Verbesserungen lassen... Bei überhasteten Reformen dagegen, bei dem, was man mit mehr Eifer als Überlegung ‚ganze Arbeit' nennt, ist alles meist so unausgereift, schroff und unverdaut, so sehr mit Unüberlegtheit und Ungerechtigkeit vermischt..., daß die gleichen Leute, die eben noch die größten Eiferer waren, bald abscheulich finden, was sie angerichtet haben. Dann ruft man das gerade aus der Welt geschaffene Übel aus dem Exil zurück,um es als Korrektur der Korrektur einzusetzen: das Übel selbst gewinnt die Glaubwürdigkeit einer Reform; das Ideal guter Politik gerät als Utopie unerfahrener Hitzköpfe in Mißkredit. So werden schließlich die Übel unheilbar, nicht aus sich selbst, sondern wegen der falschen gewaltsamen Heilmittel." [95]

Fünftens

Zur Sicherung der Freiheit gehört schließlich die Abwehr der Forderung nach totaler Gleichheit der Menschen. In Rousseaus Konstrukt vom „Gemeinwillen" hatte die Gleichheitsforderung ihren revolutionären Ausdruck gefunden.

Zwischen Freiheit und Gleichheit, „die von der Französischen Revolution mit naivem Pathos gemeinsam proklamiert“[96] wurden, besteht aber kein spannungsfreies, sondern ein höchst problematisches Verhältnis. Burke war sich dieser „Grundspannung“[97] bewußt. Da „das Glück der einzelnen Menschen für Burke der einzige sichere Maßstab zur Beurteilung der Qualität einer Politik“[98] war, fragte er nach den Folgen ideologischer Tendenzen, die „Gleichheit“ der Menschen zum Fundamentalbegriff der Politik zu erklären.

Gleichheit in Freiheit – das forderte Burke selber. Aber er meinte die Gleichheit der Bürger vor dem Gesetz. Wogegen er sich vehement wandte, war die radikale, um eines vorgegebenen ideologischen Ziels willen betriebene „Gleichmacherei“ der neuen Machthaber in Frankreich. Burke verwarf die „betrügerischen Träume und Schattenbilder von Menschengleichheit“[99], weil er nicht den geringsten Zweifel hatte, wie ein Unternehmen „Freiheit vor Gleichheit“, systematisch gehandhabt, enden würde: mit dem Verlust individueller Freiheit. Jahrzehnte vor Alexis de Tocqueville erkannte bereits Edmund Burke „den Abgrund des Politischen, der sich auftut, wenn das allen Gemeinsame ins Gleiche verkehrt und die herzustellende Gleichheit aller zur ‚großen Sache‘ gemacht wird.“[100]

Freiheit oder Knechtschaft: Tocqueville

Am Experiment der Gleichmacherei, dieser „großen Sache“, sind nicht nur die Jakobiner gescheitert, sondern auch deren geistige Nachfahren im 20. Jahrhundert: Die europäischen Diktaturen, die den Menschen zu einem Rädchen in einer gigantischen Maschinerie herunterstuften, sind dahin; zuletzt haben die kommunistischen Zwangsstaaten abdanken müssen.

Aber ist die „große Sache“, Gleichheit „im Streckbett der Gesellschaftspolitik“ [1] zu erzwingen, nun für immer tot? Wer das annehmen wollte, gäbe sich Illusionen hin: Die „Leidenschaft für die Gleichheit“ [2], die Alexis de Tocqueville, der erste „Analytiker des Massenzeitalters“ [3], vor über 150 Jahren am Menschen diagnostizierte, wird niemals erkalten. Tocqueville, der sich – wie Burke – die zentrale Frage nach der Sicherung, der „Rettung der Freiheit in aller Zwangsläufigkeit der Geschichte“ [4] stellte, nannte einleuchtende Gründe für das machtvolle Gleichheitsstreben der Menschen:

Es sei eine „kräftige und berechtigte“ Leidenschaft, „die alle Menschen anspornt, stark und geachtet sein zu wollen“. Er fügte hinzu: „Diese Leidenschaft erhebt wohl die Niedrigen zum Range der Höheren.“ Aber Tocqueville versäumte nicht, die Menschen im gleichen Atemzug vor ihrer Leidenschaft für die Gleichheit zu warnen: „... wir finden im menschlichen Herzen auch einen verderbten Gleichheitstrieb, der bewirkt, daß die Schwachen die Starken zu sich herunterziehen wollen und daß die Menschen die Gleichheit in der Knechtschaft der Ungleichheit in der Freiheit vorziehen.“ [5]

Prophet der bipolaren Welt

Freiheit oder Knechtschaft: für Alexis de Tocqueville ist das die „Alternative, zu der das moderne Zeitalter drängt“ [6]. Tocqueville sieht Zeiten der „Gleichheit der gesellschaftlichen Bedingungen“ [7] heraufziehen: „Die Gesellschaft hat sich in Marsch gesetzt und führt die Menschen jeden Tag mehr der Gleichheit der Bedingungen entgegen“ [8], schreibt er am 21. Februar 1835 an seinen Freund Eugéne Stoffels. Der Kampf zwischen den „Weltprinzipien Freiheit und Knechtschaft“ [9] wird unausweichlich: „Ich sehe nur zwei Möglichkeiten, wie man die Gleichheit in der Politik zur Herrschaft bringen kann: man muß entweder *jedem* Bürger Rechte geben oder *aber keinem*.“ [10] Tocqueville folgert daraus: „Wenn ich den Zustand betrachte, den mehrere europäische Nationen bereits erreicht haben, und dem alle anderen zustreben, so bin ich persönlich geneigt zu glauben, daß es unter ihnen nur noch Raum geben wird für die demokratische Freiheit oder für die Tyrannei der Cäsaren.“ [11]

In den Vereinigten Staaten von Nordamerika erblickt Tocqueville die künftige Vormacht der Freiheit – in Rußland die der Knechtschaft. 1835 schreibt der Dreißigjährige Sätze nieder, die in ihrer Prophetie nach wie vor „geradezu unheimlich“ [12] wirken:

„Es gibt heute auf der Erde zwei große Völker, die – von verschiedenen Punkten ausgehend – zum selben Ziel vorzurücken scheinen: die Russen und die Angloamerikaner. Beide sind im verborgenen groß geworden; und während die Aufmerksamkeit der Menschen anderswo gefesselt war, sind sie plötzlich in die vorderste Reihe der Nationen getreten, und die Welt hat fast zur gleichen Stunde wie ihre Geburt ihre Größe vernommen.

Alle anderen Völker scheinen etwa die Grenzen erreicht zu haben, die ihnen von der Natur gezogen sind, und scheinen diese nur noch bewahren zu sollen. Rußland aber und Amerika wachsen: alle anderen sind entweder zur Ruhe gekommen oder dringen doch nur unter großen Anstrengungen vor; sie allein schreiten leicht und rasch aus in einer Bahn, deren Ziel das Auge noch nicht zu erkennen vermag.

Der Amerikaner kämpft gegen die Hindernisse, die die Natur ihm bietet; der Russe liegt im Kampf mit den Menschen. Jener ringt mit Wüste und Barbarei, dieser mit der vollbewaffneten Zivilisation: Daher erobert der Amerikaner mit dem Pflug, der Russe mit dem Schwert des Soldaten.

Sein Ziel zu erreichen, baut der Amerikaner auf das private Interesse und läßt die Kraft und die Vernunft des Einzelnen wirken, ohne sie zu dirigieren. Der Russe drängt gewissermaßen die ganze Macht der Gesellschaft in einen Menschen zusammen. Freiheit ist dem einem der Antrieb, Knechtschaft dem anderen.

Ihr Ausgangspunkt ist verschieden, verschieden ist ihr Weg; und doch, nach einem geheimen Plan der Vorsehung scheint jeder von ihnen berufen, dereinst die Geschicke der halben Erde zu lenken.“ [13]

Die von Tocqueville vorausgesagte „Zweiteilung der Welt“ fand statt – und es sah bis zum Herbst 1989 nicht so aus, als werde sie auf viereinhalb Jahrzehnte unseres Jahrhunderts beschränkt bleiben...

Ein Despotismus neuer Art

Tocqueville hat sich aber nicht nur im Blick auf den Aufstieg der Weltmächte Amerika und Rußland als „einer der sichersten Prognostiker der europäischen Geistesgeschichte“ [14] erwiesen; er entdeckte auch als erster die „eigentümliche Dialektik, welche die moderne Massengesellschaft bewegt“ [15] – eine Dialektik, die der Freiheit, bei ständig wachsender Gleichheit der „gesellschaftlichen Bedingungen“, gewissermaßen die Luft zum Atmen nimmt:

„Solange die erste Begeisterung die demokratische Revolution trug, zeigten sich die Menschen, die mit der Zerstörung der alten aristokratischen, die Revolution bekämpfenden Gewalten beschäftigt waren, von einer tiefen Unabhängigkeitsliebe beseelt; je vollkommener aber der Sieg der Gleichheit wurde, umso mehr überließen sie sich nach und nach den natürlichen Neigungen, die eben diese Gleichheit auslöst, und stärkten und zentralisierten die staatliche Gewalt. Um gleich zu werden, hatten sie frei sein wollen, und je mehr sich nun die Gleichheit mit Hilfe der Freiheit durchsetzte, desto stärker erschwerte sie ihnen die Freiheit.“ [16]

Es droht eine „Art der Unterdrückung“ [17], eine „Art geregelter Knechtschaft“ [18], die „in den demokratischen Zeiten... eine besondere Gefahr“ [19] ist; eine Knechtschaft, die mit nichts vergleichbar ist, was jemals in der Welt bestand: „Ich selbst suche vergeblich nach einem Ausdruck, der die Vorstellung genau wiedergibt, die ich mir von ihr mache, und der sie umfaßt; die alten Begriffe Despotismus und Tyrannis passen nicht. *Die Sache ist neu*, und da ich sie nicht benennen kann, muß ich versuchen, sie zu beschreiben.“ [20]

In tiefer Sorge um die Bewahrung der Freiheit in einer egalitären Massengesellschaft; mit einer – wie er selbst sagt „Art religiösen Schauders“ (*terreur religieux* [21]) zeichnet Tocqueville das Bild eines künftigen „Termitenstaates“ [22], in dem es „zu einer unsagbaren Verarmung, Verflachung und Entgeistigung des Lebens durch ein stetig wachsendes Gleich*artig*-Werden, eine fortschreitende *Verähnlichung*, Vermassung und *Uniformität* der Menschen“ [23] kommen muß – und wird; eines Vormundschaftsstaates, „der dem Menschen den freien Sinn, die freie Kraft langsam, aber unaufhaltsam wegzehrt“ [24]:

„Ich will entwerfen, unter welchen neuen Zügen der Despotismus sich in der Welt einstellen könnte: Ich sehe eine unübersehbare Menge ähnlicher und gleicher Menschen, die sich rastlos um sich selbst drehen, um sich kleine und gewöhnliche Freuden zu verschaffen, die ihr Herz ausfüllen...

Über diesen Bürgern erhebt sich eine gewaltige Vormundschaftsgewalt, die es allein übernimmt, ihr Behagen sicherzustellen und über ihr Schicksal zu wachen. Sie ist absolut, ins einzelne gehend, pünktlich, vorausschauend und mild. Sie würde der väterlichen Gewalt gleichen, hätte sie – wie diese – die Vorbereitung der Menschen auf das Mannesalter zum Ziel; sie sucht aber, im Gegenteil, die Menschen unwiderruflich in der Kindheit festzuhalten; sie freut sich, wenn es den Bürgern gut geht, vorausgesetzt, daß diese ausschließlich an ihr Wohlergehen denken. Sie arbeitet gern für ihr Glück; aber sie will allein daran arbeiten und allein darüber entscheiden; sie sorgt für ihre Sicherheit, sieht und sichert ihren Bedarf, erleichtert ihre Vergnügungen, führt ihre wichtigsten Geschäfte, leitet ihre gewerblichen Unternehmungen, regelt ihre Erbfolge und teilt ihren Nachlaß; könnte sie ihnen nicht vollends die Sorge, zu denken, abnehmen und die Mühe, zu leben?

Auf diese Weise macht sie den Gebrauch des freien Willens immer überflüssiger und seltener, beschränkt die Willensbetätigung auf ein immer kleineres Feld, und entwöhnt jeden Bürger allmählich der freien Selbstbestimmung. Auf all das hat die Gleichheit die Menschen vorbereitet: hat sie bereit gemacht, es zu erdulden, ja es häufig sogar für eine Wohltat zu halten.“[25]

Das Ergebnis ist „Entmündigung des Volkes im Namen einer nur so genannten Herrschaft des Volkes“[26]:

„So breitet der Souverän, nachdem er jeden Einzelnen der Reihe nach in seine gewaltigen Hände genommen und nach Belieben umgestaltet hat, seine Arme über die Gesellschaft als Ganzes; er bedeckt ihre Oberfläche mit einem Netz kleiner, verwickelter, enger und einheitlicher Regeln, daß nicht einmal die originellsten Geister und die stärksten Seelen zu durchdringen vermögen, wollen sie die Menge hinter sich lassen; er bricht den Willen nicht, sondern schwächt, beugt und leitet ihn; er zwingt selten zum Handeln, steht vielmehr ständig dem Handeln im Wege; er zerstört nicht, er hindert die Entstehung; er tyrannisiert nicht, er belästigt, bedrängt, entkräftet, schwächt, verdummt und bringt jede Nation schließlich dahin, daß sie nur noch eine Herde furchtsamer und geschäftiger Tiere ist, deren Hirte die Regierung.“[27]

Es ist eine visionäre, in ihrer Treffsicherheit wiederum verblüffende Vorwegnahme dessen, was man im 20. Jahrhundert „Gleichschaltung“ nennen wird...

Der Weg in den totalitären Vormundschaftsstaat, in den Despotismus *neuer Art*, der aus dem gesellschaftlichen Gleichheitsstreben zu erwachsen droht, ist freilich nicht zwangsläufig. Tocqueville gehört – bei allen Ängsten, die ihn umtreiben – „nicht zu denen, die die Gefahren für die Freiheit im Zeitalter der Gleichheit für unabwendbar halten“ [28]. Er sei „voller Besorgnis und voller Hoffnung“ [29], schreibt er 1840. Ob Freiheit erhalten bleibt oder ob Knechtschaft zum Schicksal wird – das ist in die Hände der Menschen gelegt: „Ich sehe große Gefahren, die *gebannt* werden können, große Übel, die sich *vermeiden* oder *einschränken* lassen, und ich werde in der Überzeugung immer sicherer, daß für die demokratischen Nationen der bloße Wille genügt, und sie werden in Ehren gedeihen.“ [30]

Er wisse wohl, fährt Tocqueville fort, „daß einige meiner Zeitgenossen die Ansicht vertreten, die Völker seien auf Erden nie ihre eigenen Herren und gehorchten notwendig ich weiß nicht welcher unüberwindlichen und blinden Macht, die früheren Ereignissen entspringe, der Rasse, dem Boden oder dem Klima“. Aber: „Das sind falsche und kraftlose Lehren ... *die Vorsehung hat das Menschengeschlecht weder ganz frei geschaffen, noch vollkommen sklavisch. Sie zieht zwar um jeden Menschen einen schicksalhaften Kreis, den er nicht durchbrechen kann*; innerhalb dieser weiten Grenzen aber ist der Mensch machtvoll und frei; so auch die Völker.“ [31]

So schließt Tocqueville den zweiten Band seines Amerika-Buches mit der Mahnung ab, der Zukunft „mit jener heilsamen Furcht“ entgegenzublicken, „welche die Menschen zu Hütern und Wächtern der Freiheit macht, nicht mit jenem schwächlichen Schrecken, der die Herzen niederdrückt und lähmt“ [32].

„Die Nationen unserer Tage vermögen an der Gleichheit der gesellschaftlichen Bedingungen nichts mehr zu ändern; von ihnen aber hängt es nun ab, ob die Gleichheit sie zur Knechtschaft oder zur Freiheit führt, zu Bildung oder Barbarei, zu Wohlstand oder Elend.“ [33]

Demokratie gegen Sozialismus

Wie können nun die von Tocqueville beschworenen Gefahren und Übel gebannt, vermieden oder wenigstens vermindert werden? Wie sind die „unabhängigen Rechte, die dem Individuum in der modernen Massengesellschaft verbleiben“ [34], zu schützen und zu sichern?

Die „institutionellen Grundforderungen“, die aus der Sicht Tocquevilles ein „Gegengewicht gegen den drohenden Despotismus“ [35] bilden können, lauten: „Dezentralisation, Gemeindefreiheit, bundesstaatliche Struktur, Freiheit der Presse, Abwehr zu starker staatlicher Kompetenz auf allen Gebieten, Raum für private Initiative, Eigentum für alle, wenn man das Eigentum retten wolle, soziale Gerechtigkeit, vor allem gegenüber den Industriearbeitern.“ [36] Es ist ein Katalog unverändert „moderner“ Ideen und Forderungen. Greifen wir die bedeutsamsten heraus:

Erstens

Gemeindefreiheit – was sie bedeutet, hat Tocqueville während seines einjährigen Amerika-Aufenthaltes erfahren:

„Der Einwohner von Neuengland hängt an seiner Gemeinde nicht so sehr deswegen, weil er dort geboren ist, sondern weil er in ihr eine freie und starke Gemeinschaft sieht, zu der er gehört und die zu leiten sich lohnt. In Europa kommt es vor, daß die Regierenden selber den Mangel an Gemeindegeist bedauern; denn alle stimmen darin überein, daß der Gemeindegeist eine wichtige Stufe der Ordnung und der öffentlichen Ruhe bildet; aber sie wissen nicht, wie man ihn hervorbringt. Sie fürchten die Aufteilung der gesellschaftlichen Macht und für den Staat die Gefahren der Anarchie, wenn sie die Gemeinde stark und unabhängig werden lassen. Wo aber der Gemeinde die Stärke und die Unabhängigkeit entzogen werden, kann es immer nur Verwaltete, nie aber Bürger geben.“ [37]

Zweitens

Pressefreiheit – sie ist „bei den demokratischen Nationen ungleich kostbarer als bei allen anderen; sie allein heilt die Mehrzahl der Übel, die die Gleichheit hervorbringen kann.“ [38]

Das größte Übel, das die egalitäre Massengesellschaft für das Individuum mit sich bringt, heißt: Isolation, Vereinzelung: „In Zeiten der Gleichheit ist jeder Einzelne von Natur isoliert; er hat keine angeborenen Freunde, deren Hilfe er fordern könnte, keine Klasse, deren Zuneigung ihm sicher wäre; man übergeht ihn leicht und tritt ihn ungestraft mit Füßen. Heutzutage hat ein Bürger, den man unterdrückt, daher nur ein Verteidigungsmittel; er muß an die gesamte Nation appellieren, und, wenn die ihn nicht hört, an die Menschheit; dazu gibt es nur ein Mittel, die Presse.“ Sie ist eine „sehr wirksame Waffe ..., deren sich auch der Schwächste und Isolierteste bedienen kann. Die Gleichheit nimmt jedem Einzelnen die Unterstützung seiner Nächsten; die Presse aber gestattet es ihm, alle seine Mitbürger und Mitmenschen zu Hilfe zu rufen. Die Buchdruckerkunst hat die Fortschritte der Gleichheit beschleunigt und ist zugleich eines ihrer besten Gegenmittel.“ [39]

So wird die Institution „freie Presse“ nachgerade zu einem Garanten des Fortbestandes individueller Freiheitsrechte in einer “nivellierenden, isolierenden, atomisierenden"[40] Massengesellschaft: *„Die Presse ist recht eigentlich das demokratische Werkzeug der Freiheit."* Tocqueville sagt ausdrücklich:

„Um die persönliche Unabhängigkeit (der Menschen, die in demokratischen Ländern leben) zu gewährleisten, verlasse ich mich weder auf die großen politischen Versammlungen, noch auf die parlamentarischen Vorrechte, noch auf die Verkündigung der Volkssouveränität. All das verträgt sich bis zu einem gewissen Punkt mit der individuellen Knechtschaft; diese Knechtschaft kann aber nicht vollständig sein, wenn die Presse frei ist."[41]

Drittens

Unabhängige Gerichtsbarkeit – sie „dient den Bedürfnissen der Freiheit... ganz besonders in einer Zeit, da Auge und Hand des Souveräns sich unaufhörlich in die geringfügigsten Einzelheiten der menschlichen Handlungen einmischen... Die Macht der Gerichte ist zu allen Zeiten der sicherste Schutz gewesen, der sich der individuellen Unabhängigkeit bieten konnte; für die demokratischen Zeiten gilt das aber ganz besonders; die persönlichen Rechte sind da immer in Gefahr, wenn nicht die richterliche Gewalt in dem Maße wächst und sich erweitert, in dem die gesellschaftlichen Bedingungen sich einander angleichen."[42]

Viertens

Soziale Gerechtigkeit, Eigentum für alle – Tocqueville fordert dies, weil ihm nicht entgeht, wohin eine Gesellschaft, die zunehmend egalitärer wird, tendiert: „Das große Schlachtfeld wird das Eigentum sein." Er hat keinen Zweifel, „daß sich der Kampf der politischen Parteien bald zwischen den Besitzenden und den Nicht-Besitzenden abspielen" werde, da das Eigentumsrecht, „so heilig es ist, nur noch als der letzte Rest einer zerstörten Welt" erscheine, „als ein isoliertes Vorrecht inmitten einer nivellierten Gesellschaft"[43].

In einer Denkschrift, die er Ende 1847, am Vorabend der von Paris ausgehenden europäischen Revolution von 1848 veröffentlicht, fragt Tocqueville, auf die nicht nur in Frankreich, sondern überall in Europa zirkulierenden sozialistischen Frühschriften verweisend: „Wie ist es möglich, daß die Vorzeichen dieser kommenden Zeit nicht schon aller Blicke auf sich ziehen? Glaubt man etwa, daß die eigenartigen Lehren, die von allen Seiten auftreten und die die verschiedensten Namen tragen, deren Hauptmerkmal aber durchweg die Verneinung des Eigentumsrechts ist, nur ein Zufall und nur die Folge eines flüchtigen Einfalls des menschlichen Geistes sind?"[44]

Tocqueville schlägt vor, den „Träumereien ... dieser Neuerer", die er als „äußerst bedrohlich"[45] einstuft, mit umfassenden gesetzgeberischen Maßnahmen zu begegnen: Er plädiert für die Ausdehnung des Wahlrechts; er verlangt, „die materielle und geistige Lage der (unteren) Klassen zur *Hauptsorge des Gesetzgebers zu machen*; die ganze Kraft der Gesetze auf die Erleichterung und vor allem auf den vollständigen Ausgleich der öffentlichen Lasten zu lenken, um alle Ungleichheiten, die in unserer Finanzgesetzgebung zurückgeblieben sind, zum Verschwinden zu bringen. Mit einem Wort, den Armen die volle gesetzliche Gleichheit und allen Wohlstand zu sichern, der sich mit dem Bestehen des Rechts auf Eigentum und der Ungleichheit der gesellschaftlichen Lage, die aus ihm entspringt, vereinigen läßt. Denn, was in dieser Hinsicht bisher Sache der Ehrenhaftigkeit und der Gerechtigkeit war, wird jetzt zur Notwendigkeit und Klugheit."[46]

Tocqueville streitet für soziale Reformen, weil er die Demokratie vor dem Sozialismus retten will, der sein *cauchemar*, sein Alptraum, ist: Sozialismus, so meint er, könne gar nichts anderes bewirken als „Konfiszierung der Menschenfreiheit" – nichts anderes hervorbringen als einen „Bienenstaat", der „eher von geschickten Tieren als von freien, zivilisierten Menschen"[47] bevölkert wird. Am 12. September 1848 sagt er in der Deputiertenkammer: „Die Demokratie erkennt jedem einzelnen seinen Eigenwert zu, der Sozialismus degradiert jeden einzelnen zu einem Funktionär der Gesellschaft, zu einer bloßen Nummer. Demokratie und Sozialismus haben nur ein einziges Wort miteinander gemeinsam: die Gleichheit. Aber man beachte den Unterschied: Während die Demokratie die Gleichheit in der Freiheit sucht, sucht der Sozialismus sie im Zwang und in der Knechtung."[48]

Anders als Marx

Tocqueville, so hat man gesagt, sei „der Gegenspieler zu Marx"[49], der „große Antipode von Marx"[50]. Andererseits hat man aber auch auf die „geistige Verwandtschaft"[51] zwischen beiden aufmerksam gemacht.

Tatsächlich sind sich Tocqueville und Marx in der Analyse der Industriegesellschaft, wie sie sich in der ersten Hälfte des 19. Jahrhunderts herauszubilden begann, in vielem einig. Aber der Einklang bleibt auf die *Diagnose* beschränkt; was die *Therapie* betrifft, so gehen Tocqueville und Marx getrennte Wege: Beide beschreiben „dieselben Phänomene, doch sind ihre Schlußfolgerungen fundamental verschieden"[52].

Erstens

Tocqueville registriert – wie Marx –, daß sich der Arbeiter im Zeitalter der Massenproduktion, der Spezialisierung und Mechanisierung der Arbeit seiner Tätigkeit *entfremdet*: „Ein Arbeiter, der sich ständig und ausschließlich mit der Fabrikation desselben Gegenstandes beschäftigt, erlangt am Ende eine außerordentliche Geschicklichkeit für diese Arbeit, verliert aber zugleich die allgemeine Fähigkeit, sich geistig mit seiner Arbeit auseinanderzusetzen. Er wird täglich geschickter, aber weniger erfinderisch, und man kann sagen, daß der Mensch in ihm verkümmert, je stärker er sich als Arbeiter vervollkommnet. Was kann man von einem Menschen erwarten, der zwanzig Jahre seines Lebens damit verbrachte, Stecknadelköpfe herzustellen?... er gehört nicht mehr sich selbst an, sondern dem Beruf, den er ergriffen hat.“ [53]

Zweitens

Tocqueville registriert auch – wie Marx – die mit der Industrialisierung angebrochene „gesellschaftliche Polarisierung“ [54] zwischen Unternehmer und Arbeiter: „Während der Arbeiter immer mehr seinen Verstand auf die Durchführung eines kleinen Details beschränkt, überblickt der Unternehmer täglich ein größeres Ganzes. Sein Geist wächst in dem Verhältnis, in dem der des Arbeiters zusammenschrumpft... Der eine sinkt fast zum Tier herab, während der andere immer mehr dem Verwalter eines großen Königreiches gleicht... der eine befindet sich in einer ständigen engen und notwendigen Abhängigkeit vom anderen und scheint nur zum Gehorchen geboren zu sein, wie der andere zum Befehlen.“ [55]

Die neue „Aristokratie der Industrie, die sich vor unseren Augen erhebt,... verelendet und verdummt die Menschen, die sie braucht, und liefert sie dann in Krisenzeiten der öffentlichen Wohlfahrt aus, damit sie von dieser ernährt wird.“ [56]

Das hört sich an, als spreche Karl Marx. Aber Tocqueville ist kein chiliastischer Sozialrevolutionär; er zieht nicht die Schlüsse, die Marx propagiert: Ende der „Entfremdung“ durch Aufhebung der „kapitalistischen“ Produktionsverhältnisse; Diktatur des Proletariats. Zwar muß der Graben zwischen der neuen „Aristokratie der Industrie“ und den Arbeitern überwunden werden; doch der Weg dorthin kann nur ein freiheitlicher, ein Weg über soziale Reformen, sein.

Drittens

Auch bei Tocqueville taucht der Begriff „Aufhebung der Klassen“ (*abolition des classes*) auf. Nach Marx ist die Schaffung der klassenlosen Gesellschaft identisch mit dem „Sprung in das Reich der Freiheit". Tocqueville ist da ganz anderer Ansicht – er kann sich nicht vorstellen, daß eine klassenlose Gesellschaft noch eine freiheitliche, eine kreative Gesellschaft ist: „... kennt ein Volk keine Kasten oder Klassen, und sind seine Bürger einander an Bildung und Vermögen etwa gleich, so nimmt der menschliche Geist eine andere Richtung. Die Menschen sind einander gleich, ja mehr noch sie leiden irgendwie darunter, einander nicht gleich zu sein. Fern davon, bewahren zu wollen, was den Einzelnen noch auszeichnen könnte, wünschen sie es zu verlieren, um in der großen Masse aufzugehen, die in ihren Augen allein das Recht und die Macht repräsentiert. Der Individualismus ist nahezu ausgetilgt." [57]

Die Geschichte hat nicht Karl Marx – sie hat Alexis de Tocqueville Recht gegeben: Selbständigkeit und Kreativität veröden in Gesellschaften, in denen die Herstellung der Gleichheit aller zum eigentlichen Ziel der Politik, zur „großen Sache" gemacht wird.

Der Mensch – das „seltsame Wesen"

Tocquevilles „politisches Urerlebnis" war die Revolution von 1789 „mit ihrem Endergebnis Napoleon I." [58]. Die Revolution schrieb das „Vorwort seines Lebens" [59]: Sein Urgroßvater, Guillaume de Malesherbes, starb im April 1794 auf dem Schafott; seine Eltern, im Dezember 1793 in Haft genommen, überlebten nur, weil Robespierre stürzte; seine Mutter verlor während der jakobinischen Schreckensherrschaft nahezu ihre gesamte Familie. Als sich für Louise und Hervé de Tocqueville am 20. Oktober 1794 die Tore des Gefängnisses öffneten, hatte der 22jährige Hervé weißes Haar...

Das „Urerlebnis" Revolution, Diktatur und Schrecken begleitete Tocqueville sein Leben lang. In einem Brief an Henry Reeve, den Übersetzer der *Démocratie en amérique*, schrieb Tocqueville am 22. März 1837, man unterstelle ihm allenthalben „Leidenschaften", aber er habe nur eine einzige: die *Liebe zur Freiheit und zur Menschenwürde*" [60]. Beides gehört unauflöslich zusammen: Freiheit ist „die Bedingung einer menschenwürdigen Existenz" [61] – sie ist „das dem Menschen Unerläßliche, Gemäße, ja ihn Konstituierende, etwas, worin er lebt und leibt und worin er sich sittlich und schöpferisch zu bewähren hat" [62]. So bestimmt Tocquevilles Menschenbild seinen Freiheitsbegriff, „der im Religiösen wurzelt" [63].

Die Frage nach dem *Wesen des Menschen* ist bei Tocqueville – wie bei Edmund Burke – „Ausgangspunkt alles politischen Philosophierens“ [64]. Was Tocqueville und Burke eint, ist ein von Skepsis geprägtes Menschenbild: Der Mensch ist ein Wesen voller Rätsel und Widersprüche, „das zugleich unser Mitleid und unsere Bewunderung, unsere Verachtung und unser Entsetzen zu erregen vermag“ [65].

Als Christ weiß Tocqueville, daß der Mensch immer wieder an „Grenzen des Erkennbaren“ [66] – damit aber auch an Grenzen des Machbaren – stößt; daß es auf die Frage nach dem „Warum dieser Welt“ niemals eine wissenschaftlich gesicherte Antwort geben kann, sondern nur eine Antwort aus dem Glauben:

„Mich hätte eine leidenschaftliche Neigung für philosophische Studien erfaßt..., wenn ich davon einen größeren Gewinn gehabt hätte. Aber... immer fand ich, daß die Erkenntnisse, die mir in dieser Hinsicht die Wissenschaft lieferte, mich nicht weiter führten, ja sogar mich weniger weit führten als die erworbenen Kenntnisse, die mir einige, vor allem faßbare, sehr einfache Ideen vermittelt hatten. Diese Ideen führen leicht zum Glauben an eine erste Ursache, die evident ist und unfaßbar bleibt, an feste Gesetze, die die physische Welt offenbart und die man auch für die geistige Welt annehmen muß, an die Vorsehung Gottes und folglich an seine Gerechtigkeit, an die Verantwortlichkeit der Taten des Menschen, dem die Gewißheit des Guten und Bösen, folglich eines höheren Lebens, verliehen ist.“

Weiter heißt es in diesem Brief Tocquevilles:

„Ich gestehe..., niemals gefunden zu haben, daß die subtilste Metaphysik mir in diesen Fragen klarere Erkenntnisse verlieh als der gesunde Menschenverstand... Das, was ich den unerfahrbaren Grund nannte, ist das Warum dieser Welt; der Plan dieser uns unbekannten Schöpfung, in der selbst unser Körper, und erst recht unser Geist uns ein Rätsel ist; der Daseinszweck dieses seltsamen Wesens, das wir Mensch nennen; die Frage, warum er genügend geistige Einsicht bekam, um das Elend seiner Beschaffenheit und Lage zu erkennen, nicht aber, um sie zu verändern...“ [67]

Schlaglichter auf Tocquevilles Menschenbild werfen zwei weitere Briefstellen, in denen seine Bindungen an die christliche Anthropologie – vor allem an Blaise Pascal – manifest werden. Am 5. August 1836 schreibt Tocqueville an seinen Jugendfreund Louis de Kergorlay:

„Was man auch tun möge: man wird nie verhindern, daß die Menschen sowohl einen Körper wie eine Seele haben; und daß der Engel im Tier enthal-

ten ist ... Alle Philosophie oder alle Religion, welche die eine oder die andere dieser beiden Seiten vernachlässigen wollte, vermöchte nur einige außerordentliche Exemplare zu erzeugen, aber sie könnte niemals im großen auf die Menschen einwirken; dies ist es, was ich glaube und was mich bekümmert, denn Du weißt, daß ich, ohne mehr als ein anderer vom Tier losgelöst zu sein, doch den Engel verehre und ihn um jeden Preis vorherrschend sehen möchte. So zergrüble ich mir unaufhörlich den Kopf, ob es nicht zwischen diesen beiden Extremen einen mittleren Weg gibt, an den die Menschheit sich halten kann und der sie weder in die Hölle noch in den Himmel führt; denn ich glaube sicher zu sein, daß sich die Mehrzahl der Menschen niemals zu beiden hinwenden werden; und noch weniger zum Himmel als zur Hölle ..." [68]

Das „Rätsel" Mensch, das Wesen zwischen Engel und Tier, ist dennoch der „würdigste Gegenstand", dem sich der forschende Mensch zuwenden kann:

„Die Menschen sind im allgemeinen weder sehr gut noch sehr schlecht; sie sind mittelmäßig... Der Mensch mit seinen Lastern, seinen Schwächen, seinen Tugenden, diesem konfusen Gemisch von Gut und Böse, Niedrigem und Hohem, Anständigkeit und Verderbtheit ist doch... der würdigste Gegenstand unserer Forschung, unseres Interesses, des Mitleides, der Eingebung und Bewunderung, welcher sich auf Erden findet; und da es uns an Engeln fehlt, so haben wir nichts Größeres und Würdigeres, mit dem wir uns beschäftigen sollen, als diejenigen, die uns gleichen..." [69]

Die „menschliche Freiheit" sei der Grund aller menschlichen Größe[70], hat Tocqueville gesagt. Das ist sein „politisches Glaubensbekenntnis" [71], seine „Botschaft" an die Menschen. Wer frei sein und bleiben will, muß das Wesen der Freiheit erkennen: *„Die Menschen, welche nur Wohlstand und Reichtum in der Freiheit suchen, haben sie nie lange bewahrt.* Was zu allen Zeiten das Herz *bestimmter Menschen* für sie eingenommen hat, sind ihre eignen Reize, ihr eigner Zauber, ohne Rücksicht auf ihre Wohltaten: es ist die Lust, unter dem alleinigen Walten Gottes und der Gesetze sprechen, handeln und frei atmen zu können. *Wer in der Freiheit etwas anderes als sie selbst sucht, ist zur Knechtschaft geboren.*" [72]

Schildern kann man die „erhabene Lust", frei zu sein, nicht: „Man muß sie empfinden. Sie zieht von selbst in die großen Herzen ein, die Gott zu ihrem Empfang bereitet hat; sie erfüllt sie, sie entflammt sie. Man muß darauf verzichten, sie den mittelmäßigen Seelen begreiflich zu machen, die diese Freiheit nie empfinden." [73]

Es mag sein, daß Tocquevilles Freiheitsbegriff einen „aristokratischen – modern gesprochen elitären – Zug“ hat: „Es geht um die Selbstbehauptung des einzelnen gegenüber der Masse“ [74]. Doch von der Kraft dieses Selbstbehauptungswillens hängt es letztlich ab, ob in Zeiten wachsender Gleichheit der gesellschaftlichen Bindungen die „Selbstgefährdung der Demokratie“ [75], verursacht durch ein Übermaß an Gleichheitsstreben, abgewendet werden kann. Tocqueville ist überzeugt: Die Demokratie bleibt vor der Gefahr totalitäter Entartung[76], vor der „Tyrannei der Mehrheit“ [77] geschützt, wenn sich „genügend einzelne finden“, die, beseelt von der Liebe zur Freiheit, bereit sind, „sie vorzuleben“ [78]. An diese „einzelnen“ ergeht Tocquevilles Appell, „die Freiheit im Zeitalter der Gleichheit zu retten“ [79]. Denn er weiß, wie gefährdet, wie überaus verletzlich das Gut „Freiheit“ ist: *„Um... die politische Freiheit zu verlieren, genügt es, sie nicht festzuhalten, und sie entflieht.“* [80]

Zusammenfassung

Fassen wir zusammen, was zum Grundbestand des „rechten“ Weltverständnisses, des „rechten“ Bildes vom Menschen gehört:

Erstens

„Rechte“ Anthropologie orientiert sich an der *conditio humana*: an der „Geschöpflichkeit“, „Endlichkeit“, Begrenztheit und Unvollkommenheit des Menschen – auch am „Rätsel“ Mensch, an den dämonischen Mächten, die im Menschen schlummern und jederzeit ausbrechen können[1]: „Die conditio humana zeigt uns ein stets riskiertes, ein gefährdetes und gefährliches Wesen. Der Mensch bleibt unergründbar, er trägt das Kainszeichen, er läßt sich nicht fest-stellen.“ [2]

Die „Rechte“ glaubt – sei es aus angeborener Skepsis, sei es aus Erfahrung oder durch biblische Belehrung – weder an die „natürliche“ Güte noch an die unbegrenzte Erzieh- und Emanzipierbarkeit des Menschen. Sie hält das „linke“ Theorem von der „Perfektibilität“ der Menschen durch Änderung bestehender gesellschaftlicher Verhältnisse für durch und durch illusionär. Sie stellt überhaupt in Abrede, „daß es einen Schlüssel zur Lösung aller Probleme hier auf Erden gebe“ [3]; deshalb ist das „rechte Menschenbild“ – vergleicht man es mit dem der „Linken“ – anti-ideologisch, anti-utopisch, anti-chiliastisch.

Zweitens

Die „Rechte" verzichtet darauf, nach dem „wahren" Staat, nach der „wahren", der vollkommenen Gesellschaft zu suchen, weil für sie außer Frage steht, daß „in Staat und Gesellschaft keine Vollkommenheit, keine letzte Harmonie und absolute Gerechtigkeit möglich sind – aus ontologischen, nicht aus historischen oder sozialen Gründen"[4]; daß „durch Welt und Mensch ein tragischer Zwiespalt" geht, „der nicht aufgehoben, aber bestanden werden muß"[5]; daß alle „emanzipatorischen" Experimente, „die conditio humana zu sprengen"[6], in Chaos, Gewalt und Barbarei umschlagen müssen.

Drittens

Die „Rechte" leitet aus dieser – gegenüber dem „linken" Menschenbild – „realistischeren Anthropologie die Notwendigkeit der überlieferten großen Institutionen und Ordnungen"[7] ab: Ehe, Familie, Schule, Beruf, Verwaltung, Wirtschaft, Recht, Staat.

Die „Rechte" leugnet nicht das Ur-Bedürfnis des Menschen, „sich von inneren und äußeren Zwängen zu befreien"[8]; sie „weiß" vom faustischen Drang des Menschen, sich von allem „Verhaftetsein"[9] an Überliefertes, Vorgefundenes, Gegebenes und Erprobtes, an Institutionen, an Erbe und Tradition loszusagen, sich – wie Max Scheler es formuliert hat – „emporzuschwingen und von einem Zentrum gleichsam jenseits der raumzeitlichen Welt aus alles, darunter auch sich selbst, zum Gegenstande seiner Erkenntnis zu machen"[10]. Aber gerade *weil* der Mensch – anders als das Tier, „das immer ‚Ja' zum Wirklichsein sagt" – der geborene „Neinsagenkönner" ist, „der ewige Protestant gegen alle bloße Wirklichkeit"[11] – gerade *deshalb* ist der Mensch zugleich „eminent ordnungsbedürftig"[12] und braucht zur „Stabilisierung seines Daseins"[13] die Bindung an gewachsene Institutionen, an „ihn übergreifende Ordnungen"[14]: Sie sind, wie Edmund Burke sagte, das notwendige *framework of human life*, das Gerüst des menschlichen Lebens.[15] Es schützt und entlastet den Menschen, hilft ihm, sich im Labyrinth des Lebens zurecht zu finden, bewahrt ihn davor, sich heillos zu verirren.

„Rechts", dekretiert Gerd-Klaus Kaltenbrunner, sei „die Bejahung des Primats der Institution vor dem Bedürfnis nach Emanzipation"[16]. *Umgekehrt* zu verfahren; der *Emanzipation* den Primat zu geben und dem Menschen einzureden, er habe sich um des Lernziels „Emanzipation" willen „von allen vorgegebenen Autoritäten, Normen und Bindungen zu befreien, alles Bestehende infragezustellen und jede ethisch-politische Pflicht als eine Zumutung an seine Mündigkeit zu empfinden"[17], ist aus „rechter" Sicht anti-human:

„Frei... ist der Mensch nicht, wenn er aus Brauch und Sitte, aus Norm und Maß, aus Gewohnheit und Recht herauspräpariert und sozusagen auf den archimedischen Punkt seiner selbst gestellt wird. In diesem Zustand ist der Mensch nicht frei, sondern hilflos. Wo sämtliche Orientierungstafeln entfernt sind, beginnt nicht die große Fahrt ins Glück, sondern ins Ungewisse. Ungewißheit aber ist die Voraussetzung für Manipulation.“ [18]

Viertens

Von „rechts“ gesehen, sind „Dauer, Beständigkeit, Ordnung, Gesetzmäßigkeit Grundbedingungen unserer Existenz“ [19] – Grundbedingungen für ein menschen*würdiges* Leben, weil der Mensch nur dann „Freiheit gewinnt“ [20], wenn er sich bindet und binden läßt: durch und mit Institutionen und Ordnungen. Ordnung sei „das Fundament aller guten Dinge“, bekannte Burke – nicht weil er „Ordnung“ für eine statische, allem geschichtlichen Wandel entzogene abstrakte Größe hielt, sondern weil er überzeugt war, „daß es keine Freiheit ohne Ordnung gibt – daß die menschliche Gesellschaft gliedernder und ordnender Elemente bedarf“ [21], um frei sein und frei bleiben zu können.

Fünftens

Von den „zwei alternativen Möglichkeiten, die Welt zu interpretieren und die Gesellschaft zu konstruieren“ – um noch einmal auf Eugen Lemberg zurückzukommen –, ist die „rechte“ die gewiß weniger attraktive:

Wer die Menschen daran erinnert, daß sie „Mängelwesen“ (Arnold Gehlen) sind, die den „Traum vom umfassenden Machen-Können“ [22] wohl träumen, niemals jedoch verwirklichen können – der vermag sie schwerlich zu faszinieren. Da hat es der Gegenspieler von „links“ bequemer: Das revolutionär-utopische, „emanzipatorische“ Aufbegehren des Menschen gegen seine eigene Unvollkommenheit und Begrenztheit, gegen seine „Endlichkeit in der Unendlichkeit der Zeit“ [23], ist nicht nur ein altes Thema der Menschheitsgeschichte; es ist auch ein die Menschen bewegendes, ja aufwühlendes Thema – und wird es bleiben... [24]

Dritter Teil

Konfrontationen – neun Beispiele aus jüngerer und jüngster Zeit

Wir sehen: Am *Menschenbild* scheiden sich die Geister. Aus den antagonistischen Antworten, die die „Linke" und die „Rechte" auf die Frage nach den Aufgaben, den Möglichkeiten und den Grenzen des Menschen geben, erwachsen zwangsläufig bestimmte, einander entgegengesetzte *politische* Forderungen und Programme. Im Klartext: Das jeweilige „Weltgefühl", das jeweilige Bild vom Menschen ist für das jeweilige Verständnis von Politik geradezu *konstitutiv*:

Erstens

Wer „Perfektibilität" für „machbar" hält, wird die Politik letztlich immer nur als Erfüllungsgehilfin seiner Ideale, Wünsche und Träume ansehen. Er wird zur *Geschichte* immer ein höchst gespanntes Verhältnis haben, weil in seinen Augen die Vergangenheit ja nicht zählt – sie ist totes Gestein; allenfalls ein Steinbruch, aus dem man sich passende Stücke herausbricht –, sondern allein die Zukunft. Er wird den *Institutionen* grundsätzlich kritisch gegenüberstehen, weil er nicht Bindung und Halt sucht, sondern „Befreiung und Ungebundenheit"[1] will – und deshalb Ordnungen als Fesseln, als Beschneidungen seiner Autonomie, seiner Entfaltungs- und Glücksmöglichkeiten empfindet. Er wird immer Schwierigkeiten haben, zur *Nation*, in die er hineingeboren ist, eine unbefangene, unverkrampfte Beziehung zu finden, weil er eine „andere" Welt vor Augen hat als die, in der er lebt: eine „neue" Welt, die keine Staaten und Nationen mehr kennen wird, sondern nur noch ein einheitliches, in Harmonie und Brüderlichkeit lebendes „Weltvolk"; so kommen ihm die Worte „Heimat" und „Vaterland" – Worte, die mit dem Begriff „Nation" untrennbar zusammenhängen – wenn überhaupt, dann nur schwer über die Lippen. Und an überlieferten, „traditionellen" Tugenden und Wertvorstellungen wird er sich immer reiben, weil sie zu einer Welt gehören, die er überwinden will.

Zweitens

Wer aber *nicht* glaubt, daß es jemals möglich sein werde, einen „neuen" Menschen – und damit eine „neue" Welt – zu schaffen, wird der *Politik* die Aufgabe zuweisen, nicht *tabula rasa* zu machen mit den „bestehenden Verhältnissen", sondern sich der Wirklichkeit – so, wie sie vorgefunden wird – zu stellen und auf dem, was „gegeben" ist, weiterzubauen. Da er nicht – wie sein Kontrahent von „links" – einseitig auf die Zukunft fixiert ist, sondern den unauflösbaren Zusammenhang zwischen den drei Formen der Zeit, zwischen Vergangenheit, Gegenwart und Zukunft sieht, wird er auch zur *Geschichte* kein gespanntes Verhältnis haben, sondern offen für sie sein, empfänglich für das, was sie zu sagen hat. Er „trennt nicht künstlich die Gegenwart von der Vergangenheit oder die Zukunft von der Gegenwart. Für ihn ist die Geschichte in ihrem abgelaufenen, ablaufenden und noch vor uns liegenden Teil ein Ganzes, das nicht... in seine Einzelteile aufgelöst werden soll."[2] Er wird auch immer „*Institutionalist*" sein, weil er die Institutionen für „notwendige Stützen des Menschen"[3] hält. Er wird – mit Burke – der Auffassung sein, daß der Mensch „in der Kette der Generationen" stehe und „nur ein anvertrautes Erbe" verwalte; deshalb denkt er nicht daran, überkommene, historisch gewachsene Wertvorstellungen fortwährend grundsätzlich kritisch oder polemisch in Frage zu stellen. Und er wird – anders als der „Linke" – kaum Schwierigkeiten haben, sich zur Nation, in die er hineingeboren ist, zu bekennen und mit ihr Worte wie „Heimat" und „Vaterland" zu verbinden, weil er sich eine Zukunft ohne Staaten und Nationen nicht vorzustellen vermag.

Aus dem Gesagten ergibt sich: Der Gegensatz zwischen „rechtem" und „linkem" Weltgefühl, „rechtem" und „linkem" Bild vom Menschen ist fundamental – und „ewig"[4]. Er bricht immer wieder auf – wie wir unschwer wahrnehmen können, wenn wir die öffentliche Diskussion gleichsam mit gespitzten Ohren und mit geschärften Augen verfolgen. Manche Thesen, die wir heute hören, manche Bücher und Schriften, die wir heute lesen, gewinnen erst vor dem Hintergrund des Streits um den Menschen, wie er vor zweihundert Jahren, in der Zeit der Französischen Revolution, entbrannt ist, ihre eigentlichen Konturen.

Dazu neun Beispiele.

Erstes Beispiel:
Adorno und die Folgen

1965 lieferten sich vor den Mikrophonen des Südwestfunks Theodor W. Adorno, neben Max Horkheimer der führende Kopf der „Frankfurter Schule"[1], und der Soziologe Arnold Gehlen ein Streitgespräch, das Eugen Lembergs These, die „wirkliche Alternative zwischen Links und Rechts" sei Emanzipation auf der einen und Institutionalisierung auf der anderen Seite, auf fast klassische Weise transparent machte.[2] Das Gespräch gipfelte in Thesen, die linkes „Weltgefühl" à la Rousseau und rechtes „Weltgefühl" à la Burke widerspiegeln. Es ging um das Thema „Institutionen": um Staat und Recht, um Wirtschaft und Verwaltung, um Ehe und Familie.

Adorno argumentierte strikt „emanzipatorisch“: Der Mensch, wenn er denn „selbständig und mündig“ werden wolle, müsse sich von allen Bindungen an ihn „entlastende“ Institutionen frei machen. Adorno übernahm den „anthropologischen Ansatz“[3] Rousseaus, als er die Frage stellte, „ob die Institutionen wirklich eine Notwendigkeit der Menschennatur“ seien „oder ... die Frucht einer geschichtlichen Entwicklung..., deren Gründe durchsichtig sind und die sich unter Umständen auch verändern läßt“. Jedenfalls stünden die Institutionen „den Menschen als eine fremde und bedrohliche Macht entgegen“, die sie daran hindere, „ihre eigenen Möglichkeiten zu leben und also das zu verwirklichen, was als Potential in ihnen steckt“.

Darauf Gehlen:

„Das habe ich nicht genau verstanden. Woher wissen Sie denn, was als Potential in den Menschen... steckt?“

Darauf dann Adorno:

„Na ja. Das weiß ich zwar nicht positiv, was dieses Potential ist, aber ich weiß aus allen möglichen – auch wissenschaftlichen – Teilansichten, daß die Anpassungsprozesse, denen die Menschen heute gerade unterworfen sind, in einem unbeschreiblichen Umfang... auf Verkrüppelung der Menschen hinauslaufen... ich würde sagen, allein die psychologische Beobachtung all der ungezählten defekten Menschen, mit denen man es zu tun hat – und der Defekt ist ja, ich würde fast sagen, zur Norm überhaupt heute geworden – diese berechtigt doch dazu, zu sagen, daß die Potentialitäten der Menschen durch die Institutionen in einem noch nie dagewesenen Maß verkümmern und unterdrückt werden.“

Gehlen („Das glaube ich eben nicht“) übernahm seinerseits den anthropologischen Ansatz Edmund Burkes, als er antwortete:

„Zunächst einmal habe ich den Eindruck, daß Recht, Ehe, Familie, Bestände sind, die mit dem Menschen wesensmäßig zusammenhängen, auch Wirtschaft. Diese Institutionen sehen in Raum und Zeit ungeheuer verschieden aus. Aber es ist möglich, sie unter Begriffen wie ‚Familie‘ und ‚Recht‘ zu fassen, es gibt nämlich zwischen ihnen Ähnlichkeiten. Und hier sage ich, das sind Wesensmerkmale des Menschen.“

Gehlen fuhr fort:

„Ich glaube, daß die Institutionen Bändigungen der Verfallsbereitschaft des Menschen sind. Ich glaube auch, daß die Institutionen den Menschen vor sich selber schützen.“

In unserem Jahrhundert – so Gehlen – sei bereits „ungeheuer viel an Institutionen zerrieben und abgebaut worden“. Das Ergebnis sei eine „allgemeine innere Unsicherheit“, gegen die er, Gehlen, einen „therapeutischen Standpunkt“ geltend machen wolle: „Da bin ich doch dafür, daß man das, was an Institutionen da ist, nun auch – jetzt nehme ich das Wort – *konserviert*.“

Gehlen wollte schließlich von seinem Gegenüber „ganz gern wissen“, ob man „*allen* Menschen“ die „Belastung“, sich von ihren Bindungen an Institutionen zu lösen, „zumuten“ solle. Adorno gab, ohne zu zögern, zurück:

„Darauf kann ich nur ganz einfach sagen: Ja! Ich habe eine Vorstellung von objektivem Glück und objektiver Verzweiflung, und ich würde sagen, daß die Menschen so lange, wie man sie entlastet und ihnen nicht die ganze Verantwortung und Selbstbestimmung zumutet, daß so lange auch ihr Wohlbefinden und ihr Glück in dieser Welt ein Schein ist. Und ein Schein, der eines Tages platzen wird. Und wenn er platzt, wird das entsetzliche Folgen haben.“

Gehlen wiederum entgegnete:

„Da sind wir nun genau an dem Punkt, wo Sie ‚ja‘ und ich ‚nein‘ sage, oder umgekehrt, wo ich sagen würde, alles, was man vom Menschen seit je bis heute weiß und formulieren kann, würde dahin weisen, daß Ihr Standpunkt ein anthropologisch-utopischer, wenn auch großzügiger, ja großartiger Standpunkt ist...“

Hier die Institutionen als Bollwerk gegen die „Verfallsbereitschaft des Menschen“ – dort die Institutionen als „fremde und unheimliche Macht“, die bekämpft werden muß, weil sie Emanzipation – und damit die Heraufkunft „objektiven Glücks“ – blockiert: Das klingt abstrakt. Aber die „Außerparlamentarische Opposition“ (APO) – die „in Wirklichkeit eine antiparlamentarische Opposition“ [4] war – setzte Adornos philosophische Hypothesen wenig später in die politische Praxis um: Sie schrieb die „Verunsicherung aller Institutionen“ und den „Marsch durch die Institutionen“ auf ihre Fahnen – und niemand unter uns kann sagen, daß dieses Unternehmen erfolglos geblieben sei. Im Gegenteil: Die Institutionen gerieten umgehend unter ideologisches Dauerfeuer, das an Intensität zwar inzwischen nachgelassen hat, das aber keineswegs eingestellt worden ist.

– Der Staat des Grundgesetzes wurde als gefräßiges, die Rechte des Bürgers verschlingendes Raubtier dämonisiert, dessen man sich nur erwehren könne, wenn man ihm die mörderischen Zähne ziehe: Wenn man – um mit der „grünen“ Bewegung zu sprechen – die Bereitschaftspolizei abschaffe, den Verfassungsschutz auflöse und die Strafvollzugsanstalten schließe.[5]

– Die Institutionen des Rechts, so hieß es, verkörperten den „strukturell“[6] gewalttätigen Charakter des Staates und der Gesellschaft. Gegengewalt, „Widerstand“ und „ziviler Ungehorsam“ seien unerläßlich. Gehorsam gegenüber dem Recht offenbare präfaschistische *law-and-order*-Mentalität.[7]

– Die Familie schließlich, „die Grundeinheit des Staates – das Bestehende *kat exochen*“[8], wurde als ein Hort der Repression verteufelt: Als Institution stand – und steht – die Familie (für die Institution Ehe gilt dasselbe) einer Polit-Philosophie, die die Menschen von allen Bindungen und Autoritäten emanzipieren und „selbständig und mündig“ machen will, buchstäblich im Wege.

Dies alles sind Themen, Thesen und Parolen, die einst, am Ende der 60er Jahre, zur „weltanschaulichen Ausrüstung“[9] der APO-Bewegung gehörten und von ihr in Umlauf gebracht wurden – und die dann später in der „anti-institutionellen Grundhaltung“[10] der „Grünen“, der ideologischen Epigonen der APO, ihre Wiederbelebung erfuhren. Sie lassen sich unter dem Generalnenner „Adorno und die Folgen“ subsumieren. Statt „Adorno und die Folgen“ könnte man – *cum grano salis* – auch sagen: „Rousseau und die Folgen“.

Wie die Folgen heute aussehen – dafür ein Beleg aus jüngerer Zeit:

Anfang 1988 konstituierte sich in Bonn eine von der Bundesregierung einberufene Kommission, die untersuchen sollte, wo die Ursachen politisch motivierter Gewalt zu suchen seien – und was zum Schutz vor Gewalt getan werden müsse. Ein Mitglied dieser Kommission, der ehemalige Präsident des Oberlandesgerichts Braunschweig, Rudolf Wassermann, machte in einem Beitrag für den „Rheinischen Merkur“ auf eine Umfrage des Instituts für Demoskopie in Allensbach aufmerksam, wonach 1986 auf die Frage, ob sie grundsätzlich für oder gegen das Gewaltmonopol des Staates seien, 45 Prozent der Bevölkerung über 16 Jahre mit „Ja“, 44 Prozent dagegen mit „Nein“ antworteten. Die jungen Leute unter 30 waren sogar zu 48 Prozent dagegen – und nur zu 38 Prozent dafür.

Was bedeutet das? Wassermann kommentierte:

„Rund die Hälfte der Bevölkerung hat also kein Verständnis mehr für die Funktion des Gewaltmonopols. Im Klartext heißt das, daß diesem Teil der Bevölkerung nicht klar ist, was der Sinn des staatlichen Gewaltmonopols ist, nämlich den Bürgern der Republik zu garantieren, daß auf ihrem Territorium

das Recht und nicht die Gewalt herrscht; ja mehr noch: Sie sind – wenigstens nach ihren Antworten bei der Umfrage – nicht bereit, den fundamentalen Unterschied zwischen legaler und illegaler Gewalt zu akzeptieren.“

Wassermann fuhr fort:

„Es fällt nicht schwer, die Gründe für diese Einstellung auszumachen. Ohne Frage steht die Ablehnung des staatlichen Gewaltmonopols durch nahezu die Hälfte der Bevölkerung im Zusammenhang mit der ausgeprägten Distanz zur institutionalisierten Staatlichkeit, die für die Gegenwart charakteristisch ist.“ [11]

Zweites Beispiel: Mensch statt Menschheit

1971, sechs Jahre nach dem „Duell“ zwischen Adorno und Gehlen, veröffentlichte der Münchner Kösel-Verlag den Text einer ARD-Fernsehdokumentation, in der Herbert Marcuse und Karl Popper, „die beiden *‚grand old men‘* der zwei großen philosophischen Strömungen unserer Zeit“ – wie der Herausgeber der Broschüre damals schrieb –, ihre gesellschaftspolitischen Thesen dargelegt hatten[1].

Herbert Marcuse, „Frankfurter“ wie Adorno und Horkheimer, übte Ende der 60er und zu Beginn der 70er Jahre mit seinem militanten Plädoyer für die Schaffung einer „neuen“ Gesellschaft beherrschenden Einfluß auf die APO-Bewegung – wie überhaupt auf die Studentenschaft in Deutschland – aus. Er war der Initiator des Aufrufs zur „Großen Weigerung“ gegenüber der „westlichen“ Staats- und Gesellschaftsordnung, der geistige Vater der (später von der „grünen“ Bewegung aufgegriffenen) Ideologie, wonach Gegengewalt gegen die als „strukturell gewalttätig“ verleumdete parlamentarische Demokratie gerechtfertigt sei.

Mitte der 60er Jahre schrieb Marcuse, der „gewaltsame Aufstand unterdrückter Minderheiten“ gegen die – wie er sich ausdrückte – „totalitäre westliche Demokratie“ sei „nichts anderes als die Ausübung des Naturrechts auf Widerstand“[2]. Wenn diese Minderheiten – so Marcuse – „Gewalt anwenden, beginnen sie keine Kette von neuen Gewalttaten, sondern zerbrechen die etablierte. Da man sie schlagen wird, kennen sie das Risiko, und wenn sie gewillt sind, es auf sich zu nehmen, hat kein Dritter, und am allerwenigsten der Erzieher und Intellektuelle, das Recht, ihnen Enthaltung zu predigen.“[3]

Marcuse räumte ein, daß die Menschen in der „westlichen" Industriegesellschaft ein hohes Maß an ökonomischer, politischer und geistiger Freiheit errungen hätten. Aber er meinte gleichzeitig, daß diese Freiheiten nicht „auf ihre traditionellen Formen begrenzt werden dürften":

- Wahre *ökonomische* Freiheit würde „Freiheit *von* der Wirtschaft bedeuten – von Kontrolle durch ökonomische Kräfte und Verhältnisse; Freiheit vom täglichen Kampf ums Dasein, davon, sich seinen Lebensunterhalt verdienen zu müssen".
- Wahre *politische* Freiheit würde die „Befreiung der Individuen *von* der Politik bedeuten, über die sie keine wirksame Kontrolle ausüben".
- Wahre *geistige* Freiheit schließlich würde „die Wiederherstellung des individuellen Denkens bedeuten, das jetzt durch Massenkommunikation und -schulung aufgesogen wird, die Abschaffung der ‚öffentlichen Meinung' mitsamt ihren Herstellern"[4].

Der „unrealistische Klang dieser Behauptungen" – so Marcuse – deute nicht „auf ihren utopischen Charakter hin, sondern ausschließlich auf die Gewalt der Kräfte, die ihrer Verwirklichung im Wege"[5] stünden. Die Menschen hätten ein „falsches Bewußtsein, das gegen seine Falschheit immun"[6] sei und den Willen zur Revolution nicht aufkommen lasse.

Noch würden die Bedürfnisse der Menschen vom „System" suggeriert: „Die wirksamste und zäheste Form des Kampfes gegen die Befreiung besteht darin, den Menschen materielle und geistige Bedürfnisse einzuimpfen, welche den veralteten Kampf ums Dasein verewigen."[7] Folglich komme es darauf an, „richtiges" Bewußtsein zu lehren, die Menschen über ihre „wahren" Bedürfnisse aufzuklären:

„In einer Gesellschaft wie der unsrigen, in der Befriedung auf einem gewissen Niveau erreicht ist, erscheint es zunächst wie Wahnsinn, an Revolution zu denken: Denn wir haben ja alles, was wir wollen. Aber es geht hier darum, den Willen selbst zu verändern, daß das, was jetzt gewollt wird, nicht mehr gewollt wird."[8]

Das Mittel, den „falschen" Willen auszutreiben und durch den „richtigen" zu ersetzen, heißt Diktatur, „Erziehungsdiktatur"[9]:

„Den kleinen und ohnmächtigen Gruppen, die gegen das falsche Bewußtsein kämpfen, muß geholfen werden: ihr Fortbestehen ist wichtiger als die Erhaltung mißbrauchter Rechte und Freiheiten, die jenen verfassungsmäßige Gewalt zukommen lassen, die diese Minderheiten unterdrücken. Es sollte

mittlerweile klar sein, daß die Ausübung bürgerlicher Rechte durch die, die sie nicht haben, voraussetzt, daß die bürgerlichen Rechte jenen entzogen werden, die ihre Ausübung verhindern, und daß die Befreiung der Verdammten dieser Erde nicht nur die Unterdrückung ihrer alten, sondern auch ihrer neuen Herren voraussetzt." [10]

Marcuse leugnete nicht das „schreckliche Risiko" [11], das eine „erzieherische Diktatur" einschließt. Um an das Endziel – „ein befriedetes Dasein, ein Leben ohne Angst" [12] – gelangen zu können, muß die Diktatur aber in Kauf genommen werden: Befreiung „setzt die Unterdrückung von vielem voraus, was jetzt frei ist und eine repressive Gesellschaft verewigt." [13] Zur Rechtfertigung der Diktatur berief sich Marcuse auf historische Vorbilder: Das „Argument", daß „unter den herrschenden Bedingungen materieller und geistiger Unreife Befreiung notwendigerweise das Werk von Gewalt und Verwaltung sein" müsse, bilde „nicht nur den Kern des Sowjetmarxismus", sondern sei „auch von den Theoretikern der ‚erzieherischen Diktatur', von Platon bis Rousseau, verfochten worden. Es ist leicht, lächerlich zu machen, aber schwer zu widerlegen, weil es das Verdienst hat, ohne viel Heuchelei die (materiellen und geistigen) Bedingungen anzuerkennen, die dazu dienen, wahrhafte und vernünftige Selbstbestimmung zu verhindern." [14]

In der ARD-Fernsehdokumentation von 1971 sprach Marcuse vom „Ekel vor der existierenden Gesellschaft" und setzte hinzu:

„Wahrscheinlich macht es den entscheidenden Charakter der Revolution des 20. oder des 21. Jahrhunderts aus, daß sie nicht primär aus der Not geboren ist, sondern – sagen wir einmal – aus der allgemeinen Entmenschung, der Dehumanisierung, des Ekels an der Verschwendung und des Überflusses der sogenannten Konsumgesellschaft, des Ekels an der Brutalität und Ignoranz der Menschen; und daß deshalb die Hauptforderung dieser Revolution – zum ersten Mal eigentlich in der Geschichte – sein wird: eine wirklich menschenwürdige Existenz zu finden ..." [15]

Marcuses Schlußfolgerung:

„Die spätkapitalistische Gesellschaft ... bietet – oder sollte bieten – die größten und realistischsten Möglichkeiten einer befriedeten und befreiten menschlichen Existenz. Und sie ist gleichzeitig die Gesellschaft, die diese Möglichkeiten der Befriedung und Befreiung auf sehr wirksame Weise unterdrückt. Diese Unterdrückung durchherrscht heute die Gesellschaft als Ganzes und kann daher nur aufgehoben werden durch eine radikale Veränderung der Strukturen dieser Gesellschaft." [16]

Karl Popper, Marcuses Kontrahent, bekannte in der Sendung, vier Jahre lang Marxist gewesen zu sein: von seinem 13. bis zu seinem 17. Lebensjahr. Popper schilderte das Erlebnis, das ihn zum „Anti-Marxisten" machte:

„Es war in Wien, meiner Geburtsstadt. Anläßlich einer Demonstration von unbewaffneten sozialistischen und kommunistischen jungen Arbeitern kam es zu einer Schießerei, bei der einige junge Arbeiter erschossen wurden. Ich war entsetzt und empört über die Polizei, aber auch über mich selbst; denn ich fühlte, daß ich als Marxist wenigstens prinzipiell an dem Unglück mitschuldig war. Denn die marxistische Theorie verlangt die Zuspitzung und Verschärfung des Klassenkampfes. Sie behauptet, daß wir um so schneller zum Sozialismus kommen, je mehr sich der Klassenkampf verschärft; daß die Revolution zwar Opfer fordert, aber daß der Kapitalismus täglich mehr Opfer fordert als die ganze sozialistische Revolution." [17]

Weil er sich gefragt habe, „ob wir wirklich so etwas wissen können", habe er begonnen, „Marx kritisch zu lesen", sagte Popper. „Und ich fand, wie wenig begründet der marxistische Glaube an ein herrschendes bösartiges Gesellschaftssystem war, der Glaube an den sogenannten Spätkapitalismus und an das historisch notwendige Kommen des Sozialismus." Popper erkannte:

„Was wirklich existierte, das waren die Menschen und ihre Leiden und Freuden. Ich war Individualist in dem Sinne, daß mir klar war, daß es die einzelnen Individuen sind, zwischen denen es Gerechtigkeit geben soll, und daß Begriffe wie die der Menschheit oder gar der Klasse Abstraktionen sind, die manchmal sehr gefährlich werden können. Denn was sollen wir von jenen Marxisten sagen, die bereit sind, für das Wohl einer abstrakten Menschheit konkrete Individuen aufzuopfern? Und die glauben, daß es um so besser für die Revolution und daher für die Menschheit sei, je schlechter es den Menschen gehe?" [18]

Vom Glauben „an den *Wert jedes Menschen*" [19] durchdrungen, schwor der zum „Individualisten" gewordene Popper dem Marxismus/Sozialismus ab und wurde zum entschlossenen Verteidiger der „westlichen" Demokratie, weil – wie er sagte – „nur in einer Demokratie, in einer *offenen Gesellschaft*, die Möglichkeit" bestehe, „Übel abzustellen. Wenn wir diese Gesellschaftsordnung durch eine gewaltsame Revolution zerstören, dann sind wir nicht nur schuldig an den schweren Opfern der Revolution, sondern wir werden einen Zustand herbeiführen, der die Abschaffung von sozialen Übeln, von Ungerechtigkeit und Unterdrückung unmöglich macht." [20]

Poppers Schlußfolgerung:

„In allen Gesellschaftsordnungen, von denen wir wissen, gab es Ungerechtigkeit und Unterdrückung, Armut und Hilflosigkeit, und auch unsere westlichen demokratischen Gesellschaftsordnungen sind keine Ausnahmen. Aber bei uns werden diese Übel bekämpft. Und ich glaube, daß es bei uns weniger Ungerechtigkeit und Unterdrückung, weniger Armut und Hilflosigkeit gibt als in irgendeiner anderen Gesellschaftsordnung, von der wir Kenntnis haben.

Unsere westlichen demokratischen Gesellschaftsordnungen sind also sehr unvollkommen und verbesserungsbedürftig, aber sie sind die besten, die es bisher gegeben hat. Weitere Verbesserungen sind dringend. Aber von allen politischen Ideen ist der Wunsch, die Menschen vollkommen und glücklich zu machen, vielleicht am gefährlichsten. Der Versuch, den Himmel auf Erden zu verwirklichen, produzierte stets die Hölle.“ [21]

Aus Marcuses Revolutionsphilosophie sind Rousseau, Robespierre und Marx – aus Poppers Warnung vor utopischen Heilslehren sind Burke und Tocqueville herauszuhören.

Drittes Beispiel: Erworben oder angeboren?

1974 veröffentlichte Erich Fromm sein Buch „Anatomie der menschlichen Destruktivität“. Fromms Fazit am Ende von fast 400 Seiten lautete:

„Ich habe in dieser Untersuchung zu zeigen versucht, daß der prähistorische Mensch, der als Jäger und Sammler in Sippenverbänden lebte, durch ein Minimum an Destruktivität und ein Optimum an Bereitschaft zur Zusammenarbeit und zum Teilen mit anderen gekennzeichnet war, und daß erst mit der wachsenden Produktivität und Arbeitsteilung und der Bildung eines großen Überflusses und der Errichtung von Staaten und Hierarchien und Eliten Destruktivität und Grausamkeit großen Ausmaßes entstanden, Züge, die immer stärker wurden, je mehr die Zivilisation fortschritt und die Macht an Bedeutung gewann.“ [1]

Fromm stellte dann die rhetorische Frage, ob seine Studie „nun gültige Argumente für die These geliefert“ habe, „daß Aggression und Destruktivität noch einmal (das heißt wie beim prähistorischen Menschen) eine minimale Rolle im Gewebe der menschlichen Motivation spielen“ könnten. Fromms lapidare Antwort: „Ich glaube ja – und ich hoffe, daß viele meiner Leser diese Meinung teilen.“

Rousseau in Reinkultur – kann man da nur sagen. Der Mensch ist Opfer der von ihm geschaffenen Ordnungen und Einrichtungen. „Destruktivität" und „Grausamkeit" haben nichts mit der Natur des Menschen zu tun, sondern sie sind durch „äußere Umstände"[2] erworben; sie sind zivilisationsbedingt – Folgeerscheinungen einer historischen und sozialen Fehlentwicklung, der die Menschheit ein Ende setzen kann, wenn sie nur will.

Kein Wunder, daß die moderne biologische Verhaltensforschung, die überwiegend von der „Annahme eines angeborenen Aggressionstriebes"[3] beim Menschen ausgeht, für Fromm gewissermaßen ein rotes Tuch war. Vor allem auf Konrad Lorenz, den Nestor der modernen biologischen Verhaltensforschung, hatte es Fromm abgesehen; Lorenz wurde von Fromm mit Polemik geradezu überschüttet.

Nun vertrat Lorenz aber auch exakt die *Gegenposition* zu Fromm. In seinem Buch „Die acht Todsünden der zivilisierten Menschheit", erschienen 1973, wandte sich Lorenz gegen den „Glauben an die ... Doktrin, die besagt, daß das Verhalten von Tier und Mensch durch keinerlei stammesgeschichtlich entstandene Strukturen des zentralen Nervensystems, sondern ausschließlich durch Umgebungseinflüsse und Lernen bestimmt"[4] sei; gegen die Vorstellung, „daß der Mensch als ein unbeschriebenes Blatt geboren werde und daß alles, was er denke, fühle, wisse und glaube, das Resultat seiner ‚Konditionierung' ... sei"[5]; gegen die These schließlich, daß „alle Menschen einander gleich" würden, „wenn sie sich unter gleichen äußeren Bedingungen entwickeln könnten" – und daß sie „zu ganz idealen Menschen" würden, „wenn nur diese Bedingungen ideal wären"[6].

Lorenz machte Front gegen diese Theorien:

„Der Irrglaube, daß man dem Menschen, richtige ‚Konditionierung' vorausgesetzt, schlechterdings alles zumuten, schlechterdings alles aus ihm machen kann, liegt den vielen Todsünden zugrunde, welche die zivilisierte Menschheit gegen die Natur, auch gegen die Natur des Menschen und gegen die Menschlichkeit begeht."[7]

Hier der Glaube an die „Veränderbarkeit" von Mensch und Welt, an die „Machbarkeit" einer „idealen" Gesellschaft; dort die Überzeugung, daß dieser Glaube nichts als ein Irrglaube, ja eine Todsünde wider Vernunft und Humanität sei: Man kann gewissermaßen von einer Neuauflage der alten Konfrontation Rousseau/Burke sprechen.

Viertes Beispiel:
Rousseau redivivus

1975 schlug Ernst Bloch – was die Auseinandersetzung mit Konrad Lorenz angeht – in die gleiche Kerbe wie Erich Fromm. In einem Gespräch mit der Wochenzeitung „Die Zeit“ polemisierte Bloch, die These von angeborenen Aggressionsneigungen beim Menschen sei „ideologisch und politisch durchsichtig bis ins letzte“ und unterstütze „die herrschende Klasse“. Bloch:

„Das alles ist eine Ideologie für erzreaktionäre Gesinnung und eine Vergoldung des andauernden Stillstandes mit der Form eines echt kapitulierenden Liedes: Da kann man halt nichts machen, Menschen sind wir alle.“

Bloch fuhr fort – und das klang so, als habe Jean-Jacques Rousseau zweihundert Jahre nach seinem Tode noch einmal persönlich das Wort ergriffen:

„Wir haben durch unsere gesellschaftlichen Verhältnisse die bösen, die aggressiven, die ausbeutenden, die unterdrückenden Energien in einem solchen Maße vermehrt, verstärkt und durchideologisiert, daß sie als die ursprünglichen erscheinen und nicht als solche, die dem Menschen hinzugefügt wurden.“ [1]

Fünftes Beispiel:
Das gute Sein und das böse Haben

1976 erschien Erich Fromms Bestseller „Haben oder Sein“ – ein polit-philosophischer Traktat, in dem Fromm den *grand design* einer von „neuen“ Menschen gebildeten „neuen“ Gesellschaft vorstellte.

Fromm gab vor, daß es ihm in seinem Buch um eine „Analyse der beiden Grundhaltungen der menschlichen Existenz: der des Habens und des Seins“ [1] zu tun gewesen sei. In Wirklichkeit riß Fromm aber, an Aussagen Laotses, Buddhas, Meister Eckarts und Albert Schweitzers, vor allem aber an Karl Marx[2] anknüpfend, das Haben und das Sein radikal auseinander und erklärte die beiden „Grundhaltungen“ zur Alternative:

- Wer sich vom „Habenmodus“ [3] steuern lasse, bleibe auf „Egoismus, Selbstsucht und Habgier“ [4] fixiert und beschwöre immer wieder Aggressionen und Gewalt, ja sogar Kriege herauf: „Habsucht und Frieden schließen einander aus.“ [5]
- Wer dagegen den „Seinsmodus“ [6] wähle; wer sich entschließe, „alle Formen des Habens aufzugeben, um ganz zu *sein*“ [7] – der schaffe die Voraus-

setzungen dafür, daß eine „neue Menschheit“ entstehen könne, „die frei von ökonomischen Zwängen, Krieg und Klassenkampf in Solidarität und Frieden miteinander lebt“ [8].

Einwände, daß „Habsucht und Neid... in der menschlichen Natur verwurzelt“ [9] seien, ließ Fromm nicht gelten, sondern machte für alle negativen Charaktereigenschaften des Menschen die „herrschenden Verhältnisse“ – genauer gesagt: das „gesellschaftliche Klima“ im Kapitalismus [10] – verantwortlich: „Habsucht und Neid sind nicht von Natur aus so stark, sondern infolge des allgemeinen Drucks, ein Wolf unter Wölfen zu sein. Sobald sich das gesellschaftliche Klima, die allgemein verbindlichen Wertmaßstäbe geändert haben, wird auch der Übergang von der Selbstsucht zum Altruismus um vieles leichter sein.“ [11]

Jedenfalls müßten die „alten Motivationen – Profit, Macht, Intellekt – durch neue ersetzt werden: Sein, Teilen, Verstehen“ [12]. Nur ein Ausbruch aus der „Habenorientierung“ [13]; nur ein „fundamentaler Wandel der menschlichen Charakterstruktur“ könne „uns ... vor einer psychologischen und ökonomischen Katastrophe retten“ [14].

In einer Auseinandersetzung mit Fromms „Kapuzinerpredigt, die von der Unnatur zur wahren Natur zurückrufen möchte“ [15], fragte Christian Graf von Krockow:

„Was hat eigentlich unsere Natur in Unnatur umschlagen, was die falschen Bedürfnisse über die wahren triumphieren lassen? Und was macht so hartnäckig resistent gegen alle Versuche, den ‚alten Adam‘ endlich auszutreiben und einen ‚neuen Menschen‘ zu schaffen? ‚Die falschen Verhältnisse!‘ hört man seit Rousseau wieder und wieder. Doch das heißt, die Armut aus der pauvreté erklären. Denn irgendwie muß doch – vorab – das Falsche schon in unseren Möglichkeiten angelegt sein. Es ist die alte Frage: Wie konnte Gott zulassen, daß die Sünde in seine Schöpfung kam? Gehört etwa die Unnatur selbst schon zur menschlichen Natur?“ [16]

Von Krockows Antwort:

„Dies scheint in der Tat so zu sein, und es läßt sich erklären. Zum Beispiel sind wir Leib – und haben einen Körper. Darum ‚sind‘ unsere körperlichen Fähigkeiten eben nicht schon von Natur aus fertig da, sondern wir müssen sie erkunden und ausbilden – um nicht zu sagen: sie erwerben, um sie zu besitzen. Wir können und wir müssen den Leib als Körper instrumentalisieren. Erst damit geraten wir dann vor die Alternative, das Instrument sinnvoll zu nutzen oder es zu mißbrauchen. Und wie wir nach der einen Seite zur Arti-

stik, zur Virtuosität gelangen können, zum Können als Künstlerschaft, so nach der anderen bis zum Ruin, zur Selbstzerstörung. Nur weil wir unser leibliches Sein als Körper haben, können wir es im äußersten Falle auch vernichten; der Selbstmord gehört zu den Möglichkeiten, die den Menschen vom Tier unterscheiden.“ [17]

Ein weiterer Beleg dafür, daß das Sein und das Haben nicht zur Alternative gemacht werden könne, sei die Sprache, schrieb von Krockow:

„Auch sie ist ja nicht von Hause aus, als Natur fertig da, sie ‚ist‘ nicht der pure, von der jeweiligen Situation uns abgepreßte Ausdruck von Wahrnehmungen und Empfindungen, nicht ‚Urschrei‘. Vielmehr muß Sprache, so sehr sie in der Mutter-Sprache uns als natürliches Haus und als Heimat erscheinen mag, doch immer erst gelernt, ausgebildet, gemeistert werden. In der Sprache gewinnen und haben wir uns und die Welt. Das Wort schafft Abstand und Aneignung zu gleich. Es befreit aus der bloßen Situationsgebundenheit und macht damit mächtig über sie hinaus; in den Namen, die wir uns, den Pflanzen, Tieren, Sternen, den Räumen und Zeiten geben, sind wir unterwegs, sie zu besitzen.“ [18]

Am Beispiel „Gewissen“ machte von Krockow dann deutlich, wie „fatal“ sich ein Auseinanderreißen von Haben und Sein „ausgerechnet im Moralisieren... auswirken“ könne:

„Wir haben Gewissen, wenn wir für das eintreten, was sein soll, und gegen das kämpfen, was nicht sein soll. Dieses Haben ermöglicht, ja erzwingt die Distanz, die Skrupel, das immer neue, kritische Überprüfen des eigenen ‚Seins‘. Wie aber, wenn wir kurzweg Gewissen nur ‚sind‘? Dann ernennen wir uns selbst zur obersten, einzigen und letzten, zur absoluten Instanz. Im Panzer eines schattenlosen guten Gewissens werden wir dazu verführt, unsere Auffassung vom Natürlichen mit allen Mitteln durchzusetzen – und sei es mit dem Terror.“ [19]

Von Krockows Fazit: Wer das Sein gegen das Haben ausspiele, verliere „die menschliche Natur aus dem Blick“ [20], weil er verkenne, „daß das ‚Haben‘, Bemächtigen und Besitzen nicht etwas ist, was man rückgängig machen kann, keine nachträgliche, zufällige Sünde, die sich tilgen läßt. Sondern es handelt sich, wenn man es so nennen will, um die Ursünde des Menschseins überhaupt, dessen Natur über die bloße Natürlichkeit stets schon hinaus ist. Darum könnte sie nur um den Preis des Menschlichen überwunden werden.“ [21]

Sechstes Beispiel:
Die Schule der Indoktrination

Ende 1972 legte der damalige hessische Kultusminister Ludwig von Friedeburg „Rahmenrichtlinien für Gesellschaftslehre“ vor, deren Ziel es war, „Gesellschaftsveränderung über die Schule“ [1] zu erreichen.

Die Rahmenrichtlinien, von der ersten bis zur letzten Seite von linkem „Weltgefühl“ und Weltveränderungsdrang à la Rousseau und Marx erfüllt, waren darauf angelegt, die Schüler als „Opfer der Gesellschaft“ [2] erscheinen zu lassen – und sie in einen „irrationalen Veränderungsaktionismus“ [3] hineinzutreiben. Die Gesellschaft wurde als „das große Negativum“ [4] als „Ursprung der Übel“ [5], als ungerechte und inhumane „Konfliktgesellschaft“ denunziert, die „entlarvt“ [6] werden müsse.

Die Schüler sollten lernen: „Konflikt ist nicht *ein*, sondern *das* Wesensmerkmal der Gesellschaft, und zwar als antagonistisch-polarisierter und dann moralisch-interpretierter Konflikt: als Konflikt zwischen Guten und Bösen, Gerechten und Ungerechten, Privilegierten und Unterpriviligierten, zwischen Allgemeininteresse und Partikularinteresse.“ [7]

Von der Tatsache, daß nicht nur Konflikte das gesellschaftliche Leben bestimmen; daß die Gesellschaft ebenso vom Konsens geprägt ist; von der Tatsache auch, daß Konflikte gelöst und bewältigt werden können, erfuhren die Schüler nichts. Toleranz, Achtung vor den Interessen anderer, Verantwortung und Pflichten, Kompromiß und Ausgleich – all dies blieb in den hessischen Rahmenrichtlinien ausgeblendet. Die Verfasser peitschten systematisch Zorn und Haß auf die „bestehenden Verhältnisse“ hoch, um in den Objekten ihrer Indoktrinationsbemühungen das Verlangen nach Beseitigung dieser unhaltbaren Zustände zu wecken, wobei im Hintergrund „ein merkwürdig eschatologischer Rousseauismus“ aufschimmerte, die „Erwartung einer heilen Welt, einer ‚wahren‘ Gesellschaft, in der die durch die soziale Ungleichheit bedingten Konflikte aufgehoben sind“ [8]: die alte, mythische Verheißung vom Goldenen Zeitalter, wie es Ovid schon 2000 Jahre vor Karl Marx beschrieben hatte: „romantische Harmonie“ in einer „nicht mehr antagonistischen Gesellschaft“ [9], in einem Paradies ewiger Brüderlichkeit.

Zum Menschenbild der hessischen Rahmenrichtlinien sagte der Historiker Thomas Nipperdey 1973, die „konkrete Personalität und Individualität des Menschen“ werde in den Rahmenrichtlinien „durch ein abstraktes Veränderungspotential, das im wesentlichen kollektiv bestimmt ist, durch den

‚Veränderungsfaktor Mensch', ersetzt"[10]. Das Individuum werde in den Rahmenrichtlinien „auf seine Verwendbarkeit in der Gesellschaft reduziert"[11].

Die „konkrete Personalität und Individualität des Menschen" gegen den „Veränderungsfaktor Mensch": Nipperdey ergriff hier gewissermaßen den Part Edmund Burkes, der vor zweihundert Jahren die Jakobiner anklagte, die Menschen ohne Rücksicht auf die „individuelle Beschaffenheit" eines jeden „in eine gleichartige Masse zusammenzuschmelzen"; sie in „bloße Zahlpfennige" zu verwandeln, „um sich das Rechnen abzukürzen".

Siebentes Beispiel:

Revolte gegen die Natur

Ende der 60er und in den 70er Jahren machte bei uns die Kampfparole von der „Demokratisierung aller Lebensbereiche" die Runde: eine „emanzipatorische Forderung"[1], eine Losung aus dem Geist Rousseaus.

Nach dem *Menschenbild*, das hinter dieser Forderung stand – und steht –, hat niemand eindringlicher gefragt als Wilhelm Hennis. In einem Vortrag aus dem Jahre 1969 sagte Hennis:

„Wer auf die Tonlage horcht, mit der die Forderung nach Demokratisierung vertreten wird, der kann nicht überhören, daß sie tief affektbeladen ist, daß sie durchpulst wird von einem ungeheuren Befreiungspathos. Aber von welcher Art sind eigentlich die Fesseln, von denen man sich in letzter Instanz zu befreien sucht?"[2]

Hennis gab damals eine Antwort, die die Parole von der „Demokratisierung aller Lebensbereiche" in einem neuen, erregenden Licht erscheinen ließ. Er sagte, daß sich hinter dem Willen, den politischen Begriff der Demokratie auf alle nicht- oder vorpolitischen Bereiche zu übertragen, letztlich eine „Revolte gegen die Natur"[3] verberge. Er begründete seine These wie folgt:

Dem politischen Begriff der Demokratie seien die Kategorien der Freiheit und der Gleichheit zugeordnet. Erfüllbar seien Freiheit und Gleichheit aber nur im *politischen* Raum: nur dort gebe es ein Miteinander von Freien und Gleichen. Dagegen seien alle – wie Hennis sich ausdrückte – „Sozialtatbestände"[4] des nicht- oder vorpolitischen Raums und deren Institutionen – die Familie, die Arbeitswelt, die Schulen, die Universitäten – eingebunden in die unabänderliche Folge des Lebens: Geburt, Kindheit, Jugend, Reife, Alter, Tod"[5].

Alle genannten Sozialtatbestände seien – so Hennis – „von der Natur durch Ungleichheit bestimmt; sie seien Initiationsgebilde, die in sich Ungleiche und, so jedenfalls die Familie, auch Unfreie vereinigen“[6]. Auf die Familie, auf die Arbeitswelt, auf die Schulen und die Universitäten die Kategorien der Freiheit und Gleichheit übertragen zu wollen, sei der Versuch, die natürlichen Bedingungen unseres Lebens zu leugnen. Denn es gehöre nun einmal zur Kreatürlichkeit des Menschen, daß er unfrei geboren werde: als ein Wesen, das der Pflege, Erziehung, Belehrung und Führung durch Ältere bedürfe und Erfahrungen sammeln müsse, um lebenstüchtig zu werden.

Zu behaupten, daß sich der Mensch von den Fesseln jeglicher Erziehung, Führung und Belehrung durch Ältere befreien müsse, weil er sich erst dann voll entfalten könne, sei nichts anderes als eine „Revolte gegen die Natur“: Haß auf die natürlichen Bedingungen unseres Lebens. Und eben dieser ohnmächtige Haß auf den unabänderlichen Tatbestand, daß der Mensch als Kind, nicht als Erwachsener geboren werde, Erfahrungen braucht und erzogen und belehrt werden muß – dieser Haß liegt in Hennis' Augen der Losung von der „Demokratisierung aller Lebensbereiche“ zugrunde. Hennis dazu:

„Mir scheint..., daß in (dieser) Forderung... wenn nicht die Forderung, Gott gleich zu sein, mitschwingt, so doch die, Adam gleich zu sein. Der Forderung nach Demokratisierung... insbesondere der Institutionen, die ihren Ursprung im menschlichen Bedürfnis nach Belehrung haben, liegt eine Variante adamitischer Verirrung zugrunde, die ich Adamsneid nennen möchte, der Neid auf den einen Stammvater, der, da er nie Kind war, einer solchen Belehrung nie bedürftig war.“[7]

Hennis räumte damals ein, seine Thesen könnten „modernen Ohren seltsam und absonderlich“[8] vorkommen. Doch der Freiburger Politologe vermochte in seinem Referat nachzuweisen, daß der Neid auf den Stammvater Adam – und die damit einhergehende revolutionäre Auflehnung gegen die *conditio humana* – ein Thema ist, das die Menschen immer schon beschäftigt hat: ein Thema, das Rousseau in seinem emanzipatorischen Erziehungsroman *Emile*, aber auch in seinem *Contrat Social* machtvoll anschlug – in jenem „Contrat Social“, dessen erster, umstürzlerischer Satz ja lautet: „Der Mensch wird frei geboren, und überall liegt er in Fesseln.“ Rousseau – so Hennis – leugne mit dieser Behauptung „eine Tatsache der Natur“: Der Mensch werde zwar mit der Befähigung, frei und gleich zu werden, geboren, sei jedoch „im Zustand der Geburt alles andere als frei und gleich“[9].

Revolte gegen die Natur, Adamsneid, Aufstand gegen die Kreatürlichkeit des Menschen – das alles hört sich wiederum abstrakt an. Aber wir brauchen nur den Schritt von der Theorie zur Praxis zu vollziehen, um erkennen zu können, daß von lediglich abstrakten Gedankenspielen in gar keiner Weise die Rede sein kann. Wohin eine Polit-Philosophie, die die „Leugnung der Conditio humana“ [10] auf ihre Fahnen schreibt und einen „neuen“ Menschen verspricht, führen muß – dafür liefert die Geschichte der letzten zweihundert Jahre anschauliche Belege.

Aufstand gegen die *conditio humana* im Namen eines „neuen“ Menschen und einer „neuen“ Gesellschaftsordnung: Das war – und ist – auch das eigentliche *agens* hinter der emanzipatorischen Forderung nach der „Demokratisierung aller Lebensbereiche“. Wilhelm Hennis schloß 1969 seinen Vortrag mit den an die anthropologischen Axiome Edmund Burkes gemahnenden Sätzen:

„Da wir nicht imstande sind, die Natur zu verändern, werden mit dem Begriff der Demokratisierung von Sozialtatbeständen Hoffnungen geweckt, die unerfüllbar sind. Die Erwartungen, die mit diesem Begriff verbunden sind, sind nicht einlösbar. Da illusionäre Erwartungen nicht eingelöst werden können, könnte am Ende auch dieser illusionären Erwartung hier wie immer nur stehen: die Agonie der Freiheit.“ [11]

Achtes Beispiel:
Zwischen Engel und Tier

1983 vertrat die Genfer Philosophin und Jaspers-Schülerin Jeanne Hersch auf einem Kongreß der Hanns-Martin-Schleyer-Stiftung bemerkenswerte, offen gegen den „Zeitgeist“ gerichtete anthropologische Thesen. [1] In Anlehnung an anthropologische Grundaussagen Burkes und Tocquevilles, in Abgrenzung gegenüber dem „emanzipatorischen“ Bild vom Menschen, wie es Rousseau und Marx entworfen hatten, kam sie zu folgenden Schlüssen:

Die „Empörung“, die besonders unter jungen Menschen zu beobachten sei, richte sich, wie Jeanne Hersch sagte, „gegen das Menschsein, gegen die *conditio humana*“ – weniger „gegen die Gesellschaft oder gegen die Wissenschaft oder gegen die Technologie“:

„Mir scheint, daß die Leute, auch wenn sie es selbst nicht wissen, sich dagegen empören, daß sie Menschen sind. Sie sind vom Menschsein müde... von dieser Endlichkeit, von dieser Zerbrechlichkeit, von diesem Bedrohtsein, von dieser Sterblichkeit... Und da man so unglaubliche Erfolge mit der Technik erreicht hat, glauben sie, daß man eigentlich alles gleich haben könnte. ‚Das Paradies jetzt gleich‘ verlangten 1968 die jungen Leute im Pariser Aufstand.

Dabei merkten sie nicht, daß die Verwirklichung des Paradieses nicht nur für Menschen unmöglich ist (obgleich man die Umstände immer weiter verbessern kann), sondern daß Menschen für das paradiesische Leben gar nicht begabt sind. Wir sind gar nicht fähig, in einem Paradies zu leben. Wir sind Wesen der Begierde und der Sehnsucht. Uns muß etwas fehlen, damit das Leben Sinn hat. Adam und Eva waren im Paradies, aber da gab es keine Zeit. Einen Theologen hat man einmal gefragt, wie lange wohl der Zustand im Paradies gedauert habe. Er antwortete: Ich weiß nicht, aber ich vermute, daß es ziemlich kurz gewesen ist. Tatsache ist, daß wir uns mit der Zeit im Paradies langweilen würden.“

Jeanne Hersch fuhr fort:

„Die Erziehung zum Menschsein ist meiner Ansicht nach das wichtigste. Erziehung ist... in verschiedenen Richtungen unentbehrlich. Der junge Mensch soll langsam lernen, zwischen dem, was er tun kann und soll, und dem, was nicht von ihm abhängt, zu unterscheiden.

Er muß es annehmen, daß es doch so etwas wie Schicksal oder Vorsehung oder Grenzsituation, irgend etwas Gegebenes gibt. Niemand hat seine Eltern oder seine Zeit gewählt. Es ist eben gegeben. Und der junge Mensch muß Sinn dafür bekommen, daß es Gegebenes gibt. Die Umstände des Lebens haben sich sehr verändert – aber man wird immer noch geboren, man stirbt immer noch, man erlebt noch immer eine unglückliche Liebe, usw. Das alles bleibt. Der junge Mensch muß den Sinn für Zeit und Geschichte erlangen. Er muß lernen, die Vergangenheit seiner Gemeinschaft zu kennen und auf sich zu nehmen; und eine Zukunft erhoffen...

Wie sollen aber junge Menschen irgendwelche Begeisterung für diese Vorbereitung empfinden, wenn man ihnen jeden Tag sagt, daß wir alle in einer teuflischen Zivilisation leben, die keinen Sinn und keinen Wert hat? Sie muß rehabilitiert werden. Das ist unbedingt nötig. Dann wird es vielleicht wieder möglich sein, geschichtlich als Menschen in der Zeit zu leben.

Auch die Institutionen gilt es zu rehabilitieren, und unter ihnen das Recht. Das Recht ist diskreditiert. Warum? Das Recht ist eine menschliche Institution. Um das Recht zu verurteilen, bezieht man sich auf eine absolute Gerechtigkeit. Das stimmt auch: Wer das Recht entwickelt oder anwendet, versucht, sich auf eine absolute Gerechtigkeit zu beziehen. Aber gerade dieser Bezug zeigt, daß das Recht niemals die absolute Gerechtigkeit sein kann. Also muß man sich bescheiden. Und wie man auf französisch sagt: ‚Qui veut faire l'ange, fait la bête‘, wer den Engel spielen will, wird zum Tier. Jeder Re-

spekt, jede Anerkennung der Institutionen ist eine Anerkennung des Menschseins und des Nicht-Engel-Seins. Ich fürchte, daß die Engelhaftigkeit, der Anspruch auf Engelhaftigkeit, heute die verbreitetste Sünde ist.“ [2]

Neuntes Beispiel: **Zweimal Demokratie**

Im Sommersemester 1986 startete die Freie Universität Berlin eine Ringvorlesung, in der die „konstitutionellen, die geistes- und sozialgeschichtlichen, die ideologisch-politischen und die ethisch-normativen Grundlagen der politischen Kultur des Westens“ [1] analysiert werden sollten.

Im Rahmen dieser Vorlesungsreihe kam es zwischen der Berliner Politologin Gesine Schwan und ihrem Bielefelder Kollegen Claus Offe zu einer Auseinandersetzung über das Thema „Demokratie“, die den Unterschied zwischen „rechtem“ und „linkem“ Demokratieverständnis in aller Klarheit hervortreten ließ.

Gesine Schwan sprach zu Beginn ihres Referats von „zwei europäischen Grundtypen der Demokratie, die *beide im Westen* – in England und in Frankreich – theoretisch entworfen worden“ seien und „somit beide zur politischen Kultur des Westens gehörten.“ Sie werden im „allgemeinen als liberale und radikale oder als repräsentative und identitäre Demokratie einander entgegengesetzt.“ Während die repräsentative Demokratie in den USA und in Westeuropa zur „Verfassungsform dessen geworden“ sei, „was wir heute den politischen Westen nennen“, habe die identitäre Demokratie „den Grund für die kommunistischen Herrschaftssysteme im Osten“, die Volksdemokratien, gelegt.[2]

In der *Praxis* – so Gesine Schwan – sei die „identitäre Demokratie nach der Oktoberrevolution von 1917 in der Symbiose mit der autokratischen Tradition Rußlands ... in die Diktatur einer selbsternannten Avantgarde gemündet“; in der *Theorie* lebe dieses Demokratie-Konzept „unter dem Namen radikale oder Rätedemokratie als Kritik und Herausforderung der realen repräsentativen Demokratie weiter“. In den 80er Jahren hätten vor allem „die Grünen und Alternativen ... diese Herausforderung erneuert“ [3].

Beide Demokratie-Modelle fußen auf einem bestimmten Welt- und Menschenbild: Die identitäre Demokratie geht auf Jean-Jacques Rousseau, die repräsentative auf John Locke, Charles de Montesquieu, Edmund Burke und die Verfasser der berühmten *Federalist Papers* von 1787/88 zurück: auf Alexander Hamilton, James Madison und John Jay – *Founding Fathers* der Vereinigten Staaten von Amerika.

Demokratie heißt, wörtlich übersetzt, Volksherrschaft. Wie kann man, fragte Gesine Schwan in ihrer Berliner Vorlesung, die Herrschaft des Volkes sichern und den Mißbrauch dieser Herrschaft zugleich ausschließen? Anders gewendet: Wie läßt sich die Souveränität des Volkes mit der Freiheit des Individuums – gegebenenfalls auch gegenüber dem Volk oder gegenüber denjenigen, die für das Volk zu sprechen beanspruchen – vereinbaren?[4] Auf diese zentralen Fragen geben die identitäre und die repräsentative Demokratie höchst unterschiedliche Antworten.

Manfred Hättich hat – was die „zwei verschiedenen demokratischen Prinzipien" angeht – folgenden Unterschied gemacht:

- „Das Volk entscheidet politische Sachfragen selbst."
- „Das Volk entscheidet in Wahlen darüber, wer regieren soll."

Hättich: „Mit diesen beiden Prinzipien sind die plebiszitäre und die repräsentative Demokratie charakterisiert."[5]

Erstens

Plebiszitär ist das von Rousseau entworfene, von den Jakobinern übernommene und von Marx und Lenin weiterentwickelte Modell der identitären Demokratie. Ein *plébiscite de tous les jours* nannte Rousseau die Demokratie. „Identitär heißt diese Demokratie, weil in ihr nicht nur vollkommene Übereinstimmung zwischen Wählern und Abgeordneten, sondern ganz allgemein zwischen Herrschenden und Beherrschten bestehen soll, was gleichbedeutend ist mit der Abschaffung jeglicher politischer Herrschaft im Sinne der Entscheidungsbefugnis politischer Amtsträger über die Bevölkerung."[6]

Identität durch „tägliches" Plebiszit: das ist der Grundgedanke Rousseaus. Das Volk ist beides in einem: Es ist Souverän und Untertan zugleich. Um „wirkliche Identität" zwischen dem „Volk als Herrscher und demselben Volk als Beherrschtem" erreichen zu können, müßten freilich alle Beschlüsse einstimmig gefaßt werden. Denn: „Sobald eine Mehrheit über eine Minderheit gegen deren Willen befindet, herrscht sie über diese Minderheit."[7]

Wir stoßen hier – wie Gesine Schwan hervorhob – „auf ein Kernproblem aller Demokratievorstellungen, die die völlige Übereinstimmung zwischen Wählern und Gewählten zum Zentrum der demokratischen Forderung machen: Wie stellt man eine solche Übereinstimmung unter den Bedingungen von gesellschaftlichen und politischen Interessengegensätzen her?"[8]

Rousseau „löste" das Problem mit Hilfe seiner „Lehre von der volonte generale, das heißt vom wahren Volkswillen"[9], der gegen die *volonté de tous* – die Summe der egoistischen Einzelinteressen – ausgespielt wird. „Der Rousseausche Gemeinwille", sagte Gesine Schwan in ihrer Vorlesung, „ist das, was die Bürger eines Staates wollen, wenn sie ihre Entscheidung nicht an ihren individuellen bzw. partikularen Interessen,... sondern am Wohl des Staates, am Interesse aller messen."[10]

Wie wird dieses „Interesse aller" ermittelt? Wie ist herauszufinden, was das „Wohl des Staates" ist? Nicht dadurch, daß die Bürger „einen Kompromiß zwischen ihren verschiedenen Ansprüchen und Zielen aushandeln"[11], sondern allein dadurch, daß sie sich vorbehaltlos der *volonté générale* unterwerfen. Einen Grund, dies zu verweigern, gibt es nicht. Schließlich ist der „Gemeinwille" unfehlbar: Er hat nicht nur jederzeit recht – er strebt auch jederzeit nach dem Gemeinwohl.[12] Von einem „spekulativ erschlichenen Gemeinwillen"[13] zu sprechen, liegt nahe. Mit seiner Lehre vom „wahren" Volkswillen wurde Rousseau jedenfalls „zum Ahnherren derjenigen, die sich im Besitz der absoluten Wahrheit wähnen und die das Gemeinwohl als vorgegebene Größe zu erkennen glauben"[14].

Wer dem „Gemeinwillen" die Gefolgschaft versagt, einen ihm widersprechenden „Einzelwillen" entwickelt und auf diesem beharrt, muß mit dem Einschreiten der „Gemeinschaft" rechnen: Er wird – wie Rousseau drohte – von ihr gezwungen, frei zu sein.[15] Freiheit ist folglich keine personale Kategorie, sondern eine Leistung der „Gemeinschaft". Es ist die „Gemeinschaft", die den Inhalt dessen, was Freiheit ist, festlegt: Freiheit ist Gehorsam gegenüber der *volonté générale.*[16] Vereinigen sich alle Bürger mit dem „Gemeinwillen" – und identifizieren sie sich mit ihm –, so ist die Basis für „tägliche" Plebiszite und einstimmige Beschlüsse gegeben, weil eine „substantielle Homogenität, die Interessenidentität aller Beteiligten"[17] erreicht ist. Die „Volkssouveränität" ist total...

Das ist das identitätsdemokratische Ideal. Was muß aus ihm *in praxi* werden? Eine durch und durch homogene, durch Interessenidentität aller Bürger gekennzeichnete Gesellschaft „mag ... theoretisch vorstellbar sein"[18]. Aber was geschieht, wenn man darangeht, die Theorie zu erproben? Dann wird umgehend offenbar,

– daß es gar nicht möglich ist, totale Homogenität zu schaffen zwischen denen, die regieren, und denen, die regiert werden – es sei denn: durch Zwang oder durch Manipulation;

– daß in der konsequent praktizierten identitären Demokratie keine Rede mehr sein kann von „Volksherrschaft" und „Volkssouveränität", sondern daß man, im Gegenteil, von einem entmachteten, entmündigten Volk sprechen muß:

„Da die Mehrheit der Bürger die Zeit für permanente Vollversammlungen nicht aufbringen kann, fällt praktisch die Diskussions- und Entscheidungsmacht denen zu, die – aus welchen Gründen immer – Zeit haben oder auf Kosten anderer Verpflichtungen sie auf sich nehmen. So verkehrt sich unversehens, aber folgerichtig der basisdemokratische Ansatz in eine Elitepraxis... Es gibt die wahren, elementaren und einheitlichen Interessen aller, die zwar einige Erleuchtete kennen. Aber die Mehrheit der Bürger ist... vom falschen Bewußtsein geschlagen. Auch damit verkehrt sich hinterrücks und konsequent der antiautoritäre, basisdemokratische Ansatz ins autoritäre Elitekonzept. Was es bewirkt, wenn es im Ernst angewandt wird, sollte eigentlich zur Genüge erprobt worden sein: von den französischen Jakobinern, die das Tugend- und Natürlichkeitsideal Rousseaus mit dem Terror herbeizwingen wollten, bis zu Lenins Formation einer Kaderpartei der Berufsrevolutionäre, die in den Stalinismus mündete." [19]

Zweitens

Die plebiszitäre oder identitäre Demokratie steht in scharfem Kontrast zum anderen europäischen Grundtyp der Demokratie: zum Repräsentativ-Modell. Dessen „zentrales Anliegen ist nicht die völlige Übereinstimmung von Wählern und Gewählten, sondern die Sicherung der individuellen Freiheit durch die Teilung und die Kontrolle der politischen Macht" [20]. Die Stärke des Repräsentativ-Modells – so Gesine Schwan – liege darin, „ein demokratisches Verfahren vorzuschlagen, das ... versucht, das Gemeinwohl als täglichen Kompromiß der empirischen Interessen unter Wahrung der Grundrechte aller Menschen zu verwirklichen und die Übermächtigung des Volkes durch eine unkontrollierte Avantgarde oder Partei zu verhindern" [21].

Wie geschieht dies? Die Stichworte lauten: freies Mandat und Gewaltenteilung.

Freies Mandat: der Begriff besagt, daß der gewählte Abgeordnete nicht als bloßer Befehlsempfänger und Erfüllungsgehilfe seiner Partei handeln darf, sondern daß er sich – vom Inhalt seines Auftrages und von seiner rechtlichen Stellung her – als Repräsentant aller Bürger in seinem Wahlkreis – nicht nur derer, die ihn gewählt oder nominiert haben – zu verstehen hat. Er ist – wie es im Artikel 38 des Grundgesetzes heißt – Vertreter des ganzen Volkes und nur seinem Gewissen unterworfen. Gesine Schwan:

„Beide Bestimmungen verpflichten ihn dazu, seinem Kenntnisstand und seinen politischen Auffassungen und Wertungen gemäß, eben nach bestem Wissen und Gewissen zu entscheiden, notfalls auch gegen seine Wähler, z. B. sofern die Interessen anderer Bevölkerungsgruppen Priorität beanspruchen können, sofern internationale Bindungen oder Verpflichtungen Vorrang genießen, sofern die Handlungsfähigkeit der Regierung sichergestellt werden soll oder sofern generell seine Einsicht in politische und sachliche Zusammenhänge von ihm eine derartige Entscheidung fordert." [22]

Das Gegenstück zum freien Mandat ist das *imperative* Mandat: Es soll die Identität zwischen Wählern und Gewählten, Regierten und Regierenden sichern helfen. Da das Volk selbst die Gesetze beschließt und die Entscheidungen der Regierung festlegt, sind die gewählten Abgeordneten nicht – wie in der repräsentativen Demokratie – allein ihrem Gewissen, sondern allein „dem Willen des Volkes unterworfen, das sie jederzeit zurückrufen und ihre Entscheidungen korrigieren kann" [23], falls diese Entscheidungen nicht dem „wahren" Willen des Volkes – sprich: dem „vorab absolut gesetzten" [24] Gemeinwohl – entsprechen sollten.

Geistige Ahnherren des freien Mandats auf der einen und des imperativen Mandats auf der anderen Seite sind Burke und Rousseau.

In seiner berühmten „Rede an die Wähler von Bristol" – deren Abgeordneter er war – betonte Burke:

„Gewiß, meine Herren, es sollte das Glück und der Ruhm eines Volksvertreters sein, in engster Verbindung, völliger Übereinstimmung und rückhaltlosem Gedankenaustausch mit seinen Wählern zu leben... Doch autoritative Instruktionen, erteilte Mandate, die das Parlamentsmitglied blindlings und ausdrücklich befolgen muß, für die es seine Stimme abgeben und für die es eintreten soll, obgleich diese Instruktionen im Gegensatz zur klarsten Überzeugung seines Urteils und Gewissen stehen mögen, sind Dinge, die den Gesetzen unseres Landes völlig unbekannt sind und die aus einem fundamentalen Mißverständnis der gesamten Ordnung und des Inhalts unserer Verfassung entspringen." [25]

Dagegen unterstrich Rousseau im *Contrat Social* von 1762, die Souveränität des Volkes könne „nicht stellvertretend ausgeübt werden, und zwar aus demselben Grunde, aus dem sie nicht übereignet werden" könne:

„Sie besteht wesensmäßig in dem Gemeinwillen, und der Wille ist unvertretbar: er ist es selbst oder er ist ein anderer. Ein Mittleres gibt es nicht. Die Abgeordneten des Volkes sind also weder seine Stellvertreter, noch können sie

es sein. Sie sind nur seine Beauftragten; sie können nichts Endgültiges beschließen. Jedes Gesetz, das das Volk nicht in Person ratifiziert hat, ist nichtig; es ist kein Gesetz. Das englische Volk glaubt frei zu sein; es täuscht sich gar sehr. Es ist nur während der Wahl seiner Parlamentsmitglieder frei; sobald sie gewählt sind, ist es Sklave, ist es nichts.“ [26]

Hält man sich an die Gedanken Rousseaus – und die Anhänger des identitären Demokratie-Modells tun dies bis heute –, so ist „Demokratie“ erst dann gegeben, „wenn das Volk die absolute Souveränität über seinen politischen Willen wahrt, indem es keinerlei Zwischeninstanz, keinerlei Vermittlung zwischen sich als Herrscher einerseits und als Untertan unter das selbsterlassene Gesetz andererseits duldet“ [27].

In der identitären Demokratie – darauf machte Gesine Schwan aufmerksam – fungiert der gewählte Abgeordnete „gleichsam nur als ‚technisches‘ Medium, als ausführendes Organ mit klarem Wählerauftrag, d.h. eben mit imperativem Mandat, ohne eigenen politischen Willen. Das Parlament, in dem sich diese Abgeordneten versammeln, hat keine eigene politische Kompetenz oder Dignität. Sofern es gegen den Willen der Wähler entschiede, handelte es undemokratisch. Um solche Diskrepanz zu vermeiden, müssen die Abgeordneten jederzeit abberufbar sein, eben Abgeordnete auf jederzeitigen Widerruf.“ [28]

Zwar werde, wie die Berliner Politologin hinzufügte, „auch das freie, repräsentative Mandat nur auf Widerruf erteilt“. Der „entscheidende Unterscheid zum imperativen Mandat“ liege jedoch darin, „daß der freie Abgeordnete *nicht jederzeit* abberufbar“ sei.

Warum die repräsentive Demokratie so verfährt, ist letztlich auf Beweggründe anthropologischer Natur zurückzuführen:

„Während man beim imperativen Mandat davon ausgeht, daß der Wähler vor seiner politischen Entscheidung, also a priori über das in der Entscheidung zur Debatte stehende Gemeinwohl befinden muß und daß man ein solches Gemeinwohl auch im vorhinein bestimmen kann, bestreitet die Theorie der repräsentativen Demokratie diese Möglichkeit. Ihr zufolge können kein Mensch und keine politische Gruppierung die Fähigkeit zu einer solchen allgemein erkennbaren und verpflichtenden Gemeinwohlbestimmung beanspruchen. Die legitime Vielfalt der Erfahrung, Wertungen und Interessen in einer Gesellschaft läßt dies nicht zu. Möglich ist nur die nachträgliche und zusammenfassende Beurteilung der zahlreichen Entscheidungen, die der Abgeordnete im Laufe einer Legislaturperiode getroffen hat, durch den

Wähler. Mit dem Entschluß über seine Wiederwahl befindet dieser somit im nachhinhein, a posteriori darüber, ob sein verfassungsmäßig nur an das Gewissen gebundener Vertreter im Sinne des Gemeinwohls gehandelt hat oder nicht.“ [29]

Drittens

Auch für das Stichwort „Gewaltenteilung“ gilt: Es waren letztlich anthropologische Überlegungen, Einsichten in die „Fehlbarkeit des Menschen“ [30], die die Theoretiker der repräsentativen Demokratie seinerzeit bewogen, für eine Teilung der Macht im Staat zu plädieren: die drei Aufgaben der Staatsgewalt – Gesetzgebung, Verwaltung und Rechtsprechung – um der Kontrolle politischer Herrschaft willen von gegenseitig unabhängigen Organen ausüben zu lassen.

Der Gewaltenteilung liegt ein von Skepsis getragenes Menschenbild zugrunde: „Skepsis gegenüber allen eindimensionalen, Gewißheit und End-Gültigkeit verheißenden ... Konstruktionen“ [31]. In den von Alexander Hamilton, James Madison und John Jay verfaßten *Federalist Papers* ist zu lesen, die menschliche Natur weise Vorzüge und Qualitäten auf, die Vertrauen rechtfertigten; andererseits sei der Mensch aber auch mit Fehlern und Schwächen behaftet, denen gegenüber Mißtrauen – zumindest aber Vorsicht – erforderlich sei.

Die drei „Gründerväter“ der USA richteten damals an ihre Landsleute, die von einem neuen Goldenen Zeitalter träumten, die Frage, ob es „nicht an der Zeit“ sei, aus diesem „trügerischen Traum ... zu erwachen“ und zur Leitlinie des politischen Verhaltens „die praktische Anwendung des Grundsatzes zu nehmen, daß wir ebenso wie die übrigen Bewohner dieser Erde von der beglückenden Herrschaft vollkommener Weisheit und vollkommener Tugend noch weit entfernt sind“ [32].

Hamilton, Madison und Jay begründeten die Notwendigkeit, die Macht im Staat auf mehrere Schultern zu verteilen, wie folgt:

„*Es mag ein schlechtes Licht auf die menschliche Natur werfen, daß solche Kniffe notwendig sein sollten, um Mißbräuche der Regierung zu verhindern. Aber setzt nicht schon die Tatsache, daß Regierungen überhaupt nötig sind, die menschliche Natur in ein schlechtes Licht? Wenn die Menschen Engel wären, so bedürften sie keiner Regierung. Wenn Engel über die Menschen herrschten, dann wären weder eine innere noch eine äußere Kontrolle der Regierung notwendig. Entwirft man jedoch den Plan einer Regierung, die von Menschen über Menschen ausgeübt werden soll, so liegt die große Schwierig-*

keit darin, daß man zuerst die Regierung instandsetzen muß, die Regierten zu überwachen und im Zaum zu halten, und dann die Regierung zwingen muß, sich selbst zu überwachen und im Zaum zu halten. Die Abhängigkeit vom Volk ist zweifellos das beste Mittel, um die Regierung im Zaum zu halten. Aber die Menschheit hat aus Erfahrung gelernt, daß zusätzliche Vorsichtsmaßnahmen notwendig sind." [33]

Was Hamilton, Madison und Jay in diesem Zusammenhang vor mehr als zweihundert Jahren unter Berufung auf die *conditio humana* zur institutionellen Sicherung der Freiheit vorschlugen, wirkt nicht „angestaubt", sondern ist zeitlos gültig:

„Die wichtigste Sicherung gegen eine allmähliche Konzentration der Gewalten in einem Zweig der Regierung besteht darin, dafür zu sorgen, daß die Männer, welche die einzelnen Zweige verwalten, die notwendigen verfassungsmäßigen Mittel besitzen und ein persönliches Interesse daran haben, sich den Übergriffen der anderen Zweige zu widersetzen. In diesem wie in jedem anderen Falle müssen die Maßnahmen zur Verteidigung der voraussichtlichen Stärke des Angriffs entsprechen. Ehrgeiz muß durch Ehrgeiz unschädlich gemacht werden. Das persönliche Interesse muß mit den verfassungsmäßigen Rechten Hand in Hand gehen." [34]

Erfahrungen müssen Maßstab des Handelns sein:

„Die Methode, das Fehlen edlerer Motive durch die Förderung rivalisierender Interessen auszugleichen, kann durch alle menschlichen Angelegenheiten verfolgt werden, seien sie privater oder öffentlicher Natur. Sie tritt besonders deutlich bei der Verteilung der Machtbefugnisse bei untergeordneten Stellen in Erscheinungen, wobei stets das Ziel angestrebt wird, die verschiedenen Ämter so zu verteilen und einzurichten, daß dessen Inhaber sich gegenseitig in Schach halten. Dieses von der Vernunft eingegebene Verfahren empfiehlt sich nicht minder bei der Verteilung der höchsten Gewalten im Staat." [35]

Viertens

Gewaltenteilung und freies Mandat sind den Verfechtern identitätsdemokratischer Vorstellungen mehr oder weniger suspekt, weil beide Institutionen verhindern, daß sich der „wahre" Wille des Volkes auch wirklich entfalten kann – und die „Volkssouveränität" unmittelbar zum Ausdruck kommt...

Vor allem das freie, das nicht direkt an die *volonté générale* gebundene Mandat ruft jenes „zentrale Übel" [36] hervor, an dem die repräsentative Demokratie krankt und immer kranken wird (jedenfalls nach Auffassung ihrer identitätsdemokratischen Kritiker): Zwischen Wählern und Gewählten, Regierten und Regierenden wächst nicht Identität, sondern Entfremdung. „Entfernung der Abgeordneten von den Interessen ihrer Wähler, von den Interessen des Volkes“ [37]: So lautet die identitätsdemokratische Anklage gegen die repräsentative Demokratie. Nur die „direkte“ Demokratie kann dieses Erzübel beheben, weil sie allein das Volk tatsächlich herrschen läßt. Deshalb darf eigentlich auch nur sie sich „Demokratie“ nennen. In der repräsentativen Demokratie ist der „Volksherrschaft“ lediglich „formal“ Genüge getan. Im Grunde ist das Repräsentativ-Modell eine Scheindemokratie...

So weit ging der Bielefelder Politologe Claus Offe in seiner Erwiderung auf Gesine Schwan nicht; aber er ließ keinen Zweifel daran, daß er unter „Demokratie“ etwas anderes verstand als seine Berliner Kollegin.

Offes Polemik gegen die „Protagonisten einer bedingungslosen Institutionentreue“ [38], die „institutionellen Rigoristen“ [39], die – wie er sagte – die „angekratzte Stabilitätsgewißheit der politisch-institutionellen Ordnung der Bundesrepublik Deutschland zu rekonstruieren“ [40] suchten, gipfelte in einem Bekenntnis, in dem er – in den Spuren Rousseaus wandelnd – kaum verhüllte Zweifel an der *Legitimität* der Institution „freies, repräsentatives Mandat“ äußerte.

Seine Kollegin aus Berlin, meinte Offe, habe die „vertraute altliberale Rechtfertigung des Repräsentationsprinzips“ vorgetragen: „Die politische Herrschaft muß dem Bürger entrückt bleiben, weil dieser sonst nur umgekehrt in die Fänge der politischen Herrschaft gerate. Das freie Mandat als Gewähr für die Freiheit der Bürger *von* politischer Bevormundung und Übermächtigung – das ist nun wahrlich eine von allen parlaments- und parteiensoziologischen Befunden unbeeindruckte, im schlechtesten Sinne utopische Konstruktion.“ [41]

Auf *diese* Weise seien das Repräsentationsprinzip und das freie Mandat nicht zu rechtfertigen, kritisierte Offe und plädierte, folgerichtig, für die „Einfügung direkt-demokratischer, dezentral-autonomer und parteipolitisch unkanalisierter Willensbildungs- und Beteiligungsformen“. Sein Argument: In der repräsentativen Demokratie sei „die Situation des Mandatsträgers durch Beschlußlagen, Fraktionsdisziplin, Karriereinteressen, seine Abhängigkeit von bürokratischen Informationsmonopolen, Spezialisierungsgebote, vermeintliche und tatsächliche Sachzwänge... gekennzeichnet, aus deren Sog er sich allenfalls dank der Hilfe außerparlamentarischer, ‚basisdemokratischer‘ und anderer Zusatzarrangements befreien“ [42] könne.

Auf die „Defizite und Gefahren jeder repräsentativ-demokratischen Politik“[43] hatte zuvor auch Gesine Schwan hingewiesen: „Der Spielraum des einzelnen Abgeordneten heute ist... äußerst schmal – eingegrenzt durch vorgeordnete Entscheidungen der Partei, der Fraktion, von Interessengruppen verschiedenster Art, die er beachten muß, wenn er sich im politischen Geschäft halten will. Wer dies kaschiert oder verklärt, tut der repräsentativen Demokratie einen unnötigen und einen schlechten Dienst.“[44]

Aber Gesine Schwan bestand zugleich darauf, am freien, repräsentativen Mandat unter allen Umständen festzuhalten und der Versuchung zu wehren, den „scheinbar plausiblen“ identitätsdemokratischen Weg als „Ausweg aus den Schwierigkeiten der repräsentativen Demokratie“ anzusehen. Ihr Argument: „Einen dritten Weg... zwischen identitärer und repräsentativer Demokratie, zwischen imperativem und freiem Mandat, zwischen jederzeitigem und zeitlich festgelegtem Widerruf gibt es nicht.“[45] Der identitätsdemokratische Weg müsse am Ende zur „Diktatur der Parteiorganisation“[46], zu einer „Diktatur angemaßter Wahrheit“[47] führen.

Dazu Offe: Es komme ihm „zutiefst weltfremd“ vor, daß man derartige Befürchtungen hegen könne. „Im Gegenteil scheint mir, daß heute gerade die Anreicherung mit Elementen seines Gegenteils den Gedanken der politischen Repräsentation allein noch vor seinem *grassierenden Legitimitätsverfall* bewahren kann.“[48]

Fünftens

Auseinandersetzungen wie diese, bei denen es „im Kern um alternative Ideale und Wertvorstellungen geht“[49], werden sich fortsetzen. Sie könnten – auch und gerade im vereinten Deutschland – wieder so dominant werden, wie sie es in der „alten“ Bundesrepublik Deutschland in den späten sechziger und in den siebziger Jahren einmal gewesen sind.

Der Streit um das „richtige“ Demokratieverständnis wurde damals mit äußerster Heftigkeit geführt: Zwischen Kritikern und Verteidigern der „bestehenden“ demokratischen Ordnung, Befürwortern und Gegnern einer „anderen“ Republik wuchs in jenen Jahren der „Kulturrevolution“[50] in der „alten“ Bundesrepublik nach und nach eine Mauer, auf deren beiden Seiten in völlig verschiedenen Zungen geredet wurde.[51]

Für den Tatbestand, daß sich besonders die Deutschen so oft und so willig um „Demokratie“ streiten, gibt es Gründe. Ernst Fraenkel hat sie vor fast drei Jahrzehnten beim Namen genannt:

„Das Unbehagen an unserer Demokratie dürfte nicht zuletzt darauf zurückzuführen sein, daß Verfassungsrecht und Verfassungswirklichkeit auf der einen Seite und die demokratische Vulgärideologie auf der anderen Seite aus verschiedenen Quellen gespeist sind. Wir haben unsere Verfassungsordnung und weitgehend auch unsere Verfassungssoziologie von den Engländern und unsere Verfassungsideologie von den Franzosen ausgeborgt.“ [52]

Unter Bezugnahme auf dieses Urteil Fraenkels aus dem Jahre 1963 kommentierte Christian Graf von Krockow zwanzig Jahre später lakonisch-treffend: „Mit einiger Verkürzung könnte man für ‚Franzosen‘ auch setzen: Rousseau oder jakobinischer Rousseauismus, für ‚Engländer‘: Edmund Burke.“ [53]

Vierter Teil

Systole und Diastole – zur wechselseitigen Verflechtung von „rechts“ und „links“

Standort vertauscht?

Genug der Beispiele (die sich im übrigen beliebig vermehren ließen). Es sind eindringliche Belege für den fundamentalen Dissens zwischen „linker" und „rechter" Anthropologie: Belege für die „Dichotomie", durch die „seit dem 18. Jahrhundert das politische Bewußtsein grundsätzlich gekennzeichnet ist" – eine Dichotomie, „die man ... seit langem durch die Begriffe ‚rechts' und ‚links' charakterisiert" [1].

Kann man das, was man so lange getan hat, heute nicht mehr tun? Hat Robert Spaemann mit seinem – eingangs zitierten – Diktum recht, die Begriffe „rechts" und „links" hätten „inzwischen aufgehört ..., Ausdruck der fundamentalen politischen Alternativen unserer Epoche zu sein"? Stimmt die These, die „alten politischen Richtungsbegriffe Links und Rechts" hätten mittlerweile einen „programmatischen Bedeutungswandel" [2] erfahren? Kurz: Ist „links" nicht mehr „links" – und „rechts" nicht mehr „rechts"?

Folgen wir *Helmut Kuhn*, so sind nicht einmal die Umrisse dessen, was als „links" und als „rechts" apostrophiert wird, heute noch zweifelsfrei auszumachen. Kuhn schrieb 1976:

„Ist rechts wirklich noch rechts, links immer noch links? Heißt ‚konservativ' noch Bewahrung, ‚revolutionär' Umsturz? Sind die beiden Polaritäten rechts-links und konservativ-revolutionär miteinander vertauschbar? Müssen wir uns den Rechten als reaktionär, den Linken als progressiv vorstellen, den ersten als verhärtet, den zweiten als schöpferisch? Indessen hat es bereits braune Bolschewiken und Linksfaschisten gegeben, und auf der anderen Seite konservative Revolutionäre. Niemandem kann verborgen bleiben, daß wir in eine babylonische Sprachverwirrung geraten sind. Die geläufigen Begriffe greifen nicht mehr. Da ihnen keine bestimmte und allgemein anerkannte Bedeutung zugeordnet ist, fügen sie sich dem beliebigen Gebrauch. Aus Worten sind sie zu Schlagworten geworden, aus einem Medium der Mitteilung zu Waffen im Meinungsstreit. Wenn wir uns an dem Gespräch beteiligen wollen, geht es uns wie dem Mann, der zu mitternächtlicher Stunde das Wirtshaus verläßt: ‚Rechter Hand, linker Hand, alles vertauscht! / Straße, ich glaube fast, du bist berauscht.'

Wir blicken nach rechts, wo einst ein stolzes Sichgründen auf eine noch unerschöpfte Tradition zu finden war. Heute stellt die öffentliche Meinung, auch wo sie sympathisiert, ein Defizit an Theorie fest und ein ängstliches Bemühen, sich auf alle Fälle modern zu geben. Oder wir blicken nach links: War da nicht die kühne Freiheit des Geistes zu Hause, der, ungehemmt durch konventionelle Bedenken, das Tor zu noch unerprobten Möglichkeiten des Mensch-Seins aufstieß? Was wir heute in Wirklichkeit finden, ist das genaue Gegenteil: das Klappern eines Begriffsmechanismus, dessen Bestandteile längst jede lebendige Beziehung zur Wirklichkeit eingebüßt haben. Von diesem Phänomen jugendlicher Verkalkung wenden wir uns erschrocken und betrübt ab, und, indem wir uns gegen ein Gefühl des Schwindels wehren, fragen wir wieder: Was ist rechts? Was ist links?" [3]

Einen Schritt über Kuhn hinaus tat *Sebastian Haffner* vier Jahre später. Folgen wir Haffner, so haben „Rechte" und „Linke" *tatsächlich* „ihren politischen Standort in unserem Jahrhundert vertauscht..., in Europa jedenfalls". Haffner schrieb 1980 in der Zeitschrift „Der Monat":

„Alles, was vor hundert Jahren links war – Republik, Demokratie, Gewaltenteilung, Menschenrechte, Toleranz, Pressefreiheit, Gewerbefreiheit, Freihandel –, ist heute rechts. Was damals rechts war – Autokratie, Autorität, Disziplin, Zensur, Staatswirtschaft, geschlossene Grenzen –, ist jetzt links." [4]

Haffner fügte hinzu:

„Links ist heute nicht mehr nur rot, sondern ebenso oft grün: Zivilisationspessimismus, Fortschrittsangst, ‚Zurück zur Natur' – auch das ist heute links, nicht etwa rechts. Die Leute, die gegen Atomkraftwerke, gegen neue Autobahnen und neue Flugplätze – also gegen den technischen Fortschritt – demonstrieren, sind deutlich ganz überwiegend linke Leute, und bei der linken Intelligenz ist heute ein Menschenbild Mode, so schwarz in schwarz gemalt, daß die schwärzeste Erbsündenlehre dagegen wie der ruchloseste Optimismus wirkt: Der Mensch nicht nur ein Mangelwesen, sondern eine Fehlkonstruktion, die Menschheit der Hautkrebs des Erdballs, auf dem besten Wege, nicht nur sich, sondern alles Leben zugrunde zu richten. Überall unter Linken hört man heute nicht mehr, wie noch gestern, ein einstimmiges ‚Vorwärts!', sondern ebenso laut, fast schon lauter, ein verzweifeltes: ‚Zurück! Zurück! Um Gottes willen zurück!' Das hätte man früher Reaktion genannt..." [5]

Beide Texte – vor allem der Sebastian Haffners – sind korrekturbedürftig, weil sie Ungereimtheiten enthalten, ja in sich widersprüchlich sind:

– Wenn Haffner behauptet, die Themen Republik, Demokratie, Gewaltenteilung, Menschenrechte, Toleranz, Pressefreiheit, Gewerbefreiheit, Freihandel seien vor hundert Jahren Themen nur der „Linken" gewesen, so möchte man gern von ihm wissen, ob in seinen Augen – beispielsweise –

Marx und Engels, von Michail Bakunin zu schweigen, leidenschaftliche Anwälte der Gewaltenteilung und der parlamentarischen Demokratie[6], begeisterte Verfechter der Gewerbefreiheit und des Freihandels waren.

– Wenn Haffner andererseits behauptet, was vor hundert Jahren „rechts" gewesen sei, das sei heute „links" – nämlich Autokratie, Autorität, Disziplin, Zensur, Staatswirtschaft, geschlossene Grenzen –, so möchte man wiederum gern von ihm wissen, was für ihn heute „links" ist. Nach seinem Text zu urteilen, kann er nur die Kommunisten meinen, wenn er von Zensur und Staatswirtschaft, Autokratie und geschlossenen Grenzen spricht. Aber sind nur Kommunisten „links"? Wird hier der Begriff „links" nicht auf unzulässige Weise eingeengt?

Auch die übrigen Aussagen Haffners sind – um das mindeste zu sagen – angreifbar. Es ist schlicht falsch, zu sagen, die „Linke" habe erst in unserem Jahrhundert mancherlei Aversionen gegen den technischen Fortschritt entdeckt. Haffner verkennt das „Element romantischer Nostalgie"[7], das dem Weltbild der „Linken" seit Jean-Jacques Rousseau innewohnt.[8] Die „Rückwendung zum einfachen Leben aus Überdruß an Technokratie und Leistungsdruck"[9], ist in der „Linken" selbst angelegt. Unter „Fortschritt" verstand die "Linke" ohnehin *immer schon* weniger den technisch-zivilisatorischen als vielmehr den *gesellschaftspolitischen* Fortschritt: Was dem Verschwinden der „alten", was der Heraufkunft der „neuen", der „wahren" Gesellschaftsordnung dient, ist „fortschrittlich". Es sei die „Ambivalenz" zwischen missionarischem gesellschaftspolitischem „Fortschrittsglauben" und „rousseauhaftem Kulturpessimismus", schreibt Eugen Lemberg, die „vielleicht erklärt, warum Menschen so entgegengesetzter Art wie Pazifisten und Terroristen, Revolutionäre und Romantiker in der linken Ideologie ihre geistige Heimat finden können"[10].

Der Haupteinwand gegen Haffner lautet indessen: Wenn in unserem Jahrhundert ein regelrechter Standort-Tausch zwischen „Rechten" und „Linken" stattgefunden hätte, dann könnte doch die „Linke" nicht mehr unter dem Rubrum „links" und die „Rechte" nicht mehr unter dem Rubrum „rechts" firmieren; dann müßte die „Linke" heute dem „rechten" und die „Rechte" dem „linken" Spektrum zugeordnet werden. Doch Sebastian Haffner ist anderer Meinung:

„Manche Leute haben... versucht, die Etiketten ‚rechts' und ‚links' entsprechend umzukleben, aber das ist nicht gelungen... Linke bleiben erkennbar Linke, Rechte Rechte, auch wenn sie ihren politischen Standort vertauschen –

und auch wenn sie unter sich aufs wildeste streiten, wozu übrigens die Linken mehr neigen als die Rechten." [11]

Wie kann man auf der einen Seite deklarieren, „Rechte" und „Linke" hätten ihren politischen Standort vertauscht – und auf der anderen, trotzdem blieben „Rechte" und „Linke" erkennbar „Rechte" und „Linke"? Was heißt eigentlich: erkennbar – und was heißt: bleiben? Haffner selbst sagt dazu nichts. Die Antwort kann nur lauten: „Linke" und „Rechte" bleiben als „Linke" und „Rechte" zu erkennen, weil sie eine jeweils andere Auffassung vom Menschen, ein jeweils anderes Verständnis von den Aufgaben des Menschen in der Welt und für die Welt haben. Das ist der Grund, weshalb die Etiketten „links" und „rechts" nicht einfach „umgeklebt" werden können – was auch Haffner zugibt –, und weshalb Versuche, dies dennoch zu tun, allesamt mißlingen müssen.

Wenn aber weder der „Rechten" kurzerhand ein „linker" noch der „Linken" kurzerhand ein „rechter" Stempel aufgedrückt werden kann: Wie schlüssig, wie stichhaltig ist dann die von Haffner erhobene, aber gleichfalls bei Kuhn anklingende Behauptung, „Rechte" und „Linke" hätten im 20. Jahrhundert ihren politischen Standort vertauscht?

Zwei Formen der Vernunft

Auch Robert Spaemanns These, „vor den Problemen der Ökologie" würden „die Kategorien der Rechten und der Linken obsolet" [12], vermag letztlich nicht zu überzeugen. Gewiß ist Spaemann beizupflichten, wenn er schreibt: „Die Ökologie ist das epochale Ereignis im gegenwärtigen Bewußtsein." [13] Aber seine Schlußfolgerung verfehlt die Wirklichkeit:

Es gab – und gibt – „linke" und „rechte" Ökologen, und es wird sie weiterhin geben. Für die einen ist – und bleibt – „Ökologie" ein Vehikel zur Revolution gegen die „bestehenden Verhältnisse" in Staat und Wirtschaft [14]; für die anderen ist Umsturz dagegen ein denkbar ungeeignetes Mittel, den stetig wachsenden „Problemen der Ökologie" wirksam begegnen und eine „Versöhnung von Ökonomie und Ökologie" [15] herbeiführen zu können: „Der Glaube, daß durch eine neue Staatsform, durch eine andere Organisation der öffentlichen Angelegenheiten alles wieder in Ordnung käme, verrät den alten Glauben an die Machbarkeit aller Dinge, der selbst noch ein Kind des technischen Zeitalters ist... Das Grundgesetz reicht aus, um die notwendigen Kurskorrekturen vorzunehmen und der Politik einen neuen Sinn zu geben." [16]

Nein, *obsolet* werden die Kategorien der „Linken" und der „Rechten" nicht – auch nicht vor der „Jahrhundertherausforderung" Ökologie. Trotzdem hat Spaemann in gewissem Sinne recht. Wenn Ökologie „die Lehre von den miteinander verbundenen Gesetzmäßigkeiten der gesamten Natur oder der lebendigen Welt ist" [17]; wenn Ökologie mithin heißt: In der Natur steht alles in Beziehung zueinander – dann ist das „epochale Ereignis Ökologie" geeignet, „Linke" wie „Rechte" an einen Tatbestand zu erinnern, der auf beiden Seiten oft und gern beiseite geschoben, verdrängt wird: an den Tatbestand, daß *beide* Kategorien, *beide* Prinzipien, bei aller Gegensätzlichkeit, in *Wechselwirkung* zueinander stehen: „Beide ergeben zusammen erst die *anthropologische Dialektik*, auf der das Leben und Funktionieren der Gesellschaft beruht." [18]

Auf das „anthropologisch notwendige Wechselspiel" [19] zwischen „links" und „rechts", Emanzipation und Institutionalisierung, Befreiung und Bindung weisen die folgenden Texte hin. Sie stammen von Friedrich von Gentz (**1** und **2**); Gerd-Klaus Kaltenbrunner (**3**); Eugen Lemberg (**4**); Aurel Kolnai (**5**) und Michael Landmann (**6**):

1. „Zwei Prinzipien konstituieren die moralische und intelligible Welt: Das eine ist das des immerwährenden Fortschritts, das andere das der notwendigen Beschränkung dieses Fortschritts. Regierte jenes allein, so wäre nichts mehr fest und bleibend auf Erden und die ganze gesellschaftliche Existenz ein Spiel der Winde und Wellen. Regierte dieses allein oder gewänne auch nur ein schädliches Übergewicht, so würde alles versteinern und verfaulen. Die besten Zeiten der Welt sind immer die, wo diese beiden entgegengesetzten Prinzipien im glücklichen Gleichgewicht stehen. In solchen Zeiten muß denn auch jeder gebildete Mensch beide gemeinschaftlich in sein Inneres und in seine Tätigkeit aufnehmen, und mit einer Hand entwickeln, was er kann, mit der anderen hemmen und aufhalten, was er soll. In wilden und stürmischen Zeiten aber, wo jenes Gleichgewicht wider das Erhaltungsprinzip, so wie in finsteren und barbarischen, wo es wider das Fortschreitungsprinzip gestört ist, muß, wie mich dünkt, auch der einzelne Mensch eine Partei ergreifen und gewissermaßen einseitig werden, um nur der Unordnung, die außer ihm ist, eine Art von Gegengewicht zu halten. Wenn Wahrheitsscheu, Verfolgung, Stupidität den menschlichen Geist unterdrücken, so müssen die besten ihrer Zeit für die Kultur bis zum Märtyrertum arbeiten. Wenn hingegen, wie in unserem Jahrhundert, Zerstörung alles Alten die herrschende, die überwiegende Tendenz wird, so müssen die ausgezeichneten Menschen bis zur Halsstarrigkeit altgläubig werden... Auch jetzt, auch in diesen Zeiten der Auflösung, müssen sehr viele, das versteht sich von selbst, an der Kultur des Menschengeschlechts arbeiten, aber einige müssen sich schlechterdings ganz dem schweren, dem undankbaren, dem gefahrvolleren Geschäft widmen, das Übermaß dieser Kultur zu bekämpfen. Daß diese vor allem selber hochkultiviert sein müssen, setze ich als ganz unumgänglich voraus... Ich habe das Erhaltungsprinzip zu meinem unmittelbaren Leitstern gewählt, vergesse aber nie, daß man treiben kann und muß, indem man hemmt.“ [20]

2. „Die Weltgeschichte ist ein ewiger Übergang vom Alten zum Neuen. Im steten Kreislauf der Dinge zerstört alles sich selbst, und die Frucht, die zur Reife gediehen ist, löst sich von der Pflanze ab, die sie hervorgebracht hat. Soll aber dieser Kreislauf nicht zum schnellen Untergang alles Bestehenden, mithin auch alles Rechten und Guten führen, so muß es notwendig neben der großen, zuletzt immer überwiegenden Zahl derer, die für das Neue arbeiten, auch eine kleinere geben, die mit Maß und Ziel das Alte zu behaupten und dem Strom der Zeit, wenn sie ihn auch nicht aufhalten kann noch will, in einem geregelten Bette zu erhalten sucht.“ [21]

3. „Es handelt sich um zwei... Grundhaltungen, die sich in den verschiedensten Gestalten – religiösen, philosophischen, künstlerischen und politischen – durch die Jahrtausende hin nachweisen lassen. Beide gehören, wie Systole und Diastole, zu den Konstituenten der menschlichen Geschichte. Sie haben einander ergänzende Funktionen, und jede von ihnen hat ihre eigenen Fragwürdigkeiten und Entartungen. Die Frage lautet deshalb nicht, welche der beiden Funktionen ‚wahr‘ ist – *beide* entsprechen der menschlichen Natur, auf *keine* von ihnen kann verzichtet werden: eine Einsicht freilich, zu der sich eher Konservative denn Radikal-Progressive oder Revolutionäre bequemen. Die Frage lautet vielmehr, welche der beiden antagonistischen Funktionen heute und in absehbarer Zukunft verstärkt werden muß und wie diejenige, der für eine bestimmte Zeit der Vorrang zukommt, vor Entartung, Verfall und Schande bewahrt werden kann.“ [22]

4. „Vom Gesichtspunkt einer anthropologischen Kräftelehre oder Energetik aus gesehen, ist (im) Weltbild und ideologischen System der Linken ein gewaltiges Kräftepotential verborgen. Der Schritt vom institutionell gebundenen zum autonomen Menschen setzt im Individuum ungeahnte Kräfte frei... Wenn auch immer wieder enttäuscht, wirkt (der) Glaube an das Gute im Menschen, vereint mit dem Gleichheitsanspruch des linken Menschenbildes, als ständiger Antrieb zur Hingabe für die benachteiligten Menschen der Unterschicht und der Dritten Welt: für die Proletarier, die im Marxismus zu einer Art kollektiven Messias werden, für Schwererziehbare und Asoziale, denen sich vor unseren Augen linksextreme Jugendliche selbstlos widmen. Die Vorstellung, daß nicht diese Diskriminierten – zu denen ja auch die Minderheiten, die unterdrückten und den Großmachtinteressen preisgegebenen Völker gehören – an ihrem Elend schuld sind, sondern – naiv simplifizierend gesehen – die ‚Gesellschaft', gehört zum Grundbestand aller linken Ideologien...

Mit dem hier nur angedeuteten Menschenbild hat die Linke... ein Element der Auflockerung, der Bewegung und Veränderung in der Geschichte bedeutet, vor allem gegen eine in allen menschlichen Gesellschaften ständig wirkende Tendenz zur Institutionalisierung. Denn – und auch dies ist ein anthropologischer Befund – neben den hier besprochenen ideologischen Systemen ist dem Menschen eine – ebenfalls leben- und arterhaltende – Neigung gegeben, einmal erprobte Riten, Gruppierungen, Strukturen zu verfestigen, gerinnen und erstarren zu lassen, zu institutionalisieren.

Wie notwendig, lebens- und arterhaltend diese Institutionen sind, die den verunsicherten Menschen entlasten, hat Arnold Gehlen gezeigt; daß sie ihn damit zugleich in starre, ihren ursprünglichen Sinn oft überdauernde, hemmende bis tödliche Formen pressen, ist Kummer und Gefahr aller menschlichen Gesellschaften und Anklagepunkt eben der Linken. *So gesehen, scheint die menschliche Geschichte in einem Zweitakt zu verlaufen wie die Atmung: Systole und Diastole, oder in zwei gleichzeitig gegenläufigen Prozessen: Institutionalisierung und Emanzipation, Errichtung notwendiger, lebenssichernder, Kulturen formender Institutionen wie Ehe, Familie, Recht, Wirtschaft, Hierarchie und Staaten, dann aber – ebenso lebensnotwendig – Befreiung des Individuums, Aufhebung der Zwänge, Ausgleich der Unterschiede, Veränderung. In dieser anthropologischen Dialektik haben beide ihre komplementäre Mission*: die Rechte, die den Menschen realistischer sieht und – ebenfalls ihm zuliebe – in Institutionen denkt; die Linke, die den Menschen idealisiert, ihn emanzipiert und damit doch wieder fremden Mächten ausliefert." [23]

5. „Rechts und links bieten das Bild nicht nur eines Wechselspieles in der Zeit, sondern eine Art *chassé croisé*, fast einer gewissen wechselseitigen Verflechtung. Dies verführt manche oberflächliche, in zynischem Überlegenheitsbewußtsein schwelgende Geister dazu, den klassischen Gegensatz für eine ausgeklügelte Erfindung oder immerhin für ‚überholt' zu erklären. Allein die Welt ist komplizierter, als nicht nur handfeste Konservative und berauschte Revolutionäre, sondern auch in wohlfeiler Überlegenheit ‚über' den Parteien Schwebende glauben." [24]

6. „Als die Techniker daran gingen, ein Instrument zu bauen, das dieselbe Arbeit verrichten kann wie die menschliche Hand, da entdeckten sie, daß die Hand über sieben völlig voneinander verschiedene Fähigkeiten verfügt. Diese Fähigkeiten lassen sich nicht auf eine einzige reduzieren oder aus ihr ableiten. Sie sind von Haus aus getrennt und müssen auch in der technischen Nachbildung getrennt bleiben. Die menschliche Hand ist eben deswegen ein solches Wundergebilde an Leistungskraft, weil so viele *differente* Fähigkeiten in ihr zusammenspielen und sich ergänzen.

Wie mit der Hand, so steht es mit der Vernunft. Der Irrtum der Philosophen und ihr schweres Sich-Verständigen ist, daß sie von der Vernunft sprechen statt von vornherein von ihren Formen und Funktionen. Die Funktionen sind sich so heterogen, als wären sie in verschiedenen Retorten hergestellt. Wir bemerken das im allgemeinen nicht, weil ihre Kollusion so vollkommen ist. Bedarf es, wie bei der Hand, auch hier, damit wir unterscheiden lernen, erst einer Simulation?...

In den rechten und den linken politischen Parteien stehen sich nicht nur verschiedene Interessen und Konzeptionen gegenüber, die sich jedoch alle mit derselben Vernunft zu verteidigen suchen, sondern es stehen sich in ihnen auch verschiedene Vernunft*formen* gegenüber. Es gibt eine rechte und eine linke Vernunft. Jede Partei neigt dazu, der anderen Irrationalismus vorzuwerfen. Denn sie verabsolutiert ihre eigene Idee der Vernunft und sieht daher bei der Gegenpartei nur die Unvernunft. In Wirklichkeit übt auch die Gegenpartei Vernunft, bloß übt sie eine andere Vernunft. Was miteinander im Streit liegt, ist nicht Vernunft und Unvernunft, sondern sind Kräfte der Vernunft selbst: rechte und linke Vernunft.

Wie wir aber bei den Fähigkeiten der Hand sahen, daß sie sich gegenseitig ineinandergreifend steigern, und wie rechte und linke Hand kooperieren, so dürfte es auch mit rechter und linker Vernunft stehen. Nur getrennt kann jede ihre spezifische Leistung ausbilden, ist aber für sich allein unvollständig. Noch sich bekämpfend und ausschließend bleiben sie – auch darin wie Rechte und Linke – aufeinander angewiesen. Erst in der Polarität zusammenwirkend bilden sie die ganze Vernunft. Sie sollen sich also nicht wie Hegelsche Antithesen in einer Synthese versöhnen und aufheben. Wohl dagegen sollen sie sich wechselseitig so sehr akzeptieren, daß es zwischen ihnen nicht mehr zum *clash* kommt. Eine soll der andern das Stichwort ihres Auftretens geben.“ [25]

Das Schimpfwort „affirmativ“

Aber ist der *clash* zwischen „Linken“ und „Rechten“, den Michael Landmann – um an den zuletzt genannten Text anzuknüpfen – vermieden sehen möchte, nicht unvermeidbar, unausweichlich?

Sagen wir es so:

Wenn – wie Joachim Fest es formuliert hat – „links... noch immer... die prinzipiell kritische Haltung gegenüber der Welt und, daraus resultierend, die Neigung zur Veränderung der Gesellschaft nach einem rationalen, vorgefaßten Entwurf“ (ist); wenn „links“ mithin heißt: „Priorität des Gedachten über das Gewachsene“ [26] – dann braucht es nicht viel Phantasie, sich vorzustellen, wie herausfordernd eine solche „Grundhaltung“ auf jene wirken muß, die, gewissermaßen „von Hause aus“, von ihrer *Natur* her, ganz anders denken und empfinden; denen es nicht einfällt, einer „Rebellion des Willens gegen die Erfahrung“ [27] nachzugeben und dem „Gedachten“ gegenüber dem „Gewachsenen“ Vorrang einzuräumen.

Die „Linke“ wird auch künftig dazu neigen, alles, was „geworden“ und „gewachsen“ ist, kritisch-polemisch zu „hinterfragen“ – und zu fordern, „daß die Institutionen dieser Welt rational zu begründen seien“. Denn: „Die Welt ist in einem vorher gewünschten Sinne machbar.“ [28]

Dagegen wird die „Rechte“ auch in Zukunft die „Vernünftigkeit“ des „Gewordenen“ und „Gewachsenen“ nicht *grundsätzlich* anzweifeln oder gar verneinen, sondern sie wird eher dazu neigen, die „Beweislast“ umzukehren: „Nicht die Existenz, sondern die Abschaffung einer Institution muß rational begründet werden.“ [29]

Hier affirmatives „Weltgefühl“ – dort Opposition gegen alles „Bestehende“: da *muß* es einfach zum *clash* kommen.

Prinzipiell kritische Haltung gegenüber der Welt? Für den „rechten“ Typus ist das kein Thema – zumindest kein ihm unmittelbar einleuchtendes Thema.

Anders beim „linken“ Typus. Affirmatives „Weltgefühl“? Die „Frankfurter Schule“ hat „Affirmation“ und „affirmativ“ seinerzeit zu bissigen Schimpfwörtern heruntergehandelt – Adorno sprach von der „verruchten Affirmation“ [30] – und alle, die sich „affirmativ“ zur bestehenden Welt verhielten, als geistig Zurückgebliebene, als sterile, verkalkte Ewig-Gestrige stigmatisiert:

„Ein unsäglicher Degout gegen ‚das Bestehende‘, der sich so evident schien, daß er keine Gründe mehr für sich angab und kein konkretes Gegenbild des

statt dessen Seinsollenden aufscheinen ließ: das war der Uraffekt Adornos. Das Bestehende war für ihn eo ipso (weil es aus Herrschaftsverhältnissen entsprang) das ‚schlechte Bestehende'. Daher kein ärgerer Vorwurf als der des ‚Affirmativen' – das Bestehende zu affirmieren. Affirmation reproduziert das Bestehende. Worauf es statt dessen ankomme, sei ‚die Kunst, nein zu sagen'."[31]

Die Folgen dieser mentalen Mobilmachung gegen „das Bestehende", gegen „Tatsachenfetischismus" und den „Mythos dessen, was ist"[32] – wie die „Frankfurter Schule" grimmig-verächtlich anmerkte –, sind bekannt: Es war in den späten 60er und in den 70er Jahren wahrlich keine Kunst mehr, *nein* zu sagen, sondern eher eine Kunst – und ein Wagnis zumal –, *ja* zu sagen...

Das Ja und das Nein

Einsicht in die „naturgegebene Dialektik"[33], die wechselseitige Verflechtung, das anthropologisch notwendige Wechselspiel von „links" und „rechts" zu vermitteln, ist demnach ein durchaus heikles Unterfangen, weil die Versuchung mächtig ist, daß sich „Rechte und Linke als... Totaltheorien der Welt und des Staates verstehen"[34].

Adorno, auch Bloch, auch Herbert Marcuse waren solche „Totaltheoretiker" – lehrten sie doch, das „Ganze" könne nicht das „Wahre" sein; das „Ganze" sei vielmehr das „Unwahre", sei „falsch". Aus „falsch" kann mithin „wahr" werden, wenn man nur den Weissagungen der Propheten und Heilsbringer Adorno, Bloch und Marcuse folgt. „Daß es darauf ankomme, die Verhältnisse zu ändern, ist die Botschaft."[35] Sie ist – wie wir gesehen haben – schon von Rousseau und Marx an die Welt gerichtet worden. In dieser genuin „linken" Botschaft findet eine „Position" ihren Ausdruck, die „sich als das Ganze versteht"[36]. Was aber ist „das Ganze"? Es ist weder „falsch" noch „wahr", sondern „das Ganze" stellt sich als ein dialektischer Prozeß dar, in dem die *beiden* Formen und Funktionen der Vernunft (Landmann) ihren komplementären Auftrag haben:

Das "Ja" ist ebenso notwendig wie das „Nein", „Anpassung" ebenso unerläßlich wie „Utopie": „Ohne Anpassung an lebensformende Regeln ist menschliches Zusammenleben nicht möglich... Erst auf der Grundlage dieser Anpassung kann man ‚sich selbst verwirklichen'."[37] Andererseits: „Die Entwicklung der Menschheit war nur möglich, weil die Menschen in den Gedanken *über die Realität hinausgreifen* konnten. Diese befruchtende Wirkung der Utopie ist die Grundlage jeden Fortschritts."[38]

Wir brauchen uns nur einmal vorzustellen, was aus der Welt geworden wäre, wenn es von allem Anfang an nur „linke“ oder nur „rechte“ Vernunft gegeben hätte; was aus der Welt würde, wenn wir es plötzlich nur noch mit „Emanzipierern“ und „Veränderern“ von „links“ oder nur noch mit „Institutionalisten“ und „Bewahrern“ von „rechts“ zu tun hätten; wenn zwischen „Affirmation“ und „Negation“, „Anpassung“ und „Utopie“ immer schon nur ein rigides, manichäisches Entweder-Oder bestanden hätte.

Wenn wir diesen Gedanken zu Ende denken, begreifen wir, was Michael Landmann meint, wenn er „Linken“ und „Rechten“ empfiehlt, sie sollten sich – da sie ja aufeinander angewiesen seien – wechselseitig so sehr akzeptieren, daß sie sich das „Stichwort ihres Auftretens geben“ könnten. Wir wären dann in jenen „besten Zeiten der Welt“, die Friedrich von Gentz einst beschwor: Zeiten, in denen die „beiden entgegengesetzten Prinzipien im glücklichsten Gleichgewicht“ stünden. Ein solches Gleichgewicht – wäre es denn herzustellen – könnte „Linke“ wie „Rechte“ vor Gefahren und Irrtümern schützen, denen sie immer ausgesetzt sein werden – und denen sie auch immer wieder erlegen sind:

Erstens

Der „linke“ Typus wird stets in Gefahr sein, über seinem „Perfektibilitätsglauben“ die Wirklichkeit zu vernachlässigen – ja der Wirklichkeit Gewalt[39] anzutun; über der angestrengten Suche nach dem *idealen* Menschen den *realen* Menschen zu übersehen, zu vergessen, über ihn „nach Plan“ hinwegzugehen.

Dem „rechten“ Typus droht eine andere Gefahr. Er ist zwar gegen den Glauben, „die Wirklichkeit durch Abstraktionen bezwingen zu können“[40], gefeit. Aber er kann zum Wortführer einer Philosophie des „Beharrens im Nun-einmal-so-Sein“[41] werden: einer *reaktionären* Philosophie – wie hinzuzufügen wäre.

Beiden Gefahren könnte durch jeweiliges „Gegensteuern“ begegnet werden, über dessen Notwendigkeit, auch Dauer sich „Linke“ und „Rechte“ freilich einig werden müßten. Haftet der Vorstellung, „Linke“ und „Rechte“ könnten es dahin bringen, sich wechselseitig das Stichwort ihres Auftretens zu geben, etwas Blauäugiges an? Vielleicht. Doch mit einem bloßen Wegwischen dieses Gedankens ist nichts getan. Da jede der beiden antagonistischen Funktionen ihre „Ambivalenz in sich selber trägt“[42], auf keine von ihnen aber verzichtet werden kann, weil beide „einander gegenseitig bedingen – rechts kann nicht ohne links sein, links nicht ohne rechts“ –, ist „die Möglichkeit *ra-*

tionaler Verständigung“[43] zwischen den beiden „Grundhaltungen“ gegeben. Die Stunde ist da, diese „Möglichkeit“ auch zu nutzen:

Nach dem Zusammenbruch der Zwangsstaaten im Osten müßten „Linke“ und „Rechte“ zumindest *dialogbereit* sein – nicht mehr, aber auch nicht weniger. Anders miteinander umzugehen als bisher, müßte das Ziel sein: Es sollte „Linken“ und „Rechten“ gelingen können, sich in der Erkenntnis zu treffen, daß ideologisch aufgeladener Entweder-Oder-Rigorismus nicht mehr weiterhilft, ausgedient hat: ein Rigorismus, wie er – beispielsweise – in einer Sentenz zum Ausdruck kommt, die Oswald Spengler zu Beginn der 30er Jahre prägte: „Man muß wissen, ob man ‚rechts‘ oder ‚links‘ steht, mit Entschiedenheit, sonst entscheidet der Gang der Geschichte darüber, der stärker ist als alle Theorie und ideologische Träumerei.“[44]

Dazu wäre zu sagen, daß man nicht wissen muß, wo man *steht* – ob „rechts“ oder „links“ –, sondern daß man wissen muß, was mit diesen beiden Begriffen oder auch Schlagworten *gemeint* ist: woher sie stammen und welche Denk- und Verhaltensweisen mit ihnen gekennzeichnet werden sollen. Dann wird „rationale Verständigung“ zwischen „Rechten“ und „Linken“ zumindest möglich. Das suggestive „Sag‘ mir, wo du stehst“ kann nur Freund-Feind-Fixierungen im Gefolge haben: Hier, wo ich „stehe“, ist das Heil – dort, wo du „stehst“, die Schmach...

Zweitens

Wie es einen „falschen Progressismus gibt, der das Neue schon allein deshalb preist, weil es das Neue ist, so gibt es auch einen falschen Konservatismus, der das Alte um seines bloßen Altseins willen bewahrt“[45].

Beiden Irrtümern könnte vorgebeugt werden, wenn sich „Linke“ und „Rechte“ der Dialektik von Dynamik und Stabilität, Utopie und Anpassung, Veränderung und Bewahrung, Emanzipation und Institutionalisierung nicht nur *bewußt* wären, sondern auch ihr *Handeln* an dieser Dialektik ausrichten würden: „Auch der feurige Linksliberale muß sich Gedanken machen über die Erhaltung des Erhaltenswerten; auch der Konservative muß zwischen dem Erhaltenswerten und dem ehrwürdigen Ballast unterscheiden.“[46]

Falscher Progressismus und falscher Konservatismus „sind dort vermieden, wo man zwar auf der einen Seite durchaus den Aufstieg in der Geschichte bejaht, anderseits jedoch nicht mit einem Aufstieg ins Unendliche rechnet, sondern glaubt, daß er sein Optimum, sein Telos hat. Ist dieses Optimum erreicht, dann gilt es von nun an, an ihm festzuhalten.“ Denn: „Es gibt immer Kräfte, die nach unten ziehen, die einreißen, ja die dies nicht nur tun, sondern auch tun *wollen*. Diese Kräfte tarnen sich dort, wo eine Entwicklung zum Höhepunkt gediehen ist, als weiterstrebende progressistische Kräfte. Eben dadurch gelingt ihnen ihr Werk um so leichter. Was Zerstörung ist, imponiert vordergründig als Aufbau.“ [47]

Ein Experiment geht in Konkurs

Rationale Verständigung zwischen „links“ und „rechts“ wird im Keim erstickt, wenn für eine der beiden „Grundhaltungen“ der anmaßende Anspruch erhoben wird, sie allein sei die „wahre“, die einzig legitime.

Mit imperialer Geste hat Karl Marx diesen politisch-moralischen Totalitätsanspruch für seine Lehre geltend gemacht – und seine ideologischen Adepten im Deutschland des 20. Jahrhunderts, von den regierenden Kommunisten zu schweigen, standen ihm da nicht nach: ob wir nun an die Großpädagogen Bloch und Marcuse denken, auch an Adorno und die „Frankfurter Schule“, oder an jene Vielzahl akademischer Lehrer, die nach den Studentenrevolten von 1967 und 1968, als der Marxismus im freien Deutschland „die Gestalt einer Kulturrevolution“ [48] annahm, die Andersdenkenden sozusagen zu „Volksschädlingen“ ernannten und sie der allgemeinen Verachtung preiszugeben suchten. Das las sich dann – um ein besonders charakteristisches Exempel anzuführen – so:

„Recht und Wahrheit in der Politik können in ihrer historischen Relativität nur bestimmt werden mit dem Maßstab von sozialer Selbstbestimmung und politischer Demokratisierung: *das geschichtliche Recht und die politische Wahrheit* liegen – ungeachtet momentaner gesellschaftlicher Kräfteverhältnisse – bei den Individuen, Gruppen, Klassen und den ihnen zugehörigen Ideologien, die den 1789 eingeleiteten Prozeß des Abbaus sozio-ökonomischer Privilegien vorantreiben; *Unrecht vor der Geschichte* und eine fehlgeleitete Politik sind zu konstatieren für diejenigen Individuen, Gruppen, Klassen und die ihnen zugehörigen Ideologien, die diesen Prozeß verzögern, zum Stillstand bringen oder gar ihn rückgängig machen wollen. Die Linke und die Rechte unterscheiden sich eben an diesen Kriterien von Förderung und Retardierung bzw. Revision der trotz temporärer Rückschläge im Weltmaßstab fortschreitenden Demokratisierungs- und Selbstbestimmungsprozesse. *Die Linke – und zwar auch noch die extremste Linke – hat darum immer das Element der historischen Wahrheit für sich, die Rechte – und zwar auch die nur gemäßigte Rechte – das Element der Unwahrheit und des Unrechtes.*“ [49]

Mit der „im Weltmaßstab fortschreitenden", die „Vollendung der Geschichte"[50] versprechenden Revolution, die die Kinder des Lichts von den Kindern der Finsternis säuberlich schied und ein für allemal festzulegen trachtete, wo politische Wahrheit und politische Unwahrheit, historisches Recht und historisches Unrecht zu suchen und zu finden seien – mit diesem als unaufhaltsam ausgegebenen „Prozeß" hat es nun ein Ende genommen. Bis in ihre Grundfesten wurde, als das ohnehin längst morsch gewordene Sowjetimperium stürzte, die Idee erschüttert, es könne mit den Mitteln der Macht eine „Welt nach Wunsch und Vorstellung"[51] gebaut, eine von allen Widersprüchen und Gegensätzen, ja von den Rätseln des Lebens „erlöste" Zukunftsgesellschaft errichtet werden.

Im Herbst 1989 gab „der Kommunismus, alias real existierender Sozialismus, seine historische Konkurserklärung öffentlich zu Protokoll"[52] – und es „blickten alle auf den Kaiser, der so lange schon nackt vor ihnen gestanden hatte, in seinen neuen Kleidern aus ideologischem Schein. Aber er hat ja gar nichts an, rief ein Kind. Gesehen hatten es längst schon alle. Nun wagten auch die Erwachsenen es auszusprechen."[53]

Die Bilanz des vermessenen, am Ende nur noch mit Zynismus betriebenen Experiments: schwerste ökonomische und ökologische Verwerfungen; ein Feld von Trümmern und Verfall, auf dem „Millionen zerstörte Seelen, gebrochene Charaktere"[54] zurückblieben. Der Schriftsteller Günter Kunert, der dem sozialistischen Zwangsstaat in Deutschland 1979 den Rücken kehrte, bringt diese verheerende Bilanz auf den Punkt, wenn er schreibt:

„Wir sind die Sieger der Geschichte, hieß die magische Formel, hinter der sich die furchtbare Hybris verbarg. Vermutlich bewirkte das religiöse, das eschatologische Moment im Marxismus die heillose Selbstüberhebung seiner Protagonisten. Die Verachtung für andere steht schon in den Pandekten des Stifters. Das wird dann bei Lenin zu dem Ausspruch, die Kapitalisten würden ihren Todfeinden, den Bolschewiki, noch den Strick verkaufen, an dem letztere sie aufhängen würden. Und Stalin redete vom ‚Misthaufen der Geschichte' als Endlagerstätte für den Kapitalismus, den Chruschtschow zu seinen Lebzeiten begraben wollte. Ob diese Männer ihren eigenen Behauptungen glaubten, ist ungewiß. Gewiß ist nur, daß diese ihre Logik auf Grundlage (eines) pseudowissenschaftlichen Modells besaßen, einer unerhörten Fata Morgana, die – wie eine tatsächliche – die Hungernden und Notleidenden durch die Wüste ihres elenden Daseins einer Oase entgegentrieb, die sich als Luftspiegelung erwiesen hat. ‚Die Idee wird zur materiellen Gewalt, wenn sie

die Massen ergreift!' – auch das eine Beschwörung, die zu beweisen mit dem Knüppel nachgeholfen werden mußte, bis zu der Stunde, da auch der Knüppel nichts mehr bewirkte."[55]

Fünfter Teil

Am Ende aller Ideologien?

Sozialismus. Ein Begriff, der seinen utopischen Überschuß nicht los wird.

Thomas Meyer [1]

Das 20. Jahrhundert, „das mit schrecklichem Recht nicht zuletzt das Jahrhundert des Totalitarismus genannt werden muß“ [2], neigt sich seinem Ende zu. Das letzte Jahrzehnt dieses dunklen Säkulums hat hoffnungsvoll begonnen: Der Kampf zwischen Freiheit und Knechtschaft, zwischen jenen beiden „Weltprinzipien“ [3], deren Aufeinanderprallen Alexis de Tocqueville prophezeite, scheint für die Zukunft entschieden – zumindest in Europa. Das Wort vom Ende des utopischen Zeitalters geht nun um: vom Ende aller Ideologien, die „zweihundert Jahre lang die Geschichte beherrscht“ und „das Gesicht der Epoche so übel zugerichtet“ [4] hätten; vom Ende auch der totalitären Systeme, die „durchweg utopischen Träumen entsprangen“ [5].

Was vom Sozialismus bleibe, wird von denen gefragt, die sich von der „Magie des Namens“ [6] hatten betören und in Bann schlagen lassen, und die nun, da der Glanz der Magie erloschen ist, den Horizont nach neuen Verheißungen und Offenbarungen absuchen: auf einen neuen Halt hoffen. Kann es nicht sein, daß der ersehnte neue Halt wiederum der alte ist? Hat sich „die Idee, den Himmel auf die Erde herunterholen zu wollen“ [7], mit dem Kollaps des Sowjetimperiums verflüchtigt – wie Brigitte Seebacher-Brandt meint?

Träumen und Utopien auf immer zu entsagen, kann von Menschen nicht gefordert werden: „Der Mensch ist als Mensch ein utopisches Wesen. Er weiß von seiner Endlichkeit in der Unendlichkeit der Zeit; er kennt den Tod. Darum braucht er, um zu bestehen, eine, sei es noch so selbstverständlich vorgegebene – prinzipiell jedoch immer bestreitbare – Antwort auf die Frage nach dem ‚Warum?‘ und ‚Wozu?‘ seiner Existenz; er braucht etwas, worauf es sich zu hoffen, wofür es sich zu leben lohnt, *etwas wie Sinn.*“ [8] Wer vom Sozialismus als *Idee* weder lassen kann noch will und am „linken“ Traum vom „neuen“ Menschen in einer „neuen“ Gesellschaft festhält, der tut dies, weil sich aus seinem Blickwinkel heraus mit der Idee „etwas wie Sinn“, Lebenssinn, verbindet; der wird infolgedessen mit der vornehmlich an die *ratio* appellierenden These Joachim Fests, daß „ein Leben ohne Utopie zum Preis der Modernität“ [9] gehöre, wenig oder gar nichts anfangen können.

Viele haben sich längst wieder aufgemacht, die Idee, den Traum, die Utopie in Schutz zu nehmen gegen das, „was Kommunisten in Theorie und Praxis aus ‚Sozialismus‘ gemacht haben“ [10]. Vom „mißbrauchten Namen des Sozialismus“ sprach Willy Brandt im September 1991 in einer Rede zum 125jährigen Bestehen der Nürnberger SPD. Der „Zusammenbruch des kommunistischen

Herrschaftssystems“ habe „eine eher grobschlächtig geführte Argumentation ausgelöst“; es sei „unterstellt“ worden, daß es mit ‚dem Sozialismus‘ nun endgültig vorbei sei“. Aber dem sei nicht so, dozierte der Ehrenvorsitzende der SPD: *„Wenn ein Begriff entstellt und entwertet worden ist, darf man nicht meinen, damit sei der ihm zugrunde liegende gedankliche Inhalt verbraucht.“* [11]

Ähnlich der Schriftsteller Stephan Hermlin: „Wir konstatieren, daß etwas zusammengebrochen ist. *Aber das ist nicht der Sozialismus, das ist der Stalinismus*. Der Stalinismus hat alle sozialistischen Länder ruiniert und sich selbst. In der Zukunft werden wir ohne diese Hypothek auf einem anderen Weg weitergehen. Der Sozialismus ist nach meiner Ansicht eine unsterbliche Sache, und dafür sorgt schon der Kapitalismus. Der Kapitalismus, der im Moment so triumphiert und Erfolge erzielt, wie kein Mensch sie je voraussehen konnte, zeigt dennoch jeden Tag seine Grenzen. Er wird zerbrechen an der ökologischen Situation und an der Situation der Dritten Welt... Es muß etwas anderes kommen. Was das ist, wissen wir nicht; wie es aussehen wird, wissen wir nicht. *Wir haben nur einen Namen dafür, und der wird immer wieder sein: Sozialismus*.“ [12]

Hermlins Kollege Stefan Heym sieht das nicht anders. Heym zum Sozialismus:

„... ich möchte das Wort Traum benutzen. Das ist ein ganz großer Traum der Menschheit gewesen, und ich glaube, daß man ihn doch nicht so ohne weiteres aufgeben soll, nur weil diese erste Realisierung, die versucht worden ist, nach immerhin – wie lange ist es her? Siebzig Jahre? ... Also, das praktische Experiment begann mit Lenin und ist schiefgelaufen. Man muß sich fragen, ob das schon an Lenin gelegen hat oder ob es an der Menschheit gelegen hat: daß der Mensch also dafür nicht geeignet war... Kaputtgegangen ist der real existierende Sozialismus – und ich freue mich immer, daß das Wort ‚real existieren‘ existiert, denn das bedeutet, daß die Idee selber nicht das ist, was da war. Aber was geblieben ist, sind die Widersprüche, die im Kapitalismus immer waren: Oben und Unten, die Mächtigen und die der Macht Ausgelieferten... Wenn man bedenkt, ... was für fürchterliche Dinge unter der Ägide des Kapitalismus vor sich gehen, dann muß man schon sagen: Ändern muß man. Die Frage ist, in welche Richtung.“ [13]

Auch zwei andere deutsche Schriftsteller, die nicht – wie Stephan Hermlin und Stefan Heym – im Osten, sondern im Westen Deutschlands beheimatet sind, wollen vom Exitus der Idee, des Traums, der Utopie nichts hören:

- Hans Werner Richter, Gründer der Gruppe „47", die bis weit in die 60er Jahre hinein das literarische Leben in der Bundesrepublik Deutschland bestimmte, fragte im Dezember 1989, vier Wochen nach Öffnung der Berliner Mauer: „Was aber ist wirklich gescheitert? Ist es tatsächlich der Sozialismus oder ist es nicht vielmehr die zentralistische Planwirtschaft?" Richter: *„Das Ringen um das bessere, ja, das beste Gesellschaftssystem hält immer noch an."* [14]
- Yaak Karsunke, in den 60er Jahren in der APO tätig, stellte im November 1991 fest: „Akademisch scheint mir die Frage, ob das, was da im ehemaligen Ostblock gescheitert und zerfallen ist, denn überhaupt Sozialismus gewesen sei, der ‚wahre' Sozialismus." Die „Apologeten der Parteidiktaturen" hätten die „Zweifel am sozialistischen Charakter ihrer Zwangssysteme mit der Formel vom ‚real existierenden Sozialismus' zu widerlegen versucht – was weniger an Marx als an Leibniz erinnerte: Allein sein bloßes Bestehen sollte den ‚real existierenden' als besten aller möglichen Sozialismen legitimieren." Karsunke unter Hinweis auf den Ausspruch des kubanischen Romanschriftstellers Jesus Diaz, in Osteuropa sei der Sozialismus, in Lateinamerika der Kapitalismus gescheitert: „In den Trümmern dieses doppelten Scheiterns stecken die *Bausteine für eine neue Utopie*. Sie wird sich bewußt sein, daß sie ein Traum ist – und sie wird darauf bestehen, einer sein zu wollen." [15]

Während Daniel Cohn-Bendit – einst Anführer der „Linken" bei der französischen Studentenrevolte vom Mai 1968, heute Stadtrat für „multikulturelle Angelegenheiten" in Frankfurt – eine „postsozialistische Phase" heraufziehen sieht und proklamiert: „Wir müssen den Begriff Sozialismus abschütteln" [16], beschwören die sozialdemokratischen Bundestagsabgeordneten Michael Müller und Horst Peter die „politische Linke" in Deutschland, nicht zu vergessen, daß ihr „historischer Antrieb die Umgestaltung der Gesellschaft" sei: „Sozial-ökologischer Umbau heißt, wieder eine ‚große Geschichte' zu erzählen." Der Anthropologe Anthony Wallace wird von Müller und Peter mit dem Ausspruch zitiert: „Immer bevor es in der Geschichte zu tiefgreifenden Änderungen kam, gab es Hoch-Zeiten für konservative Kräfte." Die beiden Abgeordneten dazu: „Wir hängen keinem Geschichtsdeterminismus an, aber auch wir haben diese Hoffnung." [17]

Das „Prinzip Hoffnung", marxistisch-sozialistisch begriffen, trotzt dem „Entzauberungsschrecken" [18], der die Götterdämmerung im Osten zunächst begleitete. Steht uns irgendwann, vielleicht schon bald, eine rauschende Neuinszenierung des Alt-Klassikers „Sozialismus versus Kapitalismus" ins Haus?

Sicher ist jedenfalls, daß es wirklichkeitsfremd wäre, auf ein völliges Verschwinden der marxistischen Utopie zu setzen und ihr beruhigt die Totenglocke zu läuten. Der Marxismus/Sozialismus wird als Ideologie überleben, weil er vor allem eine „Wort-Lehre" ist: „In seinem Einflußbereich – und dies kann eine Universität, ein Sender oder eine Zeitung sein – wird die *Deutung einen höheren Rang haben als die Tatsache.*" [19]

Wer die von regierenden Marxisten zu verantwortenden, wahrhaft katastrophischen Tatsachen „für allein relevant hält, übersieht, daß der Marxismus das bisher letzte geschlossene Denk- und Glaubenssystem des Abendlandes ist. Was richten Fakten dagegen aus? Negative Fakten sind in den Augen der Jünger nicht die Folge der Lehre, sondern Folge der Abweichung von der Lehre. Für die Haltbarkeit des Marxismus und Sozialismus ist nicht der Nutzen relevant, den das System objektiv stiftet – was ist überhaupt objektiv? –, sondern der Wert, den es im Bewußtsein seiner Anhänger hat. Und dieser Wert wird mit dem Quadrat der Entfernung von seiner realen Herrschaft in der Welt wachsen. Je weniger marxismusgeprägt die politischen Systeme in Osteuropa sein werden, desto üppiger kann die Theorie neu wachsen." [20] Eine Lehre, die „alle Lebensbereiche erfaßt und Orientierung für alle Probleme des Lebens verspricht" [21]; die „Auskunft über alles, was der Mensch nur fragen kann" [22], in Aussicht stellt: Eine solche Lehre wird immer ihre Jüngerschar – freilich auch ihre Proselytenmacher – finden...

Der Mensch bleibt verführbar

Von Georg Wilhelm Friedrich Hegel, der in der Ahnengalerie der „Linken" neben Karl Marx einen herausgehobenen Platz einnimmt, stammt der Satz: „Die Theoretische Arbeit... bringt mehr zustande in der Welt als die praktische; ist erst das Reich der Vorstellung revolutioniert, so hält die Wirklichkeit nicht aus." [23]

Was „Theorie" anzurichten vermag, wenn sie im Gewand einer „Totalerklärung mit Totalitätsanspruch" [24] auftritt, haben der jakobinische Terror und die chiliastischen Diktaturen [25] des 20. Jahrhunderts hinlänglich zutage gefördert; eine „unendliche Schreckensspur, die sich als traumatische Erfahrung dem Bewußtsein eingegraben hat" [26], ist die Hinterlassenschaft dieser mit prometheischem Anspruch auftretenden totalitären Systeme.

Lernt der Mensch aus der Geschichte? Kann er verhindern, daß sich Geschichte wiederholt? Da die „Faszination durch Theorie" [27] nicht zu tilgen ist, bleibt der Mensch *verführbar* – kann die Frage nicht end-gültig beantwortet werden, ob „der Mensch ... der Freiheit gewachsen ist“ oder ob er „nicht immer wieder Führer, Systeme und Ideologien sucht, die ihn von seiner Freiheit befreien und in Dienst nehmen: eine politische Religion also, die ihm die Ungewißheit über Gut und Böse, Sinn und Sinnlosigkeit nimmt“[28].

Die Freiheit, mahnte der polnische Philosoph Leszek Kolakowski 1990, sei „stets verwundbar und ihre Sache niemals ein für alle Mal gewonnen“[29]. So verbieten sich tönende Nachrufe auf die Ideologie- und Utopieversessenheit vergangener Jahre und Jahrzehnte, auch wenn sich solche Abgesänge nach allem, was seit dem Spätherbst 1989 in Europa geschehen ist, förmlich anzubieten scheinen. Doch es sei an die 50er und die frühen 60er Jahre dieses Jahrhunderts erinnert: Damals glaubte man allenthalben, sich in „Zeiten erfolgsgewisser Entideologisierung“[30] zu bewegen – und mußte wenig später erleben, daß die Ideologien, die man eben noch wortreich und beflissen zum Portal hinauskomplimentiert hatte, durch die Hintertür wieder hereinströmten und sich selbstsicher daran machten, das Haus in Besitz zu nehmen ...

Mit dem Tod des kommunistischen Weltsystems, dieser tiefen historischen Zäsur am Ende eines gewaltträchtigen Jahrhunderts, sterben nicht alle Ideologien, Radikal-Fundamentalismen und totalitären Versuchungen. Richard von Weizsäcker trifft den Kern, wenn er sagt, es sei ein „gefährlicher Trugschluß“, anzunehmen, daß mit der „Widerlegung“ der sozialistischen Utopie „nun die Geschichte zu ihrem Ziel gelangt“ sei; der „Glaube an Ideologien, wonach Mensch und Gesellschaft die Unvollkommenheit der Welt endgültig überwinden könnten“, sei lediglich „zu seinem *vorläufigen* Ende gekommen“[31], warnt Weizsäcker.

Was könnte die alten, heute vergilbt und blutlos erscheinenden Perfektibilitäts-Utopien neu beleben?

Weizsäcker, auf das drückende Erbe blickend, das der Kommunismus den Europäern aufgebürdet hat, sieht das „postkommunistische Europa“[32], vor allem auch das vereinte Deutschland, vielfältigen inneren Spannungen ausgesetzt: Spannungen „vor allem zwischen Gegenwart und Zukunft“; es gelte, diesen Spannungen nicht auszuweichen, sondern sie auszuhalten und „fruchtbar“ zu machen. Weizsäcker spricht – wie Lemberg, Landmann, Kolnai, auch Gentz – das *chassé croisé* von „rechts“ und „links“ an, wenn er fortfährt:

„Wir müssen die Gegenwart, so wie sie ist, an der Zukunft, so wie sie möglich werden kann, messen. Das ist eine menschliche Notwendigkeit und keine Sehnsucht nach Heilslehren. Wer solche Zukunftsentwürfe nicht zulassen will, der treibt die Menschen nur in die Arme neuer Fundamentalismen.“[33]

Es bleibt – auch im „postkommunistischen" Europa – bei den beiden „Grundhaltungen", beim Gegeneinander von „rechts" und „links": „Die Politik wird immer ein Bereich des Konflikts sein, und deshalb wird es immer eine eher linke und eine eher rechte Mentalität und Politik geben."[34]

Sich bewußt zu machen, daß die beiden „Grundhaltungen" – bei aller niemals zu tilgenden Gegensätzlichkeit – letztlich dennoch in einem komplementären Verhältnis zueinander stehen, mag heute, nach dem Scheitern des herostratischen Experiments „neuer Mensch", leichter fallen als noch vor wenigen Jahren. Die Verfechter und Vollstrecker dieses Experiments hatten den Blick auf die wechselseitige Verflechtung von „rechts" und „links" nicht zugelassen, ja unter Verdikt und Strafe gestellt: Der Mensch hatte das zu sein, was sie, die Illuminierten, in ihn hineinlegten – was sie ihm zudiktierten; sie, die „über das Monopol verbindlicher Einsicht in die geschichtliche Notwendigkeit" verfügten, legten definitiv fest, „wer als ‚Mensch' und was als ‚Menschlichkeit' zu gelten"[35] hatte. Das Ergebnis war ein selektiver Moralismus, der die Menschen in solche mit „richtigem" und solche mit „falschem" Bewußtsein aufteilte[36]: ein monomaner Sendungsglaube, dem die Mannen um Wladimir Iljitsch Lenin einst so beredt Ausdruck zu verleihen wußten:

„Unser ist ein neuer Moralkodex. Unsere Humanität ist absolut; denn sie gründet sich auf das glorreiche Ideal der Beseitigung von Tyrannei und Unterdrückung. Uns ist alles erlaubt; denn wir sind die Ersten in der Welt, die das Schwert nicht zu Zwecken der Versklavung und Unterdrückung ziehen, sondern im Namen der Freiheit und der Befreiung von der Knechtschaft."[37]

Das wurde 1919 geschrieben und blieb als „Moralkodex" sieben Jahrzehnte lang unangetastet[38], obwohl sich das Versprechen, „die Menschheit auf die Höhen der Geschichte führen"[39] zu wollen, stets von neuem als bloße Blasphemie, „der Himmel des perfekten Staates immer wieder als die Hölle der Diktatur erwiesen"[40] hatte.

Das alt-neue Agitationsstück

Als die Mauer durch Berlin am 9. November 1989 gefallen war, legte der SED/PDS-Vorsitzende Gregor Gysi vorsorglich Verwahrung ein gegen die Vorstellung, die beiden Staaten in Deutschland könnten eines Tages wieder eine Einheit bilden. Gysis Argument: der Zusammenschluß der beiden Staaten werde ein „Übergewicht rechter Gedanken" zur Folge haben, was wiederum nur dazu führen könne, daß „die Linke" in Deutschland „völlig an den

Rand der Gesellschaft“ gerate. Die DDR, schloß der Vorsitzende messerscharf, müsse aus diesem Grund auch in Zukunft „die linke Alternative in Deutschland“ [41] bleiben.

Der Traum des Gregor Gysi erfüllte sich nicht: Das Volk, auf das er und seinesgleichen sich fortwährend berufen hatten, ohne es jemals gefragt zu haben, nahm sich die Freiheit, die es sich ertrotzt hatte, und setzte das Agitationsstück „Linke Alternative“ kurzerhand vom Spielplan ab...

Die Wiedervereinigung Deutschlands, die auch die Teilung des europäischen Kontinents beendete, als Niederlage, ja als Demütigung für die „Linke“; wiedergewonnene Freiheit für Millionen Europäer als häßlicher Triumph von „rechts“ – die denunziatorische ideologische Besessenheit, die aus Gysi sprach und ihm Zunge und Feder führte, ist mit der Auflösung des kommunistischen Weltsystems nicht dahingeschieden.[42] Menschenverachtung macht den Kern dieser Besessenheit aus. Hier die hehren Streiter für die nach wie vor gute Sache – dort das Lager der Verblendeten und Deformierten, die noch „erzogen“, die erst auf den „richtigen“ Weg gebracht, auf die „linke Alternative“ wieder eingeschworen werden müssen: Es ist die alte, trübe, totalitäre Rechnung. Groß wie nie zuvor in der europäischen Geschichte seit dem Epochenjahr 1917 ist indessen die Chance, daß diese wölfische Rechnung nicht mehr aufgeht.

Anmerkungen und Dokumente

[1] Aurel Kolnai, Rechts und Links in der Politik, in: Der deutsche Volkswirt, Ausgabe vom 25. Februar 1927, S. 665

Ein elementares Gegeneinander

[1] Deutsches Fernsehen, 9. August 1987

[2] Beitrag für die Zeitschrift „Wiener", Ausgabe vom 25. November 1988

[3] Klaus Harpprecht, Viele Grüße an die Freiheit, 1964, S. 135

[4] Günter Rohrmoser, Marxismus und Menschlichkeit, 1974 (Taschenbuch), S. 100

[5] Hans Habe, Erfahrungen, 1975 (Taschenbuch), S. 101

[6] Saarländischer Rundfunk, 11. Februar 1977

[7] Helmut Diwald, Rechts und links. Die Politik und ihre antiquarischen Begriffe, in: Deutsche Zeitung, Christ und Welt, Ausgabe vom 24. August 1979

[8] Robert Spaemann, Selbsterhaltung und Bedürfniswelt. Zur Ontologie der Begriffe „rechts" und „links", in: Neue Zürcher Zeitung, Ausgabe vom 4. Juni 1982

[9] Eugen Lemberg, Mission und Dilemma der Linken, in: Criticón, Jahrgang 1973, Heft 19, S. 212

[10] Gerd-Klaus Kaltenbrunner, Der schwierige Konservatismus, 1975, S. 53

[11] Reinhart Beck, Sachwörterbuch der Politik, 1986 (2. Auflage), S. 562

[12] Kaltenbrunner, a. a.O., S. 54

[13] Ebd.

Vgl. dazu Nora Babel (Verkehrte Welt – oder: Leiden der Linkshänder, in: Frankfurter Allgemeine Magazin, Heft 576, 15. März 1991, S. 52 f.):

„Schon die Bibel enthält mehr als hundert positive Erwähnungen der rechten Hand – ‚Sitzend zur Rechten Gottes' – nicht aber der linken. Im Ersten Buch Moses repräsentiert die Rechte Gottes die Gnade und die Linke das Gericht. Die rechte Hand des Menschen war vorgesehen für den Segen. Sie wird immer noch zum Schwören genommen. Auf den Darstellungen des Jüngsten Gerichtes weist Gott den Weg zum Himmel mit der Rechten, den Weg zur Hölle mit der Linken. Dabei war es sogar ein Linkshänder, der das malte, Michelangelo nämlich. Und auch in den Darstellungen der Renaissance war der Teufel Linkshänder und schwenkte seinen miesen, kleinen Dreizackspieß in dem bösen Händchen. Diese strenge Wertigkeit – rechts gut, links böse – wurde so übertrieben, daß mancher Heilige seine Frömmigkeit schon als Baby offenbart hat, indem er – wie Priester später berichteten – die linke Brust seiner Mutter verweigerte. Bei den Ägyptern war das noch anders. Die hatten sich nach Süden orientiert, da von dort der Nil kam. So war bei ihnen links die gute Seite; denn da ging die Sonne auf.

Erst die Griechen haben das alles auf den Kopf gestellt. Sie orientierten sich an Zeus, und der wohnte auf einem Berg im Norden, und so drehte sich die Wertung langsam um. Zwar hat noch Plato festgestellt, daß er keinen Unterschied der Zahl nach zwischen Links- und Rechtshändern bemerken kann, doch immer mehr wurde nun die rechte Seite zur guten und die linke zur schlechten.

Von den Griechen haben es die Römer übernommen. Plutarch hat sogar eine strenge Dressur zur Rechtshändigkeit gefordert, damit sich die Tischmanieren endlich verbesserten. Und die römische Rechtsgeschichte schließlich mit dem sogenannten Corpus juris civilis des Kaisers Justinian war stark verantwortlich für den positiven Beiklang des Wortes ‚rechts'. Das Corpus juris wurde nämlich im Mittelalter von der Katholischen Kirche in unserem Kulturkreis weitergebildet. Das Wort ‚rechts' entstammt dem lateinischen ‚regere', was lenken heißt. ‚Rectus' heißt gelenkt oder auch gerichtet, gelegentlich aufrecht. Erst im Altdeutschen wurde die Bedeutung ‚rectus' zu gerecht und berechtigt umgewandelt und schließlich zu makellos. Links hatte im Gegensatz dazu den Sinn makelhaft erhalten. Das sprachliche ‚rechts' und ‚links' im Sinne von Recht und Unrecht sind demnach althochdeutsche Produkte.

Im Englischen ist es auch nicht viel besser. Das Wort ‚left' kommt von der angelsächsischen Wurzel ‚lyft', was schwach oder gebrochen heißt. Auch das französische Wort für links ‚gauche' bedeutet sozial untüchtig oder ungeschickt wie in einem ‚linkischen Kompliment'. Und sowohl im Französischen als auch im Englischen ist das Wort ‚sinister' oder ‚sinistre' reich an bösen Nebenbedeutungen. So ist es fast überall. Wenn man mal von den Buschmännern absieht und von einigen Stämmen auf der Insel Celebes, bei denen tatsächlich die linke Seite die gute ist. Sonst ist sie überall die schlechte Seite."

[14] Kaltenbrunner, a.a.O., S. 54

Zum „Mentalitätswandel" vgl. Matthias Walden (Die Fütterung der Krokodile, 1981, S. 106):

„Bei der Bewertung von Links- und Rechtsextremismus und beim Wiegen der politischen, rechtlichen und ethischen Substanzen wird oft mit zweierlei Maß gemessen, werden zweierlei Gewichte gebraucht und wird mit ungeeichter Waage manipuliert... In einem Fernsehinterview sagte mir der Leiter der Berliner Staatsschutzabteilung, der Begriff, der auf der linken Seite unserer Gesellschaft zu finden ist – hier ist der Begriff ‚Gesellschaft' ausnahmsweise einmal angebracht – der links oft gebrauchte Schmähbegriff des ‚Schnüfflerstaates' sei ihm in seiner Arbeit niemals begegnet, wenn er gegen Rechts-Extremisten ermittelte. Nazi-Schmierereien würden seiner Behörde meist sofort angezeigt, während das bei Haß- und Terror-Parolen- und -Symbolen des linken Extrems durchaus nicht so sehr der Fall sei. Die Abwehr-Sensibilität sei gegenüber dem rechten Extrem weit größer als gegenüber der linken."

Zum selben Thema vgl. auch Werner Ross („Die Intelligenz steht links". Zerstörung eines Mythos, in: Die politische Meinung, Jahrgang 1986, Heft 224, S. 64):

„Seit unserem Trauma von 1945 besteht weithin die Neigung, die Skala rechts-links (die eigentlich der Halbbogen-Sitzordnung des Parlaments entspricht) mit der Skala faschistisch-antifaschistisch gleichzusetzen. Die so entstehenden Lager ähneln freilich spiegelverkehrt denen des christlichen Jüngsten Gerichtes. Auf der Rechten die Sünder, kapitalistische Bürger und ihre Helfershelfer bis hin zu den leibhaftigen faschistischen Teufeln, auf der Linken die Gerechten: Radikaldemokraten, Sozialisten, Kommunisten, zur Not noch linke Christen, Arm in Arm im Dienst und mit dem Ziel einer neuen Erlösung."

15 Reinhard Kühnl, Rechts und links als politische Grundkategorien, in: Blätter für deutsche und internationale Politik, XII. Jahrgang, Heft 11, November 1967, S. 1167

Ebenso einseitig wie Kühnl „argumentierten" die Autoren eines zu Beginn der 70er Jahre im Signal-Verlag „Gesellschaft und Staat" erschienenen Politik-Lexikons:

- „Als ‚rechts' gelten Bestrebungen, die die herkömmlichen oder bestehenden Vorrechte der oberen und mittleren Klassen oder herrschenden Gruppen bewahren oder wiederherstellen wollen. Die Forderungen der unteren Klassen nach sozialer Gleichheit und Ausweitung der Demokratie auf Wirtschaft und Gesellschaft werden von den Rechten abgelehnt. Konsequent durchgeführt bedeutet die ‚rechte' Position eine autoritär-hierarchische Ordnung, d.h. ein straffes System der Über- und Unterordnung in Staat und Gesellschaft. Die Oberen sollen Befehlsgewalt haben, die Massen sollen zum Gehorsam verpflichtet sein."
- „Als ‚links' gelten jene Bestrebungen, die autoritäre Strukturen abbauen und durch demokratische ersetzen wollen, die also dafür eintreten, daß in allen Lebensbereichen die Betroffenen selbst ihre Angelegenheiten regeln: im Staat das Volk, im Betrieb die Belegschaft. In der Familie soll die Frau völlig gleichberechtigt sein. Das Kind in der Familie, der Schüler in der Schule, der Student an der Hochschule soll als selbständige Persönlichkeit respektiert werden und – seiner Altersstufe gemäß – ein

wirkliches Mitbestimmungsrecht erhalten.“ (Zitiert nach Peter Dittmar, Die Schule der Intoleranz. Über die Polarisierung in Politik und Gesellschaft, in: management heute + marktwirtschaft, 9/75, S. 38

[16] Theodor Heuss, Wörterbuch zur Politik, 1927, S. 120

[17] a. a. O., S. 171

[18] Band 5, S. 106 f.

[19] Band 4, S. 27

[20] S. 262

[21] S. 339 f.

[22] S. 514

[23] S. 420

[24] Vgl. Diwald, a. a. O.:

„Es gibt ‚linke‘ Staaten ohne Freiheit und es gibt ‚rechte‘ ohne Freiheit; mit Sicherheit behaupten aber beide das Gegenteil. ‚Linke‘ Staaten können zuweilen genauso prototypisch für gesellschaftlichen Fortschritt sein wie andere ‚linke‘ das ‚Reaktionäre‘ in Reinkultur verkörpern können. Und ‚rechte‘ Staaten schießlich sind oft genug das krasse Gegenteil dessen, was die Konservativen als Konservatismus bezeichnen.“

[25] Armin Mohler, Im Schatten des Jakobinismus, in: Gerd-Klaus Kaltenbrunner (Hrsg.), Rekonstruktion des Konservatismus, 1972, S. 276

[26] Kaltenbrunner, Der schwierige Konservatismus, a. a. O., S. 56

[27] Lemberg, a. a. O., S. 207

[28] a. a. O., S. 212

[29] Mohler, a. a. O., S. 276

Erster Teil: Die Welt – von „links“ gesehen

Der Mensch ist gut: Rousseau

[1] Lemberg, a. a. O., S. 209

[2] Ebd.

[3] Peter Bollmann, Ulrich March, Traute Petersen, Kleine Geschichte Europas, 1980 (2. Auflage), S. 125

[4] Zit. ebd.

[5] Kurt-Georg Kiesinger, Anthropologische Voraussetzungen der Politik, in: Hans Filbinger, Ein Mann in unserer Zeit, Festschrift zum 70. Geburtstag, 1983, S. 33

[6] Kaltenbrunner, a. a. O., S. 55

[7] Kiesinger, a. a. O., S. 29

[8] Ebd.

[9] Friedrich Sieburg, Robespierre, Mensch – Revolutionär – Diktator, 1967 (Taschenbuch), S. 134

[10] Hans Fenske, Dieter Mertens, Wolfgang Reinhard, Klaus Rosen, Geschichte der politischen Ideen, 1987 (Taschenbuch), S. 340

[11] Albert Reble, Geschichte der Pädagogik, 1959, S. 140

[12] Fenske, Mertens, Reinhard, Rosen, a.a.O., S. 340

[13] Ebd.

Dazu Rousseau selber (Abhandlung über den Ursprung der Ungleichheit unter den Menschen):

„Der erste, der ein Stück Land eingezäunt hatte und frech behauptete: ‚Das ist mein!‘ – und Leute fand, einfältig genug, ihm zu glauben, wurde zum wahren Begründer der bürgerlichen Gesellschaft. Wieviele Verbrechen, Kriege, Leiden und Schrecken würde der dem Menschengeschlecht erspart haben, der die Pfähle herausgerissen oder den Graben zugeschüttet und seinesgleichen zugerufen hätte: ‚Hört nicht auf den Betrüger. Ihr seid verloren, wenn ihr vergeßt, daß die Früchte allen gehören und die Erde keinem.‘“ (Zit. nach Christian Graf von Krockow, Politik und menschliche Natur, 1989, S. 48)

[14] Reble, a.a.O., S. 141

[15] Fenske, Mertens, Reinhard, Rosen, a.a.O., S. 341

[16] Helmut Friedlein, Traum und Wirklichkeit, Thesen der Progressiven – hinterfragt, 1986, S. 13

[17] Kiesinger, a.a.O., S. 31

[18] Vgl. dazu Fritz Schalk (Die europäische Aufklärung, in: Propyläen-Weltgeschichte (Taschenbuchausgabe), Band 7, 2. Halbband, 1964, S. 510:

„Der Gegensatz zwischen Schein und Sein, der der Zeit längst geläufig war, spielt in Rousseaus Werk eine besondere Rolle. Schon im Gegensatz von Naturzustand und Gesellschaft spiegelt sich der Unterschied zwischen einer Gemeinschaft wider, in der die Menschen für einander offen sind, und einer Gesellschaft, die sie zur Verstellung und Lüge zwingt. Es ist der Gegensatz zwischen Offenheit und Maske, und Rousseau wird den Naturzustand wie ein verlorenes Paradies in die Vergangenheit verlegen oder in die Zukunft projizieren... Und er wird sich in dem Maße, als Empfindsamkeit und Empfindlichkeit ihm die Umgebung in düsteren freudlosen Farben erscheinen lassen, immer mehr einspinnen in Gestalten der Einbildung und flüchten zu Büchern und Träumen. Es lag darin die ideelle Rechtfertigung der Phantasie, die er in sich selbst als bestimmend und grundlegend erfahren hatte: die erträumte erschaffene Welt wurde in solchem Grade wichtiger als die uns umgebende, daß sie jede Beziehung zu dieser ausschließen kann.“

[19] Sieburg, a. a. O., S. 55 f.

[20] Zit. nach Schalk (Anm. 18, S. 509 f.)

Tugend und Terror: Robespierre

[1] Friedrich von Gentz in einem Brief vom 23. Dezember 1805 an den Historiker Johannes von Müller. Zit. nach Jakob Baxa, Einführung in die romantische Staatswissenschaft, 1931, S. 232

[2] Abgedruckt in: Edmund Burke, Betrachtungen über die französische Revolution – In der deutschen Übertragung von Friedrich Gentz, 1967, S. 256/257, Anm. XXXVI

Dazu Burke: „Der Mann, der dies sagte, ward zum Präsidenten einer Versammlung gewählt, die nicht in einem Tollhause Sitzungen hielt und deren Mitglieder die Dreistigkeit hatten, sich für vernünftige Wesen auszugeben! Noch mehr, die Sprache, die er führt, ist die Sprache aller, die in und außer der Nationalversammlung Frankreich in diesem Augenblick regieren."

[3] Heinrich Heine, Zur Geschichte der Religion und Philosophie in Deutschland (1835), Drittes Buch. Zit. nach Krockow, Politik und menschliche Natur, a. a. O., S. 52

Es heißt weiter bei Heine: „Die unstete Angst, die dem Jean-Jacques das Leben verkümmerte, rührte sie vielleicht daher, daß er schon im Geiste ahnte, welch eines Geburtshelfers seine Gedanken bedurften, um leiblich zur Welt zu kommen?"

[4] Martin Puder, Marx und Engels als konservative Denker, in: Gerd-Klaus Kaltenbrunner (Hrsg.), Rekonstruktion des Konservatismus, 1972, S. 430

[5] Arnold Gehlen, Die Säkularisierung des Fortschritts, in: ders., Einblicke, 1975, S. 63

[6] Martin Göhring, Die Französische Revolution und der moderne Staat, in: Schicksalfragen der Gegenwart, herausgegeben vom Bundesminister für Verteidigung, Band I, 1957, S. 236

[7] Ross, a. a. O., S. 67

[8] dtv-Gesamtausgabe, Band 6, S. 172 f.

[9] Zit. nach Ross, a. a. O., S. 67

[10] Zit. nach Hagen Schulze, Die Geburt der deutschen Nation, in: Hartmut Boockmann, Heinz Schilling, Hagen Schulze, Michael Stürmer, Mitten in Europa, Deutsche Geschichte, 1984, S. 222

[11] Ebd.

[12] Golo Mann, Friedrich von Gentz, Geschichte eines europäischen Staatsmannes, 1972 (Taschenbuch)

[13] Zit. nach Jakob Baxa, Friedrich von Gentz, 1965, S. 14 f.

Vgl. dazu Dieter Henrich in seinem Vorwort zu: Edmund Burke, Betrachtungen über die französische Revolution – In der deutschen Übertragung von Friedrich Gentz, 1967, S. 8 f.:

„Das Ereignis der Revolution wurde von den Zeitgenossen gefeiert als die Verwirklichung der Philosophie. In der Erinnerung an die Erfahrung seiner Jugend hat sich Hegel noch auf seinem Berliner Katheder zu einem Pathos hinreißen lassen, das man in seinem Werk sonst nirgends findet: ‚Solange die Sonne am Firmamente steht und die Planeten um sie herumkreisen, war das nicht gesehen worden, daß der Mensch sich auf den Kopf, das ist auf den Gedanken stellt und die Wirklichkeit nach diesem erbaut.' ... Man gewann das Bewußtsein, daß die Epoche der Freiheit angebrochen sei, nicht nur aus der Abkehr von der alten Gesellschaft und ihrem *regime*. Zu ihrem Inhalt hatte sie die Überzeugung, die vernünftige Wirklichkeit aus sich selbst hervorbringen zu können. Der Bruch mit dem Überkommenen war nur die Voraussetzung dafür, auf geräumtem Reißbrett den Staat der Philosophen zu errichten.

So sind die Reden der französischen Nationalversammlung zu einem guten Teil Applikationen der Staatsphilosophie. Ihre Parteiungen scheiden sich nach den Theorien über die Grundlagen und die Verfassung des Staates, als deren Schüler sie sich bekennen. Ihre Debatten wurden in ganz Europa mit Erregung verfolgt. Und noch im fernen Königsberg konnte man dem alten Kant keine größere Freude machen, als Nachrichten über den Verlauf der Revolution noch vor den Zeitungen zu ihm zu bringen."

14 Schulze, a.a.O., S. 222

15 Ebd.

16 Zit. nach Golo Mann, a.a.O., S. 28 f.

Auf die „überzeitlichen Gefahren", die „vom Geist der Französischen Revolution ausgegangen sind", weist Christa Meves hin (Die Kinder des Prometheus sind krank, in: Deutsche Tagespost, Ausgabe vom 9. Juli 1988):

„In ihrem Geist ist die alte Erbsünde, sein zu wollen wie Gott, enthalten. Infolge dessen können wir auch nicht hoffen, daß der Versuch von 1789 ad acta gelegt werden könnte ... Hier taucht die Urrevolte des adamitischen Prometheus, des Befreiers von Gott, wieder auf. Wie also sollte unsere Zeit von dieser Generalversuchung, dem Ruf nach einer menschengemachten Welt, nach einer menschengemachten Freiheit – einem Anspruch, den die Französische Revolution so brutal nachdrücklich erhob – verschont bleiben?"

Christa Meves zitiert in diesem Zusammenhang einen Text aus der Feder des französischen Theologen Jean Gaume. In diesem 1877 erschienenen, „berühmt gewordenen Text" (Meves) läßt Jean Gaume die Revolution sich selbst definieren:

„Ich bin nicht das, was man glaubt. Viele sprechen von mir, und nur sehr wenige kennen mich. Ich bin nicht der Aufruhr, noch bin ich die Umwandlung der Monarchie in eine Republik, noch die Ersetzung einer Dynastie durch eine andere, noch die vorübergehende Störung der öffentlichen Ordnung. Ich bin nicht das Geheul der Jakobiner, nicht das Agrargesetz, nicht die Guillotine, nicht die Massenertränkungen, nicht das Plündern, nicht das Brandschatzen. Ich bin weder Marat noch Robespierre, noch Babeuf. Diese Männer sind meine Söhne, sie sind nicht ich. Diese Männer und diese Ereignisse sind vergänglich, aber ich bin ein Dauerzustand. Ich bin der Haß gegen jede Ordnung, die nicht der Mensch aufgestellt hat und in der er nicht König und Gott zugleich ist."

17 Bollmann, March, Petersen, a.a.O., S. 130 f.

Dazu Klaus Hornung (Friedensideologie als Instrument der Feindbestimmung, in: Gerd-Klaus Kaltenbrunner, Hrsg., Illusionen der Brüderlichkeit, Herderbücherei INITIATIVE, Bd. 34, 1980, S. 86):

„In der Parole ‚Krieg den Palästen, Frieden den Hütten' wurde zuerst jene Feindbestimmung formuliert, die seitdem, innerstaatlich wie international, den ‚antagonistischen' Grundakkord des Klassenkampfes und des Revolutionären Krieges bezeichnet. Mit dieser Prämisse ... werden Kampf und Krieg zum Sturz bestehender gesellschaftlicher Verhältnisse a priori als gerecht und moralisch legitimiert, als das berühmt-berüchtigte ‚letzte Gefecht', das – einmal und für immer – das Menschenrecht durchsetzen und die politisch-gesellschaftliche Harmonie durch Gleichheit herstellen soll. Diese selbstgerechte Logik der Linken und der Jakobiner, die sich selbst stets und selbstverständlich mit dem ‚Fortschritt' identifizieren und, ebenso selbstverständlich, diesen mit dem besseren, gerechten, gesellschaftlichen Zustand, hat im marxistischen und sodann leninistischen Friedensverständnis seine weltgeschichtlich wirksame Fortsetzung gefunden."

18 Sieburg, a.a.O., S. 185

19 Ebd.

20 a.a.O., S. 184

21 Ebd.

22 Ebd.

23 Ebd.

24 a.a.O., S. 43

25 a.a.O., S. 186

26 Fenske, Mertens, Reinhard, Rosen, a.a.O., S. 407

27 Maximilien de Robespierre, Habt ihr eine Revolution ohne die Revolution gewollt? – Reden, herausgegeben von K. Schnelle, o. J., (Reclams Universal-Bibliothek Nr. 8370-74), S. 329

Dazu Krockow, Politik und menschliche Natur, a.a.O., S. 75:

„Eine genaue, fast fugenlose Konsequenz. Denn wo es ums Gute oder Böse, ums Heil und Unheil schlechthin geht, da stellt, im Panzer eines undurchdringlichen guten Gewissens, der Monopolbesitz der Tugend eine Blankovollmacht zum Handeln aus. Da scheiden sich guillotinescharf Freund und Feind, die Kinder des Lichts und die Kinder der Finsternis. Wenn ‚wir' für die Rettung und das Glück der Menschheit kämpfen, dann werden ‚die anderen', die sich widersetzen, zu den Menschheitsvernichtern, die um der Rettung willen selbst vernichtet werden müssen. So entwickelt sich, mit bester Absicht, die fatale Dialektik des Guten, und der Weg in den künftigen Garten Eden führt unversehens in die Hölle."

[28] Sieburg, a.a.O., S. 121 f.

[29] a.a.O., S. 132

[30] Fenske, Mertens, Reinhard, Rosen, a.a.O., S. 342

[31] Zit. nach Giselher Schmidt, Demontage der Freiheit, 1976, S. 32

[32] Zit. nach Sieburg, a.a.O., S. 134

[33] a.a.O., S. 39

[34] Göhring, a.a.O., S. 238

Vgl. dazu Karl Dietrich Bracher (Zeit der Ideologien, 1982, S. 166 f.):

„... die Ideologisierung der Politik, auch in der Antike unter charismatischen Herrschern wie Alexander, Cäsar, Augustus nicht unbekannt und seit dem absolutistischen Nationalstaat und der Volkssouveränität in stetem Ansteigen begriffen, hat in der modernen Diktatur einen Höhepunkt erreicht. Was zuvor in der englischen und dann auch in der amerikanischen Revolution als Rechtfertigungs- und Sendungsgedanke sichtbar wurde, tritt in den Ideologisierungsphasen der Französischen Revolution erstmals voll hervor. Statt der herrschaftlichen Staatsräson des Monarchen ist nun die geradezu mythische Kraft des Volkswillens allein und total maßgebend: sich auf ihn zu berufen, heißt die totale Verfügung nicht nur über die Macht, sondern auch über die moralischen Werte in Anspruch nehmen, wie das Robespierre und die Jakobiner taten. Die Ideologisierung des Volkswillens, gegen den es keinen Widerstand mehr geben darf, bringt das eigentliche totalitäre Prinzip hervor, sie ist die Grundlage jeder modernen Diktatur..."

[35] Robespierre, Reden, a.a.O., S. 321 f.

[36] Bracher, Zeit der Ideologien, a.a.O., S. 53

[37] Göhring, a.a.O., S. 238

[38] J. L. Talmon, Die Ursprünge der totalitären Demokratie, 1961, S. 3

Vgl. dazu Adolf Grabowsky, (Die Politik, Ihre Elemente und ihre Probleme, 1948, S. 105):

„Robespierre erblickte vor sich einen Idealmenschen, und sein aufrichtiger Schmerz war es, daß der ordinäre Mensch diesem Ideal so wenig entsprach. Sein Sinnen und Trachten ging darauf, diesen Tugendmenschen allgemein zu machen ... Es ist das Urbild des Fanatikers, das sich uns zeigt ..., aber dieser Fanatismus ist bei aller Leidenschaftlichkeit Erstarrung; man ist exaltiert durch die Doktrin und gefühllos, wenn es um die Bestrafung ihrer Verächter geht."

Vgl. dazu auch Sieburg, a.a.O., S. 39:

„Im französischen Sinne ist er (Robespierre) überhaupt kein Politiker gewesen, sondern ein verunglückter Priester, der am Objekt Frankreich Rousseausche Religion betrieben hat und zur Erprobung seiner Lehre sämtliche Köpfe abgeschnitten hätte, wenn man ihm nicht in den Arm gefallen wäre."

[39] Talmon, a.a.O., S. 28

[40] Zit. nach Schmidt, a.a.O., S. 33

[41] Ebd.

[42] Zit. nach Schmidt, a.a.O., S. 33 f.

[43] Bracher, Zeit der Ideologien, S. 53

[44] Ebd.

[45] Göhring, a.a.O., S. 238

[46] Fenske, Mertens, Meinhard, Rosen, a.a.O., S. 343

[47] Ebd.

[48] Zit. nach Schmidt, a.a.O., S. 32

[49] Zit. nach Sieburg, a.a.O., S. 35

[50] Zit. nach Fenske, Mertens, Meinhard, Rosen, a.a.O., S. 343

[51] Göhring, a.a.O., S. 238

[52] a.a.O., S. 232

[53] Sieburg, a.a.O., S. 221 f.

[54] Göhring, a.a.O., S. 232 f.

[55] Sieburg, a.a.O., S. 137 ff.

[56] a.a.O., S. 143

[57] Grabowsky, a.a.O., S. 106

[58] Karl Pisa, Alexis de Tocqueville, Prophet des Massenzeitalters, 1986 (Taschenbuch), S. 21

[59] a.a.O., S. 20

[60] a.a.O., S. 22

[61] Grabowsky, a.a.O., S. 104

[62] Zit. nach Pisa, a. a. O., S. 22

[63] Ebd.

[64] a. a. O., S. 23

Messianischer Machtanspruch: Marx

[1] Ernst Fraenkel, Möglichkeiten und Grenzen politischer Mitarbeit der Bürger in einer modernen parlamentarischen Demokratie, in: Reformismus und Pluralismus, 1966, S. 297

Das vollständige Zitat lautet: „Die politische Anthropologie von dem im Naturzustand guten Menschen führt zum Totalitarismus."

[2] Schmidt, a. a. O., S. 35

[3] Christian Graf von Krockow, Reform als politisches Prinzip, 1976, S. 119

Vgl. dazu Joachim Fest, Der zerstörte Traum – Vom Ende des utopischen Zeitalters, 1991, S. 26:

„Die Französische Revolution war der erste, pathetische Versuch, utopische Vorstellungen in die Praxis zu übertragen. Wie immer die nach wie vor umstrittene Antwort auf die Frage ausfällt, wieviel sie von jener Freiheit, Gleichheit und Brüderlichkeit vorangebracht habe, die sie beschwor, war sie doch auch eine Schockerfahrung, die den Zweifel bestärken mußte, ob die erdachten Ordnungen je der Wirklichkeit standhalten könnten und der Mensch tatsächlich jener Demiurg war, der die Herrschaft der Verhältnisse durch die Herrschaft über die Verhältnisse ersetzte. Verschiedentlich taucht denn auch, unmittelbar im Gefolge der Schreckensjahre, die Frage auf, ob die Welt nicht auf verzweifelte Weise immer die Welt bleibe, die man zum Besseren nur lenken, nicht aber, wie die Wortführer der Revolution gemeint hatten, gleichsam neu erschaffen konnte.

Doch die Zuversicht blieb stärker. Sie ist durch die Erfahrung des revolutionären Terrors zwar eingedunkelt, nicht aber aufgehalten worden. Das gesamte 19. Jahrhundert ist wie behext von der Vorstellung, den Traum doch noch wahrzumachen."

[4] Ernst Topitsch, Marx zwischen Mythos und Wissenschaft, in: Gerhard Szczessny (Hrsg.), Marxismus – ernstgenommen, 1975, S. 15

[5] H.J. Lieber, P. Furth (Hrsg.), Karl Marx, Frühe Schriften I, 1962, S. 1

[6] a. a. O., S. 5

[7] a. a. O., S. 8

[8] Siegfried Landshut (Hrsg.), Karl Marx, Die Frühschriften, 1953, S. 334

[9] Lieber/Furth, a. a. O., S. 436

[10] a. a. O., S. 438

[11] Landshut, a. a. O., S. 168

[12] Günther Wagenlehner, Staat oder Kommunismus, 1978 (3. Aufl.), S. 12

[13] Landshut, a.a.O., S. 361

[14] a.a.O., S. 193

[15] Erich Fromm, Das Menschenbild bei Marx, 1985 (Taschenbuch), S. 47

[16] Zit. nach Fromm, a.a.O., S. 46

[17] Lieber/Furth, a.a.O., S. 658

[18] a.a.O., S. 646

[19] a.a.O., S. 567

[20] Fromm, a.a.O., S. 51

[21] Günther Hillmann, Zum Verständnis der Texte, in: Karl Marx, Texte zu Methodik und Praxis II, 1971 (Taschenbuch), S. 210

[22] Ebd.

[23] Lieber/Furth, a.a.O., S. 561

[24] a.a.O., S. 565

[25] a.a.O., S. 577

[26] Zit. nach Fromm, a.a.O., S. 52

[27] Lieber/Furth, a.a.O., S. 575

[28] Fromm, a.a.O., S. 49

[29] a.a.O., S. 54

[30] Thomas Molnar, Die Linke beim Wort genommen, 1972, S. 21. Molnar (S. 40) zitiert den Ausruf von Marx: „Ich habe das Rätsel der Geschichte gelöst!"

[31] Lieber/Furth, a.a.O., S. 618

Michael Landmann wirft in seinem 1975 erschienenen Buch „Entfremdende Vernunft" die Frage auf, ob die von Marx so heftig bekämpfte „Entfremdung" nicht eine Grundbedingung menschlichen Daseins sei. Der marxistischen Behauptung, die menschliche „Entfremdung" könne durch einen einmaligen revolutionären Akt – die Abschaffung des Privateigentums an Produktionsmitteln – beendet werden, hält Landmann die These entgegen, daß die menschliche „Entfremdung" nicht auf den ökonomischen Bereich beschränkt sei; mit dem von ihm gebrauchten „Entfremdungsbegriff" gleiche Marx – so Landmann – „einem Seefahrer, der eine Insel entdeckt und nicht weiß, daß sie in Wahrheit nur Teilglied eines ganzen Archipels ist".

Entfremdung, heißt es bei Landmann, könne nicht durch eine politische Lösung, wie Marx sie empfohlen habe, überwunden werden. Die Abschaffung des Privateigentums an Produktionsmitteln mache die Erde noch nicht zum Paradies. Vielmehr sei es so, daß die politische Lösung in Gestalt der Revolution „wie eine Verscheuchung des Wissens“ wirke, „daß das Problem tiefer liegt – daß es sich um ein Problem handelt, mit dem die Menschheit von der Neuzeit an zu leben hat“. Denn Entfremdung sei nichts anderes als ein Werk der Vernunft. Landmann: „Das beginnt bereits bei der *erkennenden* Vernunft: Theoretisierung ist Distanzierung, sie löst uns aus den bisher selbstverständlichen Gegebenheiten, nimmt den Dingen ihren vertrauten Charakter, entlarvt vollends in der Wissenschaft den natürlichen Aspekt als bloße Erscheinung. Es setzt sich fort in der *welteinrichtenden* Vernunft: denn sie baut eine zweite, künstliche Welt, in der wir uns bald erst recht nicht mehr heimisch fühlen.“

Mit anderen Worten: „Entfremdung“ erwächst nicht – wie Marx behauptete – aus den spezifischen Bedingungen der kapitalistischen Produktion, sondern Entfremdung ist ein Vorgang, der *anthropologisch bestimmt ist.* Die Vernunft, die dem Menschen mitgegeben ist, entfremdet ihn sich selbst, weil sie dafür sorgt, daß es niemals zu einer völligen Harmonie zwischen Mensch und Welt kommt. Von daher gesehen, gleicht das von Marx und seinen Jüngern geforderte Streben nach der totalen „Aufhebung der Entfremdung“ der Jagd nach einem Phantom. Mit den Worten Landmanns: „(Wir) müssen lernen, mit der Entfremdung zu leben, ein unabänderliches Maß von ihr zu ertragen ... Das Akzeptieren der Realität ist männlich-wahrhaftiger als die Flucht in die Utopie.“ (S. 209-226)

[32] Manifest der Kommunistischen Partei, Reclams-Universal-Bibliothek, Nr. 8323, S. 26

[33] Karl Marx, Die heilige Familie. Zit. nach Heinrich Schneider, Michael Steindl, Felix Ammer (Hrsg.), Einheit und Einigung Europas, 1964, S. 56

[34] Topitsch, a.a.O., S. 11

[35] a.a.O., S. 19

[36] Lieber/Furth, a.a.O., S. 705

[37] Vgl. dazu Friedrich H. Tenbruck (Wahrheit und Mission, in: Horst Baier (Hrsg.), Freiheit und Sachzwang, Beiträge zu Ehren Helmut Schelskys, 1977, S. 70 f.):

„Wegen seines universalistischen Wahrheitsanspruchs sind die Sprecher des Kommunismus denn auch immer besonders bemüht, klar zu machen, daß ihre Botschaft nur scheinbar dem Proletariat gilt, dem zwar die geschichtliche Rolle einer auserwählten Klasse zugeteilt ist, aber nur als Agent aller Menschen. Deshalb unterscheidet sich ja auch die proletarische Revolution, wie ebenfalls ständig eingeschärft wird, von allen früheren. Bei Ferdinand Lassalle etwa liest sich das im ‚Altersprogramm‘ so: ‚Dieser vierte Stand, in dessen Herzfalten daher kein Keim einer neuen Bevorrechtung mehr enthalten ist, ist eben deshalb gleichbedeutend mit dem ganzen Menschengeschlecht. Seine Sache ist daher in Wahrheit die Sache der gesamten Menschheit, seine Freiheit ist die Freiheit der Menschheit selbst, seine Herrschaft ist die Herrschaft aller.‘ Und entsprechend im Erfurter Programm der Sozialdemokratischen Partei Deutschlands von 1891: ‚Diese gesellschaftliche Umwandlung bedeutet die Befreiung nicht bloß des Proletariats, sondern des gesamten Menschengeschlechts, das unter den heutigen Zuständen leidet. Aber sie kann nur das Werk der Arbeiterklasse sein.‘ Genau so hatte Engels ‚Die Entwicklung des Sozialismus von der Utopie zur Wissenschaft‘ in die Bemerkungen enden lassen: ‚Die Menschen, endlich Herren ihrer eigenen Art der Vergesellschaftung, werden damit zugleich Herren der Natur, Herren ihrer selbst, – frei. Diese weltbefreiende Tat durchzuführen ist der geschichtliche Beruf des modernen Proletariats.‘“

[38] Manifest, a.a.O., S. 43

Mit der Marxschen Vision der kommunistischen Zukunftsgesellschaft hat sich Bernd Guggenberger (Wohin treibt die Protestbewegung? Herderbücherei, Band 523, 1975, S. 90 ff.) kritisch auseinandergesetzt:

„Daß die Extreme sich berühren, lehrt die Geschichte. Immer war und ist die totale Freiheit dem totalen Zwang unmittelbar benachbart, weil der Mensch zur vollen Entfaltung der eigenen Persönlichkeit unwiderruflich auf die Gemeinschaft verwiesen ist, und die totale Freiheit eines einzelnen immer nur auf Kosten der Freiheit aller anderen durchgesetzt werden kann. Die Forderung nach totaler Freiheit und die gewaltsame Unterdrückung Andersdenkender gehen Hand in Hand.

Das gilt allerdings nur, wenn man von der Ungleichheit der Menschen als einem anthropologischen Faktum ausgeht, das nicht beliebig ‚aufhebbar‘ oder ‚veränderbar‘ ist; das man zwar durch soziale Umverteilungsmaßnahmen, durch Ausgleich struktureller Unterschiede, durch ein breites Bildungsangebot u.ä.m. in seinen negativen Folgen erheblich abmildern kann, in das man sich jedoch letztlich wohl oder übel fügen muß, weil nur um diesen ‚Preis‘, wenn es denn einer ist, Menschsein möglich wird.

Dies wird vom marxistischen Standpunkt her grundsätzlich bestritten. Die Ungleichheit der Interessen und Neigungen geht in dieser Sicht allein auf die Klassenspaltung in der kapitalistischen Gesellschaft zurück. Sie verhindert, daß das individuelle mit dem gemeinschaftlichen Interesse völlig übereinstimmt. Dieser gesellschaftliche Widerspruch erfordert den Staat als ‚Zwangsschlichter‘, als politische Herrschaftsorganisation zugunsten der ökonomisch herrschenden Klasse. Solange es den Staat gibt, gibt es auch Herrschaft; solange es Herrschaft gibt, gibt es keine Freiheit. Herrschaft erübrigt sich erst dann, wenn im gesellschaftlichen Bereich keine unterschiedlichen Interessen mehr vorhanden sind. Diese aber stehen und fallen mit der Klassengesellschaft, d.h. mit der Einrichtung des privaten Eigentums an Produktionsmitteln. Zur Herbeiführung der totalen Freiheit bedarf es demnach nur der Errichtung der klassenlosen Gesellschaft. Da diese Gesellschaft Interessenharmonie, keinen Gegensatz zwischen besonderem Interesse und Gemeininteresse mehr aufweist, wird auch der Staat als Herrschaftsinstrument überflüssig. Er ‚stirbt ab', die politische ‚Herrschaft von Menschen über Menschen' transformiert sich in die problemlose und leicht erkennbare ‚Verwaltung von Sachen'.

Fragwürdig an dieser Vision von Freiheit und Gleichheit ist vor allem die einseitige Rückführung der Ungleichheit auf den kapitalistischen Besitzindividualismus. Dem widerspricht die Erfahrung tatsächlicher Interessenpluralität auch in sozialistischen Staaten. Der Mensch ist eben ein zu vielschichtiges Wesen, als daß er sich auf einen ‚ökonomischen Nenner' bringen ließe. Eine weitgehende Gleichstellung im Hinblick auf die ökonomischen Interessen kann daher längst noch nicht völlige Harmonie aller denkbaren menschlichen Bestrebungen und Willensäußerungen herbeiführen.

Wo man aber nach marxistischer Doktrin die totale Interessenhomogenität zu verwirklichen sucht, kann dies nur durch die gewaltsame Aufhebung aller Unterschiede, durch die Vernichtung des Heterogenen geschehen. Ganz davon abgesehen, ob ein Zurückschrauben der Meinungs- und Interessenvielfalt überhaupt wünschbar sein kann – der erzwungene Konformismus, die gewaltsam stabilisierte ‚Harmonie' der Bürgerinteressen widerspricht von Grund auf dem eigenen Ideal der Freiheit als völliger Abwesenheit von Einschränkung, Herrschaft und Zwang. Nicht von ungefähr wurden und werden die blutigsten Kapitel der Geschichte im Namen der Freiheit geschrieben!'

[39] Dazu Marx selber (Zit. nach Lieber/Furth, a.a.O., S. 629):

„Eben darin, daß Teilung der Arbeit und Austausch Gestaltungen des Privateigentums sind, eben darin liegt der doppelte Beweis, sowohl daß das menschliche Leben zu seiner Verwirklichung des Privateigentums bedurfte, wie andererseits, daß es jetzt der Aufhebung des Privateigentums bedarf."

[40] Zit. nach Fromm, a.a.O., S. 74

[41] Landshut, a.a.O., S. 361

Christian Graf von Krockow (Reform als politisches Prinzip, a.a.O., S. 105) hat zu diesem Text ironisch angemerkt, es sei „höchst merkwürdig oder vielleicht bezeichnend", daß Marx hier durchweg auf „vorindustrielle Berufsbeispiele" zurückgegriffen habe. Krockow meint, „die von solchem Ansatz her einzig logische Konsequenz" habe der Ehemann der Marx-Tochter Laura, der französische Sozialist Paul Lafargue, gezogen, der 1883 in Paris ein Buch mit dem programmatischen Titel „La Droit à la Paresse"(Das Recht auf Faulheit) veröffentlichte ...

Zum gleichen Marx-Text schreibt Robert Spaemann (a.a.O.), der Mensch der marxistisch verstandenen Zukunftsgesellschaft werde „ein Dilettant sein, der die Dinge, die er treibt, nicht ernst nimmt. Er wird angeln, er wird jagen, er wird kritisieren, ohne Fischer, Jäger oder Schriftsteller zu sein. Denn jede professionelle Tätigkeit wäre Entfremdung."

[42] Zit. nach Fromm, a.a.O., S. 61

[43] Karl Marx, Ökonomisch-philosophische Manuskripte, Erg.-Band 1, S. 536

[44] Topitsch, a.a.O., S. 11

Topitsch (S. 17 ff.) vertritt die Ansicht, Marx habe „sich in einer in der gesamten Menschheitsgeschichte einzigartigen und für diese schlechthin entscheidenden Rolle sehen" wollen:

„So formte sich in seinem Geiste eine Geschichtskonstruktion, welche es ihm ermöglichte, die ganze Menschheitsentwicklung gewissermaßen wie eine gigantische Show um seine eigene, zum göttlichen Parakleten hochstilisierte Person zu arrangieren...

Die wichtigsten Elemente dieses Gedankengebäudes hat Marx aus neuplatonisch-gnostischem und kabbalistischem Überlieferungsgut entnommen, das ihm über Schelling und Hegel, teilweise vielleicht aber auch aus Familientraditionen zugeflossen ist – stammte er doch väterlicher- wie mütterlicherseits aus Rabbinerfamilien...

Neuplatonismus und Gnosis haben den Weltprozeß im ganzen und die Menscheitsgeschichte im besonderen oft als gewaltige Dramen von Fall und Erlösung aufgefaßt, als Kreisprozesse, die von Gott ihren Ausgang nehmen und wieder zu Gott zurückkehren ... Diese Gedankengänge wurden auf verschiedenen und vielfach verschlungenen Wegen durch die Jahrhunderte überliefert und in mannigfachen Variationen weiterentwickelt. Eine davon ist die Lehre, daß Gott sich zur Welt ‚entäußere' oder ‚entfremde', um schließlich durch den endlichen Geist des Menschen das Bewußtsein und die wahre Verwirklichung seiner Göttlichkeit zu erreichen... Freilich hat Marx das Motiv der ‚Gottwerdung Gottes durch die Gottwerdung des Menschen', dem wir bei Hegel begegnen, nicht unwesentlich uminterpretiert. In dem als universaler Heilsprozeß gedeuteten Weltgeschehen entäußert sich bei ihm nicht Gott zur Welt, um erst das menschliche Ich zum Bewußtsein seiner selbst und damit zur Erreichung seiner um sich wissenden wahren Vollkommenheit und Göttlichkeit zu gelangen, sondern die arbeitende Menschheit unterliegt der Entfremdung und Verdinglichung, die in dem völlig entmenschlichten, zur Ware gewordenen Proletariat unter dem Kapitalismus ihren Höhe- und Tiefpunkt erreicht.

Aber dieser Tiefpunkt ist zugleich der Wendepunkt, denn hier tritt Marx als der Erlöser auf, der dem Proletariat und damit der Menschheit den vorbestimmten Weg aus der Entmenschlichung zur Gewinnung oder Wiedergewinnung ihrer wahren Menschlichkeit weist, indem er den bisher durch ein

‚falsches Bewußtsein‘ verdeckten objektiven Sinn der Geschichte entschleiert. Wie der Gott des absoluten Idealismus erst in Hegel, durch Hegel und dank Hegel sich des Weltprozesses als des notwendigen Weges zu einer wahren Göttlichkeit bewußt wird und damit diese erreicht, so wird der Menschheits-Gott des jüdischen Atheisten erst in Marx, durch Marx und dank Marx sich des Geschichtsprozesss als des notwendigen Weges zu seiner wahren Vollkommenheit bewußt, die freilich nicht durch bloße philosophische Kontemplation, sondern nur durch revolutionäre Aktion erreicht werden kann. Während der sich spekulativ in Gott verwandelnde Philosoph sein Geschäft in der Stille der Studierstube verrichten konnte, bedurfte der nach außen gerichtete Machtwille des Weltveränderers der notwendigen äußeren Machtmittel, und diese meinte Marx im Proletariat gefunden zu haben."

Zu den „religiösen Ursprüngen der Marx'schen Utopie" vgl. auch Franz Borkenau, Die Marx'sche Utopie, in: Almanach 1956, Fischer Bücherei, S. 127 f.:

„Die Marx'sche Utopie stellt ein Weltdrama dar, das deutlich in fünf Akte gegliedert ist. Es beginnt mit dem ‚Urkommunismus‘, einer Zeit völliger gesellschaftlicher Harmonie, allerdings auch größter Abhängigkeit des Menschen von der Natur. Diesem ersten primitiven Paradies der Unschuld folgt, nach Engels‘ von Marx gutgeheißener Schrift über den ‚Ursprung der Familie, des Privateigentums und des Staates‘, in irgendeiner nicht sehr klaren Art der Sündenfall: die Einführung des Privateigentums. Mit ihm kommt die Ungleichheit, der Staat, die Religion, die Familie; es ist der Beginn der Verderbnis. Akt drei bringt den Höhepunkt dieser Verderbnis, den Kapitalismus; Akt vier den erlösenden Umschlag, die proletarische Revolution, Akt fünf das neue Paradies, den Kommunismus, der ‚auf höherer Ebene‘ das erste Paradies, die Unschuld des Urkommunismus reproduziert.

Hier läßt sich nun plötzlich der wirkliche Sinn des Marx'schen Begriffes eines ‚wissenschaftlichen Sozialismus‘ klar erfassen. Der Begriff der Unschuld und der Rückkehr zur Unschuld, des ersten und des zweiten Paradieses und ihrer Trennung durch einen tiefen Verfall (der aber zugleich die Voraussetzungen der Erlösung schafft) sind religiösen Charakters. Marx wäre zwar ohne Zweifel in furchtbare Erbitterung geraten, wenn man ihn auf seine fast unveränderte Übernahme einer jüdisch-christlichen Grundkonzeption hingewiesen hätte; es bleibt jedoch die Tatsache, daß weder sein ursprüngliches noch sein künftiges Paradies das mindeste mit irgendeiner Praxis oder gar Wissenschaft zu tun haben; ‚Praxis‘ und ‚Wissenschaft‘ sind bei Marx nur in den Zwischengliedern, im Grunde nur im dritten Akt des Dramas, nur in unbestimmten Ausstrahlungen auch im zweiten und vierten Akt eingeschaltet. Marx selbst meinte mit seinem Begriff des wissenschaftlichen Sozialismus nichts anderes als die Ersetzung der sozialistischen Utopie durch einen ‚wissenschaftlichen' Nachweis, dessen unmittelbarer praktischer Sinn die Sicherung der fanatischrevolutionären gegenüber jeder milderen Entwicklungsperspektive war; in Wirklichkeit hat jedoch der Begriff des ‚wissenschaftlichen Sozialismus' einen viel weiteren Sinn; er stellt einen Versuch dar, die uralten Paradies-Erwartungen, die durch die moderne Wissenschaft entwertet wurden, in einer neuen, historisch-dialektischen Abteilung eben mit den Mitteln der Wissenschaft wiederherzustellen. Damit erweist sich die Marx'sche Utopie als ein besonders extremer Fall der modernen wissenschaftlichen Utopie, als ein besonders unmittelbarer Glaube daran, daß ‚Technik und Wissenschaft' ein Paradies auf Erden schaffen werden."

45 So Marx in einem Brief vom 25. August 1851 an Friedrich Engels. Zit. nach Werner Blumenberg, Karl Marx, 1989, S. 78

Unfehlbar, erleuchtet und erwählt fühlte sich auch der Marx-Jünger Ernst Bloch. Dazu Joachim Fest (Der zerstörte Traum, a. a.O., S. 68):

„Die Gewißheit der Erwählung und eines besonderen Rettungsauftrages, die auf dem Grund aller totalitären Heilsideologien anzutreffen sind, tritt bei (Bloch) schon geraume Zeit vor seiner politischen Konversion (zum Marxismus, K. H.) in Erscheinung. In einem Brief an Georg Lukacs aus dem Jahre 1911 bezeichnete er sich als ‚Paraklet', der am Thron Gottes für die sündige Welt Fürsprache leistet, ‚und die Menschen', heißt es weiter, ‚denen ich gesandt bin, werden in sich den heimkehrenden Gott erleben und verstehen'. Im gleichen Sinne, nur herrischer und befehlsmäßiger, äußerte er, einem eigenen Bericht zufolge, zu Freunden in Heidelberg: ‚Wer mich ablehnt, der ist gerichtet vor der Geschichte.'

Es ist der gleiche hochfahrende, auf die Offenbarung eines verborgenen Heils- oder Geschichtsplanes gestützte Anspruch, den die pseudotheologisch überbauten Diktaturen des Jahrhunderts auch erhoben haben."

46 Siehe Anm. 11 in diesem Kapitel

47 Bracher, Zeit der Ideologien, a. a.O., S. 356

48 Fromm, a.a.O., S. 17

49 a.a.O., S. 63

50 a.a.O., S. 80

51 a.a.O., S. 19

52 Ebd.

53 Thesen über Feuerbach, 11, Brüssel 1845

54 Hans-Rudolf Peters, Theorie und Geschichte des Sozialismus, in: Friedrich Bohl (Hrsg.), Abschied von einer Illusion, 1990, S. 39

55 Topitsch, a.a.O., S. 28

[56] Manifest, a. a. O., S. 56

[57] a. a. O., S. 42

[58] Zit. nach Wagenlehner, a. a. O., S. 21

[59] Arnold Künzli, Plädoyer für eine Emanzipation der Emanzipatoren, in: Gerd-Klaus Kaltenbrunner, Zur Emanzipation verurteilt, Herderbücherei INITIATIVE, 1975, Bd. 6, S. 126

Vgl. dazu Martin Kriele (Die Überwindung des Sozialismus, in: Bohl, a. a. O., S. 65):

„Zwar war für Marx die Diktatur des Proletariats nicht Endziel, sondern Durchgangsstadium auf dem Wege zum Absterben des Staates. Er wußte nicht, daß und warum der Staat nicht absterben kann und daß sich die Diktatur dauerhaft etablieren würde. Aber jedenfalls war die Diktatur für ihn unvermeidlich. Sie war nicht eine Abweichung vom Marxismus, sondern eine zwingende Schlußfolgerung aus seinen Prämissen und wurde deshalb ausdrücklich von ihm gefordert."

[60] Zit. nach Walter Wallmann, Ethik und Moral des Sozialismus, in: Bohl, a.a.O., S. 82

[61] Arnold Künzli, Karl Marx – Eine Psychographie, 1966, S. 13

Das betont auch Ernst Topitsch (Zur Kritik der „dialektischen Vernunft", in: Gerd-Klaus Kaltenbrunner, Hrsg., Plädoyer für die Vernunft, Herderbücherei INITIATIVE, Bd. 1, 1974, S. 39 f.):

„Gewiß ist in der politischen Realität die Herrschaftsideologie des Karl Marx erst durch die russische Revolution, die Errichtung eines totalitären Funktionärsstaates und die Verbindung mit dem imperialen Anspruch des Dritten Rom zu massiver Wirksamkeit gelangt. Gewiß hat der Terror unter Stalin denjenigen unter Lenin noch übertroffen und das marxistische Gedankenerbe ist damals einer vorher noch nicht dagewesenen Primitivierung und byzantinischen Verkrustung verfallen. Wenn aber der Georgier zum Sündenbock gemacht werden soll, dem eine Alleinschuld an der ‚Perversion' des Marxismus vom emanzipatorischen Evangelium zur totalitären Wirklichkeit angelastet wird, so ist dies angesichts der Tatsachen unhaltbar. Hinter der ‚emanzipatorischen' Verkleidung war schon bei Marx selber von Anfang an eine Herrschaftsideologie untergründig dominierend."

Vgl. dazu auch Gerd-Klaus Kaltenbrunner (Vorwort zu: Wiederkehr der Wölfe – Die Progression des Terrors, Herderbücherei INITIATIVE, Bd. 24, 1978, S. 18 f.):

„Viele zartfühlende Linksintellektuelle, die für den jungen ‚humanistischen' Marx der Pariser Manuskripte anfällig sind, verabscheuen den sich auf Marx berufenden Diktator Stalin, der in seiner Jugend ein orthodoxes Priesterseminar besuchte, dann Banküberfälle organisierte und auf dem

Höhepunkt seiner Macht mehrere Millionen Menschen ausrotten ließ. Der Stalinismus, so heißt es, sei eine Karikatur der authentischen Marxschen Lehre... Dabei geht es in diesem Zusammenhang nicht um die Frage, ob und inwiefern Marx für die Ungeheuerlichkeiten der stalinistischen Tyrannei verantwortlich ist oder ob er sie, hätte er länger gelebt, gebilligt hätte. Das Problem besteht vielmehr darin, daß es im Zentrum seines prometheischen Humanismus Elemente gibt, die Stalin, ohne sie wesentlich zu verfälschen, zur Rechtfertigung seiner totalitären Gewaltherrschaft benutzen konnte. Stalin und sein Vorgänger haben, obwohl weniger subtile und diffenzierte Geister als ihr Lehrmeister aus Trier, Marx besser verstanden als jene freischwebenden Marxisten des Westens, die ratlos vor dem Phänomen einer Bluthochzeit feiernden Emanzipationsideologie, eines mit dem Henker verbundenen Humanismus stehen."

62 Topitsch, a.a.O., S. 29

63 Spaemann, a.a.O.

64 Lieber/Furth, a.a.O., S. 607 f.

65 Zit. nach Fenske, Mertens, Reinhard, Rosen, a.a.O., S. 437

66 Kaltenbrunner, Zur Emanzipation verurteilt, a.a.O., S. 14

67 Landshut, a.a.O., S. 216 f.

68 Lieber/Furth, a.a.O., S. 593

69 a.a.O., S. 479

Vgl. dazu Hans Buchheim in seinem Nachwort zu: Hans Buchheim, Felix Raabe (Hrsg.), Thesen gegen den Mißbrauch der Demokratie – eine Dokumentation, 1972, S. 168 f.):

„Ziel der Emanzipation ist also nicht die politische Freiheit, die Freiheit in der Politik, sondern die Befreiung von Politik, wobei diese als eine Folge der Entfremdung, als eine Verhinderung ‚wirklicher' menschlicher Gemeinschaft verstanden wird... Es wird wohl zu wenig beachtet, in welch fataler Weise dieses Konzept, das dem Marxismus zugrundeliegt, (ohne an dessen dialektisch-materialistische und ökonomische Elemente unbedingt gebunden zu sein) der deutschen Neigung zur politischen Gemeinschaftsmystik entgegenkommt."

70 Kaltenbrunner, Zur Emanzipation verurteilt, a.a.O., S. 13

71 Lieber/Furth, a.a.O., S. 497

72 Kaltenbrunner, Zur Emanzipation verurteilt, a.a.O., S. 15

Vgl. dazu Klaus Hornung (Das Konzept der „wahren Demokratie" bei Karl Marx und seine Verwirklichung als monopolistische Parteidiktatur im realen Sozialismus, in: Lothar Bossle, Gerard Radnitzky, Selbstgefährdung der offenen Gesellschaft, 1982, S. 137):

„Den tiefsten Grund für den Umschlag der Emanzipation in den Despotismus finde ich jedoch in der atheistischen Vergottung des Menschen in der überindividuellen Gattung. Freiheit ist für Marx ja ‚Einsicht in die Notwendigkeit', d. h. in das angeblich vom historischen und dialektischen Materialismus total entschleierte Geschichtsgesetz. Solcher Versuch der Entschleierung und Beherrschung der Geschichte, der Anspruch des Menschen, sich ihrer in ihrer Totalität bemächtigen zu können, schlägt in Unfreiheit um. Gott wird hier gegen einen neuen, unerbittlichen Herrn eingetauscht: die Gesellschaft und ihre Geschichte. Gegenüber diesem namenlosen, vielköpfigen Ungeheuer Gesellschaft kann der Einzelne keine originalen, in der Transzendenz wurzelnden Rechte mehr behaupten. Denn wenn der Mensch das höchste Wesen für den Menschen wird, dann wird die Gattung Menschheit sein Gott sein. Marx hat das ‚Bild von Sais' zu entschleiern unternommen, das ‚Geheimnis' der zur Emanzipation radikalisierten Freiheit im Aufgehen des Einzelnen im Gattungsleben entdeckt. Die Absolutsetzung des Politischen und eine neue Intensität und Qualität von Herrschaft muß die notwendige Folge sein, auch wenn Herrschaft nun Gesellschaft, Geschichtsgesetz, Gattung usf. genannt wird."

[73] Lemberg, a.a.O., S. 211

[74] Molnar, a.a.O., S. 30

[75] Lemberg, a.a.O., S. 209

Zusammenfassung

[1] Lemberg, a. a.O., S. 209

[2] Mohler, a.a.O., S. 276

[3] Talmon, a.a.O., S. 9

[4] Schmidt, a.a.O., S. 27

[5] Buchheim / Raabe, Thesen gegen den Mißbrauch der Demokratie, a.a.O., S. 16

[6] Molnar, a.a.O., S. 27

[7] Kaltenbrunner, Der schwierige Konservatismus, a.a.O., S. 136

[8] Molnar, a.a.O., S. 29

[9] Lieber/ Furth, a.a.O., S. 497

[10] Molnar, a.a.O., S. 90

[11] a.a.O., S. 22

[12] a.a.O., S. 30

[13] Wallmann, a.a.O., S. 72

[14] Molnar, a.a.O., S. 30

[15] Herbert Marcuse, Die neue Gesellschaft, in: Franz Stark (Hrsg.), Revolution oder Reform? Herbert Marcuse und Karl Popper, Eine Konfrontation, 1971, S. 32

[16] a.a.O., S. 17

[17] Zit. nach Joachim Fest, Demagoge des befriedeten Daseins – Ein Wort zu Herbert Marcuse, in: Aufgehobene Vergangenheit, 1983 (Taschenbuch), S. 116

[18] Stark, a.a.O., S. 17

[19] Fest, a.a.O., S. 116

[20] Zit. nach Edith Eucken-Erdsiek, Die Macht der Minderheit – Eine Auseinandersetzung mit dem neuen Anarchismus, 1970 (Taschenbuch), S. 55

[21] a.a.O., S. 54

[22] a.a.O., S. 50

[23] Ebd.

Joachim Fest (Der zerstörte Traum, a.a.O., S. 70 f.) deutet die „seltsam narkotisierende Wolkigkeit der Blochschen Sprache“ so:

„Man kann den Ursachen kaum auf den Grund kommen, sofern man außer acht läßt, wie tief das Philosophieren Blochs den Spuren altgewohnter deutscher Denktraditionen folgt. Schon seine Dunkelheiten, die einem distanzierteren Betrachter wie Leszek Kolakowski das Gefühl vermittelten, ‚durch die dichten Dämpfe einer Alchimistenküche zu irren‘, haben, mitsamt den zahlreichen Widersprüchen, Tautologien und den häufig hinter alttestamentarischem Donner verborgenen Inhaltslosigkeiten das Bewußtsein erzeugt, daß hier ernste und letzte Dinge verhandelt würden. Zugleich hat ihre Unbedingtheit, diese ganze Terminologie des Totum, Ultimum und Optimum, die eifernde Beschwörung des höchsten Guts oder des Eschaton, Empfindungen der Vertrautheit geweckt, vor denen alle kritische Reserve zusammenschmolz.

Der deutsche Hang zu geschichtsphilosophischen Konzepten, die ja nie nur absichtslose Denkspiele sind, sondern, tendenziell zumindestens, immer einem Endzustand entgegendrängen, hat der Resonanz Ernst Blochs noch vorgearbeitet. Ein Denken ohne poetische Emphase jedenfalls, das, ungeachtet allen analytischen Scharfsinns, nicht zum Weltgedicht sich weitet, sondern nur aufs Pragmatische, menschlich Vernünftige zielt, fällt leicht ins Leere. Blochs Vorlieben für die großen Abstrakte, an denen sich seine Wortphantasie berauschte, und all die gewaltig daherrollenden Offenbarungsformeln, immer gesprochen von irgendeinem Berge Sinai herab und gerichtet an die Herden der Stigmatisierten, konnten an solche vertrauten Muster anknüpfen oder sie noch überbieten. Treffend sprach Theodor W. Adorno von der großen ‚Blochmusik‘.“

[24] Le Monde, Ausgabe vom 30. Oktober 1970. In der Übersetzung von Dagmar Rappenecker, abgedruckt in: Ernst Blochs Wirkung – ein Arbeitsbuch zum 90. Geburtstag, 1975, S. 229-234.

Zu den Schlußsätzen Blochs im „Prinzip Hoffnung" schreibt Hans Mayer (Ernst Bloch, Utopie, Literatur, in: Ernst Blochs Wirkungen, a. a. O., S. 243, 245):

„Die Analyse hat es nicht schwer, die allgemein-marxistischen Grundthesen hier mit den besonderen Betrachtungsweisen und Postulaten dieses besonderen marxistischen Denkers zu konfrontieren. Genesis war nicht im Goldenen Zeitalter zu finden. Bloch ist, wie alle Marxisten, weitab dem antiken Konzept, das sich als jüdisch-christlicher Sündenfall fortsetzen sollte. Das Paradies ist kein verlorenes. Die wirkliche Genesis ist erst am Anfang. Bemerkenswert, doch selbst nach offizieller Marxdoktrin zu rechtfertigen, ist die Abwandlung jener berühmten Formel des jungen Marx: radikal sei, an radix erinnernd, eine Sache an der Wurzel fassen. Bei Marx war das für die radikale Betrachtungsweise gefordert worden: radikale Theorie vor allem. Bloch fordert, daß ‚Gesellschaft und Dasein radikal werden, das heißt sich an der Wurzel fassen'. Was nur als radikale Praxis gedeutet werden kann: antizipiert und geleitet in der radikalen Theorie...

Das Konzept einer am Ende erst stehenden Heimat stützt sich durchaus auf Gedanken von Marx. Der wurde nicht müde zu betonen, die Menschheit besitze oft den Traum von einer Sache, ehe die gesellschaftlichen Verhältnisse deren Verwirklichung möglich gemacht hätten...

Es gibt einen Vorschein von Heimat, als Traum von der Sache. Er scheint ‚allen in die Kindheit'. Dem einzelnen Menschen wie der Menschheit. Bloch hat sich aufgemacht, alles zu sammeln, was unter der Wärme solchen Vorscheins jemals geblüht hat und aufzufinden war: utopische Systeme wie die Länder Eldorado und Eden; Architekturen, die niemals gebaut werden konnten; das Hoffnungssignal aus dem Fidelio, wie die ‚Besseren Luftschlösser in Jahrmarkt und Zirkus, in Märchen und Kolportage...'"

Zu einem gänzlich anderen Urteil über das „Prinzip Hoffnung" kam Ludwig Marcuse (Bewunderung und Abscheu, in: Stuttgarter Zeitung, Ausgabe vom 12. März 1960). Ludwig Marcuse sah „diese 1600 vollgepackten Seiten – trotz vieler köstlicher Inseln – entstellt von einer Funktionärs-Philosophie und Funktionärs-Sprache", wie sie „ordinärer nicht vorzustellen" sei:

„Blochs Schema ist so ärmlich, wie es schon immer war: der Teufel hat hier den Namen ‚niedergehende Klasse' oder ‚Faschismus' oder ‚Ausbeuter' oder ‚Amerika'; der Erlöser aber hat den Namen ‚Sozialismus' oder ‚Vor-Schein' oder ‚reellster Realismus' oder ‚Sowjet-Union'. Wo er statt Faschismus Amerika sagt, sieht es dann so aus: Ruinen, ‚die die amerikanischen Terrorangriffe hinterlassen haben'. Oder: ‚Der Film ist durch Amerika die geschändetste Kunstart geworden.' Oder, über den Jazz: ‚Solch amerikanische Bewegung erschüttert die westlichen Länder, nicht als Tanz, sondern als Erbrechen.‘ Auf der anderen Seite, der Licht-Seite, strahlt Stalins Rußland im Glanz des Balletts und der Volkstänze, die ‚besonders in Rußland erhalten‘ sind.

Seine nützlichsten Wahrheiten ... sind versteckt in seinen Apologien für das sowjetische Vaterland. Da heißt es, auf Seite 198: ‚Die oberste Abwandlung des höchsten Guts in der politisch-sozialen Sphäre ist die klassenlose Gesellschaft; folglich stehen Ideale wie Freiheit, auch Gleichheit zu diesem Zweck im Mittelverhältnis und erlangen ihren Wertinhalt (ihren im Fall Freiheit besonders vieldeutig gewesenen) vom politisch-sozialen höchsten Gut her. Dergestalt, daß es nicht bloß die Mittelideale inhaltlich bestimmt, sondern je nach Erfordernis des obersten Zweckinhalts auch variiert, gegebenenfalls die Abweichungen temporär rechtfertigt‘. Ins Schlichte übertragen: im Paradies Stalins und seiner Nachfolger herrscht ‚temporär‘ Unfreiheit und Ungleichheit. ‚Temporär‘ – das ist doch nur die Lebenszeit der Lebenden.

Menschenfeindlich ist jeder Mann, jede Politik, jede Religion, jede Philosophie, die bereit ist, die Lebenden zu ignorieren – um irgendeiner Zukunft willen.

Bloch macht alle philosophischen Anstrengungen, die Kategorie ‚Gegenwart‘ wegzueskamotieren. Drei Erstreckungen der Zeit werden auf eine einzige reduziert: denn die Vergangenheit ist natürlich nichts als ‚reaktionär‘, soweit sie nicht ‚Vor-Schein‘ der Utopie (also einer fernen Zukunft) ist. Dies Buch mit dem wärmenden Namen ‚Hoffnung‘ ist eiskalt.“

[25] Molnar, a.a.O., S. 25

[26] a.a.O., S. 29

[27] a.a.O., S. 25

[28] Zit. nach Hans Maier, Bürger und res publica – Die Zukunft der Verantwortung, in: Zum Staatsverständnis der Gegenwart, 1987, S. 17

[29] Theodor W. Adorno, Minima Moralia, S. 57 (Nr. 29)

[30] Zit. nach Rüdiger von Voss, Terrorismus und streitbare Demokratie, in: Rüdiger von Voss (Hrsg.), Von der Legitimation der Gewalt, Widerstand und Terrorismus, 1978, S. 126

Dazu Günter Rohrmoser in seiner 1972 veröffentlichten Schrift „Die Krise der Institutionen“:

„Der Kernsatz der ‚Negativen Dialektik‘ Adornos lautet ...: Das Ganze ist falsch. Das Ganze ist verkehrt, es ist unwahr, von Grund auf. Es ist das System überhaupt und im ganzen, das verkehrt, falsch und unwahr ist. Alle in dieser Gesellschaft lebenden Menschen sind von dem falschen System erfaßt. Sie unterliegen alle, wie Adorno nicht zufällig in der Sprache des Mythos sagt, einem Bann. Die Menschen unterliegen in ihrer Beherrschung durch die falsche Gesellschaft einem Bann, der wie ein Verhängnis auf den einzelnen Individuen lastet, unter dem sie nur noch leiden können und darüber hinaus diesem ihrem Leiden nur noch den Ausdruck eines ohnmächtigen Protestes geben können. In der falschen Gesellschaft sind die Menschen dazu verurteilt, sich mit den Surrogaten des Glücks abzufinden...

Die Gegenwart ist bestimmt durch die Herrschaft absolut gewordener Negativität. Es fällt dem bürgerlichen Bewußtsein vielleicht besonders schwer zu begreifen, daß in dieser Theorie Gesundheit und frisch-fröhlicher Optimismus als besonders wirksame Form bewußtlos bleibender Krankheit diagnostiziert werden. Der frisch-fröhliche optimistische Schwung wird unter den Bedingungen totaler Negativität selber zu einem Symptom der Krankheit. In der Gegenwart muß das erste, wichtigste und elementarste Bedürfnis des am Sinn seines Lebens festhaltenden Menschen sein, die Herrschaft total zu verneinen. Die totale Negation von Herrschaft ist aber nichts anderes als die radikalisierte Wiederkehr der geschichtlich bekannten Form des Anarchismus. Der von dieser Theorie als Utopie entworfene andere Zustand muß dann der Zustand einer Utopie der totalen Beseitigung von Herrschaft sein...

Alle, die sich nicht mit der Negativität abfinden wollen, müssen dann die entscheidende Frage stellen: Wie ist eine Vermittlung möglich zwischen der Praxis der totalen Freiheit auf der einen und dem durch totale Herrschaft bestimmten System auf der anderen Seite? Wie sieht eine Praxis aus, mit der man das totale Herrschaftssystem durch einen Zustand herrschaftsloser Freiheit ersetzen und überwinden kann? Alle wirklich politisch engagierten Gruppen haben auch diese Frage gestellt. Doch die linke Theorie der Frankfurter Schule hat auf diese Frage keine Antwort gegeben... Adorno sagt eindeutig, daß es eine Antwort auf die Frage nach der Verwirklichung des guten Lebens nicht gebe. Was in der Gegenwart einzig möglich ist, sei die Vermittlung eines Bewußtseins davon, daß wir in einer Welt des totalen Grauens und der totalen Katastrophe leben. Man könne nur hoffen, daß aus diesem Bewußtsein... die Menschen einst die Kraft nehmen könnten, das Verhängnis zu wenden.

Es ist daher gar nicht erstaunlich, daß diese Gruppen, die auf ihre durch die Theorie selbst provozierte Frage keine Antwort bekamen, den einzig möglichen Weg in der Erneuerung des klassischen Marxismus gesehen haben." (S. 46, 47, 48, 49).

31 Zit. nach Ludwig Schulte, Die Neue Linke. Zur Gesellschaftskritik Herbert Marcuses, in: Wehrwissenschaftliche Rundschau, 18. Jahrg., 1968, Heft 10, S. 552

Schulte zu dieser Marcuse-Sentenz: „Marcuses Denken dreht sich an entscheidender Stelle im Kreise, nämlich dort, wo er seinen revolutionären Appell formuliert: ‚Wahr ist das, was das Bestehende negiert. Das Bestehende ist falsch, weil es negiert werden muß‘. Das ist zwar ein unlogischer Gedanke, der aber politisch deswegen nicht weniger wirksam ist. Auch in der Ideologie des Nationalsozialismus gab es eine Reihe von Zirkelschlüssen, wie etwa der folgende: ‚Recht ist das, was dem Volke nützt. Was nützt dem Volke? Antwort: Die Entwicklung der arischen Wesensart. Was ist die arische Wesensart? Antwort: Die rassische Grundlage des Volkes.‘ Auf diese Weise dreht sich die mythologische Auffassung des Nationalsozialismus im Kreise. Ein Erkenntnisfortschritt ist nicht festzustellen. Dennoch ist mit diesem Mythos Politik gemacht worden.“

32 Kolnai, a. a.O., S. 667

33 Tenbruck, a. a.O., S. 73

Zweiter Teil: Die Welt – von „rechts“ gesehen

Reform – nicht Revolution: Burke

1 Günther Gillessen, Über den Vorrang der Folgen vor den Absichten, Edmund Burke oder die Moral der Politik, in: Frankfurter Allgemeine Zeitung, Ausgabe vom 13. Januar 1979

2 Henrich, a. a.O., S. 8

Dazu Walter von Wyss (Edmund Burke – Denker, Redner und Warner, 1966, S. 157 f.):

„Burkes Buch wurde der Öffentlichkeit im November 1790 übergeben. In kurzer Zeit wurden 30 000 Exempare verkauft. Begeistertes Lob und heftigste Ablehnung hielten sich die Waage. Burkes Name wurde weltberühmt. Der König war begeistert und meinte, jedermann sollte es lesen. Der Historiker Gibbon lobte die Sprache, billigte die politischen Ausführungen, bewunderte die Ritterlichkeit des Autors und erklärte, er vergebe Burke beinahe seine Verehrung der englischen Staatskirche. Trinity-College in Dublin ernannte Burke zum Ehrendoktor, und die Studenten von Oxford widmeten ihm eine begeisterte Dankadresse. Mit der Zeit äußerten auch die gekrönten Häupter Europas ihre Genugtuung. Der Kaiser von Österreich war erfreut, die Kaiserin Katharina von Rußland ließ ihm durch ihren Gesandten ihre Anerkennung aussprechen, und der König Stanislaus von Polen, der allzubald sein Königreich verlieren sollte, sandte Burke eine goldene Medaille. Unendlich viele von Dankbarkeit erfüllte Schreiben französischer Emigranten und geistlicher Würdenträger trafen bei ihm ein.“

3 a. a.O., S. 7

4 Zit. nach Christian Graf von Krockow, Edmund Burke, in: Iring Fetscher, Herfried Münkler (Hrsg.), Pipers Handbuch der Politischen Ideen, 1986, Band. 4, S. 74

5 Edmund Burke, Betrachtungen über die Französische Revolution, 1967, S. 53

[6] a. a. O., S. 335

[7] Hans Barth, Der konservative Gedanke, 1958, S. 18

[8] Daniel J. Boorstin, The genius of American Politics, 1953, S. 72. Zit. nach Barth, a. a. O., S. 18

[9] Zit. nach von Krockow, Edmund Burke, a. a. O., S. 74

[10] Betrachtungen, S. 333

[11] a. a. O., S. 91

[12] Zit. nach Barth, a. a. O., S. 17 f.

[13] a. a. O., S. 3

[14] Betrachtungen, S.132

[15] a. a. O., S. 256

[16] Zit. nach von Wyss, a. a. O., S. 161

[17] Betrachtungen, S. 270

[18] a. a. O., S. 115

[19] Dietrich Hilger, Edmund Burke und seine Kritik der Französischen Revolution, 1960, S. 7

[20] Klaus Rosen, Die rechten Nostalgien der Linken, in: Die politische Meinung, Jahrgang 1987, Heft 234, S. 26

[21] Betrachtungen, S. 333

[22] a. a. O., S. 274

[23] Ebd.

[24] Ebd. und S. 275

[25] Gillessen, a. a. O.

[26] Ebd.

[27] Ebd.

[28] Betrachtungen, S. 274

[29] a. a. O., S. 263

[30] von Krockow, Edmund Burke, a. a. O., S. 77

[31] Betrachtungen, S. 338

[32] Edmund Burke, Brief an William Eliot (1795)

Zit. nach Otto Heinrich von der Gablentz (Hrsg.), Texte zur Gesellschaftsreform, Zeugnisse aus zwei Jahrhunderten 1750 – 1950, 1972, S. 77

[33] Betrachtungen, S. 256 f.

[34] a. a. O., S. 258

[35] a. a. O., S. 257

[36] Gillessen, a. a. O.

[37] Edmund Burke, Brief an ein Mitglied der Nationalversammlung (1791). Zit. nach von der Gablentz, a. a. O., S. 71 f.

[38] von Krockow, Edmund Burke, a. a. O., S. 77

[39] Betrachtungen, S. 258 f.

[40] Zit. nach von Krockow, Edmund Burke, a. a. O., S. 71

[41] Zit. nach Thomas Chaimowicz, Die Wiederentdeckung Burkes, in: Gerd-Klaus Kaltenbrunner (Hrsg.), Rekonstruktion des Konservatismus, 1972, S. 406

[42] von Wyss, a. a. O., S. 160

[43] a. a. O., S. 159

[44] von der Gablentz, a. a. O., S. 17

[45] Betrachtungen, S. 151

[46] a. a. O., S. 154

[47] von der Gablentz, a. a. O., S. 17

[48] a. a. O., S. 160

[49] Zit. nach Chaimowicz, a. a. O., S. 399

[50] von Wyss, a. a. O., S. 158

[51] a. a. O., S. 162

[52] Zit. nach von Wyss, a. a. O., S. 163

[53] Betrachtungen, S. 320

[54] a. a. O., S. 325

[55] Gillessen, a. a. O.

[56] Zit. nach von der Gablentz, a. a. O., S. 72

[57] Betrachtungen, S. 242

[58] Henrich, a. a. O., S. 21

[59] von Wyss, a. a. O., S. 156

[60] Gillessen, a. a. O.

[61] Kurt Kluxen, Französische Revolution und industrielle Klassengesellschaft, in: Kurt Kluxen, Wolfgang J. Mommsen, Politische Ideologien und nationalstaatliche Ordnung, Studien zur Geschichte des 19. und 20. Jahrhunderts. Festschrift für Theodor Schieder, 1968, S. 67

[62] Karl Alexander von Müller in seinem Vorwort zu: Ferdinand Wagner, F. A. Westphalen (Hrsg.), Edmund Burke, Gedanken über die Revolution, Klassiker der Staatskunst, Band 4, 1950, S. 6

[63] von Wyss, a. a. O., S. 7

[64] Müller, a. a. O., S. 6

[65] Betrachtungen, S. 37

[66] a.a.O., S. 90

[67] a.a.O., S. 287

[68] a.a.O., S. 307 f.

[69] von Wyss, a.a.O., S. 156

[70] Zit. nach von der Gablentz, a.a.O., S. 73

[71] Thomas Chaimowicz, Mit der Stimme des Donners – In memoriam Edmund Burke, in: Epoche, Jahrgang 1979, Heft 10, S. 35

[72] von Krockow, Edmund Burke, a.a.O., S. 76

[73] Ebd.

[74] Gillessen, a.a.O.

[75] Golo Mann, Friedrich von Gentz, a.a.O., S. 25

[76] Gillessen, a.a.O.

[77] von Krockow, Edmund Burke, a.a.O., S. 76

[78] Zit. nach von Wyss, S. 139 f.

[79] Betrachtungen, S. 129

[80] a.a.O., S. 275

[81] Rudolf Zihlmann, Edmund Burke, in: Was sagen die Propheten? Herderbücherei INITIATIVE, Bd. 50, 1982, S. 128

[82] Ebd.

Zum Thema „ideologisches" gegen „empirisches" Volk vgl. Rudolf Zihlmann (Jakobiner fallen nicht vom Himmel, in: Gerd-Klaus Kaltenbrunner, Hrsg., Rückblick auf die Demokratie, Herderbücherei INTIATIVE, 1977, Bd. 20, S. 155):

„Was Freiheit ist, wird vom neuen Souverän bestimmt, dem Volk. Wer aber ist das Volk? Robespierre gibt die klare Antwort für alle nachfolgenden selbsternannten Sprecher, die ‚im Namen aller' auftreten sollten bis auf unsere Tage, sei es ein Diktator oder eine Partei: *Je suis le peuple!* – Ich bin das Volk, ich bin sein berufener Vollstrecker. Was Freiheit ist, wird von mir, wird von uns bestimmt. Dies geht bis ins praktische Detail: Jemand fordert die Pressefreiheit. Darauf stellt ihm ein Jakobiner die gefährliche Frage: Pressefreiheit für die Patrioten oder für die Aristokraten?"

Zum selben Thema ein Beispiel aus jüngster Zeit (Martin Kriele, Kandidat der Intellektuellen, in: Die politische Meinung, Mai/Juni 1990, S. 29):

„Als nach der Öffnung der Mauer, am 9. November 1989, eine Rede Kohls vor dem Schöneberger Rathaus durch Trillerpfeifen gestört wurde, erklärte (der spätere SPD-Kanzlerkandidat) Lafontaine, ‚Tauben Ohren pfeift das Volk sein Konzert.' Wer ist für ihn das Volk? Die Störinstrumente waren mitgebracht. Zu der Störung hatte der Berliner ASTA aufgerufen, der sich für die Aufrechterhaltung des Honecker-Regimes eingesetzt hatte und der beanspruchte, auch in der Bundesrepublik Redezensur auszuüben, allerdings Zensur von unten mit den Mitteln systematischer Störung. Lafontaines ‚Volk' war eine linkfaschistische Gruppe von Jung-Intellektuellen, die gerne nutzen, was unsere Demokratie ihnen bietet: nicht nur die Freiheit, sondern auch das aus Steuermitteln der arbeitenden Bevölkerung erwirtschaftete Bildungsangebot der Universität und der Stipendien, die aber nichts davon dankbar anerkennt, die vielmehr mit Haß reagiert."

[83] Betrachtungen, S. 135

[84] Maurice J. Vile, Constitutionalism and the Separation of Powers, Oxford 1967, S. V. Zit. nach Ulrich Karpen, Die geschichtliche Entwicklung des liberalen Rechtsstaates, 1985, S. 26

[85] von Krockow, Edmund Burke, a.a.O., S. 76

[86] Russel Kirk, Konservative Elemente im gesellschaftlichen Denken Amerikas, in: Gerd-Klaus Kaltenbrunner (Hrsg.), Konservatismus international, 1973, S. 81

[87] Ebd.

[88] Betrachtungen, S. 133

[89] Zit. nach von Krockow, Edmund Burke, a.a.O., S. 78

[90] Betrachtungen, S. 334 f.

[91] Zit. nach von Krockow, Edmund Burke, a.a.O., S. 78

[92] Ebd.

[93] Vgl. dazu Richard von Weizsäcker (Progressive und Konservative, in: Süddeutsche Zeitung, Ausgabe vom 20. Februar 1971):

„Wer nicht mit dem Vollkommenen rechnet, der hat auch keine Mühe, mit der eigenen Unvollkommenheit zu rechnen ... Erneuerungen sind nötig, aber sie sind nur möglich mit Hilfe der Menschen. Die meisten Menschen haben von Hause aus eine beharrende Natur; sie schätzen den Wechsel nicht. Ihr Mißtrauen gegen Veränderungen ist stärker als ihre Experimentierfreudigkeit. Deshalb müssen sie für die Erneuerung gewonnen werden. Das gelingt nur dem, welcher diese Grundstimmung erkennt und ihr mit Verständnis begegnet, anstatt sie zu verurteilen."

[94] Von Krockow, Edmund Burke, a.a.O., S. 78

[95] Zit. ebd.

[96] Kurt Georg Kiesinger, Über die Prognosen des Grafen Alexis de Tocqueville, in: Ideen vom Ganzen, Reden und Betrachtungen, 1964, S. 40

[97] Bracher, Zeit der Ideologien, a.a.O., S. 331.

[98] Gillessen, a.a.O.

[99] Betrachtungen, S. 287

[100] Manfred Riedel, Auf der Suche nach dem Bürgerbund. Die Idee des Politischen und die Sache der europäischen Demokratie, in: Peter M. Schmidthuber (Hrsg.), Orientierungen für die Politik?, 1984, S. 99

Freiheit oder Knechtschaft: Tocqueville

[1] Gillessen, a. a. O.

[2] Zit. nach von der Gablentz, a.a.O., S. 113

[3] So der Untertitel des Tocqueville-Buches von J. P. Mayer, 1972, (3. Auflage)

[4] Kiesinger, a.a.O., S. 41

[5] Alexis de Tocqueville, Über die Demokratie in Amerika, Reclams-Universal-Bibliothek, Nr. 8077, 1990, S. 44.

[6] Christian Graf von Krockow, Alexis de Tocqueville, in: Iring Fetscher, Herfried Münkler (Hrsg.), Pipers Handbuch der politischen Ideen, 1986, Bd. 4, S. 122

[7] Ebd.

[8] Zit. nach Mayer, a.a.O., S. 37

[9] Bracher, Zeit der Ideologien, S. 396

[10] Über die Demokratie in Amerika, S. 44

[11] Zit. nach von Krockow, Alexis de Tocqueville, a.a.O., S. 119

[12] Mayer, a.a.O., S. 66

[13] Über die Demokratie in Amerika, S. 215 f.

[14] Kiesinger, a.a.O., S. 34

[15] Mayer, a.a.O., S. 42

[16] Über die Demokratie in Amerika, S. 339

[17] a.a.O., S. 343

[18] a.a.O., S. 344

[19] a.a.O., S. 348

[20] a.a.O., S. 343

[21] a.a.O., S. 20

[22] Kiesinger, a.a.O., S. 43

[23] Aurel Kolnai, Konservatives und revolutionäres Ethos, in: Gerd-Klaus Kaltenbrunner (Hrsg.), Rekonstruktion des Konservatismus, 1972, S. 110

[24] Kiesinger, a.a.O., S. 42

[25] Über die Demokratie in Amerika, S. 343 f.

[26] Pisa, a.a.O., S. 123

[27] Über die Demokratie in Amerika, S. 344

[28] von Krockow, Alexis de Tocqueville, a.a.O., S. 118

[29] Über die Demokratie in Amerika, S. 364
[30] Ebd.
[31] Ebd.
[32] a. a. O., S. 359
[33] a. a. O., S. 364
[34] Mayer, a. a. O., S. 44
[35] Ebd.
[36] Kiesinger, a. a. O., S. 52
[37] Über die Demokratie in Amerika, S. 59
[38] a. a. O., S. 352
[39] Über die Demokratie in Amerika, S. 351 f.
[40] Kiesinger, a. a. O., S. 49
[41] Über die Demokratie in Amerika, S. 352
[42] a. a. O., S. 353
[43] Zit. nach von der Gablentz, a. a. O., S. 101 f.
[44] a.a.O., S. 102
[45] Ebd.
[46] Ebd.
[47] Zit. nach Pisa, a. a. O., S. 172
[48] Zit. nach Friedrich August Hayek, Der Weg zur Knechtschaft, 1986 (Taschenbuch), S. 37
[49] von Krockow, Alexis de Tocqueville, a. a. O., S. 116
[50] Hornung, Das Konzept der „wahren Demokratie“ bei Karl Marx, a. a. O., S. 137
[51] Mayer, a. a. O., S. 139
[52] Ebd.
[53] Über die Demokratie in Amerika, S. 259
[54] von Krockow, Alexis de Tocqueville, a. a. O., S. 116
[55] Über die Demokratie in Amerika, S. 260
[56] a. a. O., S. 262
[57] Über die Demokratie in Amerika, S. 300
[58] Mayer, a. a. O., S. 147
[59] Pisa, a. a. O., S. 9
[60] Zit. nach von der Gablentz, a. a. O., S. 97
[61] Barth, a. a. O., S. 238
[62] Kiesinger, a. a. O., S. 42

[63] Carl J. Burckhardt in seinem Vorwort zu Alexis de Tocqueville, Über die Demokratie in Amerika, Reclams-Universal-Bibliothek, a.a.O., S. 5

[64] Mayer, a.a.O., S. 103

[65] Zit. nach Kiesinger, a.a.O., S. 51

[66] Mayer, a.a.O., S. 104

[67] a.a.O., S. 103 f.

[68] a.a.O., S. 104

[69] a.a.O., S. 104 f.

[70] Über die Demokratie in Amerika, S. 27

[71] Mayer, a.a.O., S. 110

[72] Zit. nach Mayer, a.a.O., S. 107

[73] Ebd.

[74] von der Gablentz, a.a.O., S. 21

[75] von Krockow, Alexis de Tocqueville, a.a.O., S. 119

[76] Tocqueville hat diese Gefahr eindringlich beschrieben:

„Ketten und Henker sind die groben Werkzeuge, mit denen die Tyrannei vorzeiten arbeitete; heutzutage aber hat die Zivilisation sogar den Despotismus noch vervollkommnet, von dem es doch schien, als hätte er nichts mehr dazuzulernen. Die Fürsten hatten die Gewalt sozusagen veräußerlicht; die demokratischen Republiken haben sie auf die geistige Stufe des menschlichen Willens gehoben, den sie zuschanden machen wollen. Unter der absoluten Herrschaft eines einzelnen schlug der Despotismus, um den Geist zu treffen, den Körper – eine grobe Methode, denn der Geist erhob sich unter den Schlägen und triumphierte über den Despotismus. In den demokratischen Republiken geht die Tyrannei ganz anders zu Werk; sie kümmert sich nicht um den Körper, sondern geht unmittelbar auf den Geist los. Der Machthaber sagt hier nicht mehr: ‚Du denkst wie ich, oder du stirbst'; er sagt: ‚Du hast die Freiheit, nicht zu denken wie ich; Leben, Vermögen und alles bleibt dir erhalten; aber von dem Tag an bist du ein Fremder unter uns. Du wirst dein Bürgerrecht behalten, aber es wird dir nichts mehr nützen; denn wenn du von deinen Mitbürgern gewählt werden willst, werden sie dir ihre Stimme verweigern, ja, wenn du bloß ihre Achtung begehrst, werden sie so tun, als verweigerten sie dir auch diese. Du wirst weiter bei den Menschen wohnen, aber deine Rechte auf menschlichen Umgang verlieren. Wenn du dich einem unter deinesgleichen nähern wirst, so wird er dich fliehen wie einen Aussätzigen. Und selbst wer an deine Unschuld glaubt, wird dich verlassen, sonst meidet man auch ihn. Gehe hin in Frieden, ich lasse dir das Leben, aber es ist schlimmer als der Tod'". (Über die Demokratie in Amerika, S. 151 f.)

Dazu von Krockow (Alexis de Tocqueville, a.a.O., S. 117):

„Dies dürfte die eindringlichste und unübertroffene Vision dessen sein, was man viel später erst die ‚totalitäre Demokratie' genannt hat – unübertroffen nicht zuletzt deshalb, weil sie die Gefahren für die Freiheit nicht erst in einer negativen Utopie ansiedelt oder sie in der offensichtlichen Gewaltherrschaft entdeckt, sondern im Herzen der scheinbar liberalen Demokratie selber."

77 Über die Demokratie in Amerika, S. 145

78 von der Gablentz, a.a.O., S. 21

79 Kiesinger, a.a.O., S. 50

80 Zit. nach von der Gablentz, a.a.O., S. 121

Zusammenfassung

1 Dazu Gerd-Klaus Kaltenbrunner (Unter dem Schutzmantel der Antigone, in: derselbe, (Hrsg.), Was sagen die Propheten? Die Botschaft des Gottes und das Wissen der Prognostiker, Herderbücherei INITIATIVE, Band 50, 1982, S.17 f.):

„‚Nichts furchtbarer als der Mensch ...' Keine Anthropologie ist ernstzunehmen, der diese Aussage nicht zugrundeliegt: das Menschenbild der sophokleischen Antigone. Man kann vielleicht auch übersetzen: ‚Nichts ungeheurer als der Mensch ...' Doch sei dem wie immer, hier geht es um mehr als um klassische Philologie. Es geht um den Menschen. Was ist der Mensch? Er mag noch so viel sein und werden, noch so viel erstreben und erreichen und vollbringen, die Anthropologie der Antigone ist schon vom Ansatz her wahrer, tiefschürfender, gründlicher als die von Rousseau (um von seinen bewußten oder unbewußten Epigonen zu schweigen). Und das Menschenbild der griechischen Tragiker, das der Chor der Antigone mit erschütternder Wucht verkündet, ist auch das der Propheten Israels und der großen Dichter aller Zeiten, ob wir nun an Dante, Shakespeare, Kleist, Grillparzer, Mickiewicz, Eminescu, Melville, Dostojewski oder Kafka denken. Ausgangspunkt ist der wahrhaft prophetische, der alle Masken und Schleier verschwinden lassende Satz: Der Mensch ist furchtbar, der Mensch ist ungeheuer ... Man beachte, daß nicht von der Bösartigkeit, gar einer ursprünglichen Verderbtheit die Rede ist. Zuerst ist der Mensch furchtbar und ungeheuerlich. Das bedeutet etwas ganz anderes als die Behauptung, er sei böse. Es geht in den Anfangsversen des Chorliedes nicht um Moral und moralische Urteile, sondern um den Ort des Menschen in der Welt, um seine Stellung gegenüber den anderen Wesen und Dingen. Das Furchtbare, das Ungeheuerliche ist ein Wesensmerkmal menschlicher Existenz, unabhängig von Schuld und Sühne, Güte und Bosheit, Sitte und Laster. Furchtbar, ungeheuerlich, erschreckend kann nicht nur ein Verbrecher sein, sondern auch ein Liebender, ein Heiliger, ein um die Erlösung vom Bösen bis zum Tode ringender Märtyrer. Es ist vielmehr so: das Furchtbare im und am Menschen ist die Voraussetzung, daß er, wie es in der Antigone heißt, sich bald zum Guten, bald zum Bösen neigen kann. Was läge an seiner Güte, was wöge seine Schlechtigkeit, wenn er nicht zuerst und immer und zuletzt dies wäre: ungeheuerlich, furchtbar?"

2 Von Krockow, Politik und menschliche Natur, a. a.O., S. 77

Die Aussage, der Mensch lasse sich „nicht fest-stellen", geht nach Angaben von Krockows (S. 43) auf ein Wort Nietzsches zurück: Der Mensch – so Nietzsche – sei „das nicht-festgestellte Tier".

Von Krockow zitiert in diesem Zusammenhang eine eindringliche Passage aus Johann Gottfrieds Herders „Ideen zur Geschichte der Menschheit":

„Lasset uns bedenken, was in den großen Gaben Vernunft und Freiheit liegt, und wieviel die Natur gleichsam wagte, da sie dieselben einer so schwachen, vielfach gemischten Erdorganisation, als der Mensch ist, anvertraute. Das Tier ist nur ein gebückter Sklave; wenn gleich einige edlere derselben ihr Haupt empor heben oder wenigstens mit vorgerecktem Halse sich nach Freiheit sehnen. Ihre noch nicht zur Vernunft gereifte Seele muß notdürftigen Trieben dienen, und in diesem Dienste sich erst zum eignen Gebrauche der Sinne und Neigungen von fern bereiten. Der Mensch ist der erste Freigelassene der Schöpfung; er steht aufrecht. Die Waage des Guten und Bösen, des Falschen und Wahren hängt in ihm; er kann forschen, er soll wählen. Wie die Natur ihm zwei freie Hände zu Werkzeugen gab und ein überblickendes Auge, seinen Gang zu leiten: so hat er auch in sich die Macht, nicht nur die Gewichte zu stellen, sondern auch, wenn ich so sagen darf, selbst Gewicht zu sein auf der Waage. Er kann dem trüglichsten Irrtum Schein geben und ein freiwillig Betrogener werden: er kann die Ketten, die ihn, seiner Natur entgegen, fesseln, mit der Zeit lieben lernen und sie mit mancherlei Blumen bekränzen. Wie es also mit der getäuschten Vernunft ging, gehet's auch mit der mißbrauchten oder gefesselten Freiheit: sie ist bei den meisten das Verhältnis der Kräfte und Triebe, wie Bequemlichkeit oder Gewohnheit sie festgestellt haben. Selten blickt der Mensch über diese hinaus, und kann oft, wenn niedrige Triebe ihn fesseln und abscheuliche Gewohnheiten ihn binden, ärger als ein Tier werden." (Johann Gottfried Herder, Ideen zur Geschichte der Menschheit, Erster Teil, 1784, Viertes Buch, IV).

3 Karl-Dietrich Bracher, Das 20. Jahrhundert als Zeitalter der ideologischen Auseinandersetzungen zwischen demokratischen und totalitären Systemen, in: Klaus W. Hempfer, Alexander Schwan (Hrsg.), Grundlagen der politischen Kultur des Westens, 1987, S. 233

4 Kaltenbrunner, Der schwierige Konservatismus, a. a.O., S. 125

[5] Mohler, Im Schatten des Jakobinismus, a. a. O., S. 276

[6] von Krockow, Politik und menschliche Natur, a. a. O., S. 78

[7] Lemberg, a. a. O., S. 209

[8] Irenäus Eibl-Eibesfeldt, Der Mensch im Lebensstrom, in: Klaus Piper (Hrsg.), Lust am Denken, 1987, 9. Aufl., S. 39

[9] Ebd.

[10] Max Scheler, Die Stellung des Menschen im Kosmos, 1966, S. 38

[11] a. a. O., S. 55

Das vollständige Zitat lautet:

„Mit dem Tiere verglichen, das immer ‚Ja' zum Wirklichsein sagt – auch da noch, wo es verabscheut und flieht –, ist der Mensch der ‚Neinsagenkönner', der ‚Asket des Lebens', der ewige Protestant gegen alle bloße Wirklichkeit."

[12] Kaltenbrunner, Der schwierige Konservatismus, a. a. O., S. 104

[13] Ebd.

[14] a.a.O., S. 122

[15] Rudolf Zihlmann, Edmund Burke, Konservativer Prophet und Genie politischer Hermeneutik, in: Was sagen die Propheten?, a. a. O., S. 137

[16] Kaltenbrunner, Der schwierige Konservatismus, a. a. O., S. 55

[17] a.a.O., S. 136

[18] Ludolf Herrmann, Rekultivierung – Eine neue bildungspolitische Aufgabe, in: Horst Baier (Hrsg.), Freiheit und Sachzwang, Beiträge zu Ehren Helmut Schelskys, 1977, S. 129 f.

[19] Kaltenbrunner, Der schwierige Konservatismus, a. a. O., S. 58

[20] a.a.O., S. 122

[21] Karl Theodor Freiherr zu Guttenberg, Konservative Politik heute, in: Paul Pucher (Hrsg.), Karl Theodor Freiherr zu Guttenberg, Im Interesse der Freiheit, 1970, S. 20

[22] Von Krockow, Politik und menschliche Natur, a. a. O., S. 77

[23] Von Krockow, Reform als politisches Prinzip, a. a. O., S. 124

[24] Dazu Michael Landmann (Innovation und das gute Bestehende, in: Gerd-Klaus Kaltenbrunner, Zurück zu den Tatsachen!, Herderbücherei INITIATIVE (Sonderband), 1977, S. 17):

„Dem Kritiker und potentiellen Verbesserer gegenüber steht der Verteidiger des Gegebenen in der schlechteren Position ... Die Entwicklung der Welt schreitet, so hat uns Hegel belehrt, nur durch die ‚Kraft des Negativen' fort, durch die ‚der Geist mit der bisherigen Welt seines Daseins und Vorstellens' bricht. Alle guten Argumente sprechen für die Negation. Unsere impulsive Stellungnahme gehört dem, der ein Problem findet, der an seiner Lösung arbeitet, der einen Umwandlungsprozeß einleitet. Unsere Neigung gilt der Empörung gegen einen ungerechten Weltbau, so wie Aischylos sie in seinem ‚Prometheus' gestaltete (Marx las das Stück jedes Jahr einmal), wie sie in den Revolutionen seit dem 18. Jahrhundert wirkt und in jeder Jugendrevolte hervorbricht. Unsere Neigung gilt der Utopie, die das Phantasiebild einer heilen Zukunft vor uns aufsteigen läßt."

Dritter Teil: Konfrontationen – neun Beispiele aus jüngerer und jüngster Zeit

[1] Mohler, a.a.O., S. 276

[2] Chaimowicz, Die Wiederentdeckung Burkes, a.a.O., S. 397

[3] Mohler, a.a.O., S. 276

[4] Kaltenbrunner, Der schwierige Konservatismus, a.a.O., S. 9

Von der „ewigen Linken" spricht der Berliner Historiker Ernst Nolte (Die Welt, Ausgabe vom 10. August 1992):

„Es gibt eine Denk- und Empfindungstendenz, die immer wieder dahin strebt, sich parteimäßig zu organisieren, und die ungeachtet gewisser Modifikationen Kontinuität und Ähnlichkeit aufweist. Diese ‚ewige Linke' sagt immer das gleiche, nämlich: daß die gegenwärtige Gesellschaft ungerecht ist, weil sie Ungleichheiten aufweist.

Eine moderne Gesellschaft kann aufgrund ihrer Komplexität nicht egalitär im strengen Sinne sein … Aber die ‚ewige Linke' mit ihrem permanenten egalitären Impetus kann trotzdem recht haben gegen viele absterbende Hierarchien. Wie ein Rammbock stößt sie dagegen, und dann muß sich zeigen, ob eine bestimmte Über- und Unterordnung noch Lebenskraft besitzt oder fallen muß. So etwas nennt man dann häufig Revolution.

Freilich sind aus diesem Revolutionsbegriff der ‚ewigen Linken' noch niemals gerechte Gesellschaften hervorgegangen. Entstanden sind immer nur neue Ungleichheiten, und ich bin versucht zu sagen, sogar besonders intensive Ungleichheiten. So verkörperte ein Mann wie Stalin, der sich immer auf das Postulat von der Gleichheit aller Werktätigen berief, eine Machtdifferenz, mit der verglichen selbst der Zarismus als demokratische Gesellschaft erscheint.

Dennoch wird diese ‚ewige Linke' bestehen bleiben. Sie wird stets neue Gründe finden, zu klagen und zu protestieren. Nicht notwendigerweise der Marxismus, wohl aber das, was man im weitesten Sinne als Sozialismus bezeichnet, wird immer wieder eine Renaissance erleben. Was allerdings in absehbarer Zeit nicht wiederkehren wird, das ist eine starke linke Partei, die auf dem Wege der Gewalt zur Macht gelangen möchte.

Dieser große, für das 20. Jahrhundert geradezu grundlegende Vorgang der Machtergreifung einer Partei, die sich als eine Partei der ‚ewigen Linken' verstand, hat in seinen Konsequenzen so abschreckend gewirkt, daß ich ihm für die Zukunft keine Chance mehr gebe."

Zum Thema „ewige Linke" vgl. auch Äußerungen des in Mähren geborenen Schriftstellers Milan Kundera in seinem Roman „Die unerträgliche Leichtigkeit des Seins", 1987 (Taschenbuch), S. 246:

„Seit der Französischen Revolution nennt sich die eine Hälfte Europas ‚Linke', während die andere sich die Bezeichnung ‚Rechte' erworben hat. Es ist nahezu unmöglich, den einen oder den anderen Begriff aufgrund irgendwelcher theoretischer Prinzipien, auf die er sich stützte, zu definieren. Das ist nicht weiter verwunderlich: politische Bewegungen beruhen nicht auf rationalen Haltungen, sondern auf Vorstellungen, Bildern, Wörtern und Archetypen, die als Ganzes diesen oder jenen ‚politischen Kitsch' bilden.

Die Vorstellung des Langen Marsches ... ist der politische Kitsch, der die Linken aller Zeiten und aller Richtungen vereinigt. Der Lange Marsch, das ist der großartige Weg vorwärts, der Weg zur Brüderlichkeit, zur Gleichheit, zur Gerechtigkeit, zum Glück und noch weiter über alle Hindernisse hinweg, denn Hindernisse muß es geben, damit der Marsch ein Langer Marsch ist ...

Das, was einen Linken zu einem Linken macht, ist nicht diese oder jene Theorie, sondern seine Fähigkeit, jede Theorie zum Bestandteil des Kitsches zu machen, den man den Langen Marsch vorwärts nennt."

Erstes Beispiel: Adorno und die Folgen

1 Zur „Frankfurter Schule": Friedemann Grenz, Adornos Philosophie in Grundbegriffen, 1974; Alfred Heuss, „Ideologiekritik", 1975;. Günter Rohrmoser, Das Elend der kritischen Theorie, 1970

In einem „Rückblick auf die Frankfurter Schule" schrieb Michael Landmann 1980:

„Unter der Gefahr des heraufziehenden Nationalsozialismus ... hatte die Frankfurter Schule sich begründet. Als den eigentlichen Schuldigen am Nationalsozialismus diagnostizierte sie den Kapitalismus. An diese Ausgangsposition blieb die Schule zeit ihres Bestehens ‚primärfixiert'. Wohl hat die Schule in späteren Jahren über den östlichen Kommunismus geschwiegen und ihn verachtet ... Anderseits bildet es keinen Zufall, daß aus der von der Frankfurter Schule beeinflußten Neuen Linken in der zweiten Generation wieder eine orthodox-marxistische Linke wurde: oft treten in der Karikatur die typischen Züge deutlicher hervor als im Urbild. Der primäre Gegner bleibt für die Schule immer das (kapitalistische) ‚System' des Westens, die ‚fortgeschrittene Industriegesellschaft', die auch ‚Kulturindustrie‘ und mit ihr die Kommerzialisierung und Einebnung aller alternativen Werte einschließt. Das ‚System‘ ist so unmenschlich, daß man es auf keinen Fall in Schutz nehmen kann, auch nicht relativ gegen den Osten, selbst wenn dieser gegen den humanistischen Sozialismus in der Tschechoslowakei einmarschiert. Denn das ‚System‘ bleibt essentiell ‚präfaschistisch', ‚faschistoid‘. Wenn die Neue Linke von der ‚faschistischen Bundesrepublik‘, von den ‚faschistischen Methoden der amerikanischen Polizei‘ spricht, dann wurde das eines Teils dadurch möglich, daß immer im zeitlichen Abstand aus Epochenbegriffen typologische Begriffe werden. Andernteils wiederholt die Neue Linke damit getreulich den Tenor der Frankfurter Schule ...

Die späte Frankfurter Schule verharrte ... in einer politischen Attitüde, die in den frühen dreißiger Jahren plausibel sein mochte, die jedoch mit der weltpolitischen Entwicklung nach dem Zweiten Weltkrieg ‚ungleichzeitig‘ war. Die Schule ... sah – was dem Philosophen am schwersten zu verzeihen ist – an der neuen Wirklichkeit vorbei und stiftete dadurch mehr Verwirrung als Klärung ... Die Frankfurter erkannten nicht die Bedrohung durch den neuen Totalitarismus und die Verteidigungswürdigkeit des Westens gegen sie. Wie sie in ihren Anfängen den Feind richtig signalisiert hatten, so blieben sie an ihrem Ende zuwenig sensibel gegen den, der jetzt der wahre Feind war.“ (Michael Landmann, Rückblick auf die Frankfurter Schule, in: Wiederkehr der Wölfe, a. a.O., S. 114 ff.)

Zur „Frankfurter Schule“ vgl. auch die temperamentvollen Äußerungen Golo Manns in seinem Nachwort zu: Franz Josef Strauß, Zur Lage, 1979, S. 222 f.:

„Zum Beispiel bot die bald über und über einflußreiche sogenannte Frankfurter Schule nichts anderes als einen verfeinerten, subtilisierten Marxismus, Marxismus für feine Leute oder solche, die es werden wollten, einen literarisch hochstehenden, sogar einen pessimistischen Marxismus. Niemand dachte daran, sie am Werk zu hindern. Das ging weiter, das breitete sich aus durch Schüler und Schülers Schüler, trotz der Erfolge der Marktwirtschaft, die bald die kühnsten Hoffnungen ihrer eigenen Theoretiker übertraf.

Solche Entwicklungen im Kleinwirklichen waren für die Frankfurter von geringem Interesse, außer, daß sie ihnen selbst ein recht komfortables Leben ermöglichten. In Parenthese: Daß es mit dem Professor Adorno durch die Haltung seiner eigenen Studenten, ein etwas trauriges Ende nahm“ – Adorno starb an den Aufregungen, in die ihn gegen ihn gerichtete studentische Demonstrationen gestürzt hatten, K. H. –, „kann ich für nichts anderes als eine gerechte Strafe halten. Seine Schüler lehrte er, daß alles, was ist, falsch ist und dialektisch zu einer Grundveränderung führen muß. Wenn die nur allzu gläubigen Schüler aber fragen, wie sie sich denn nun praktisch zu verhalten hätten, um das Ende des Falschen zu beschleunigen, antwortete er: Was praktisch? Es hat sich doch nur um eine akademische Lehrveranstaltung gehandelt. – Eine solche Haltung, geboren aus schierer Wirkungssucht, ist unverantwortlich bis zum Verbrecherischen. Ich sage das, weil T.W. Adorno hier als Beispiel für einige Dutzend seiner Kollegen steht."

Zu den „Kollegen" Adornos, die Golo Mann hier ansprach, gehörte auch Herbert Marcuse. Sein Buch „Der eindimensionale Mensch" endet mit den Sätzen: „Die kritische Theorie der Gesellschaft besitzt keine Begriffe, die die Kluft zwischen dem Gegenwärtigen und seiner Zukunft überbrücken könnten; indem sie nichts verspricht und keinen Erfolg zeigt, bleibt sie negativ. Damit will sie jenen die Treue halten, die ohne Hoffnung ihr Leben der Großen Weigerung hingegeben haben und hingeben." (S. 268)

Dazu Edith Eucken-Erdsiek (Die Macht der Minderheit, a.a.O., S. 90):

„Das... ist der geistige Offenbarungseid. Alle großen Probleme der Menschheit werden so behandelt, als ob ihrer Lösung nichts weiter entgegenstünde als die repressive Ordnung unserer Gesellschaft. Das ‚falsche Bewußtsein' muß deshalb verdrängt werden. Aber das ‚echte' weiß keinen Rat. Es bleibt nur die ‚Große Weigerung' – die reine Negation.

So primitiv hat sich noch keine sozialrevolutionäre Utopie dargestellt. Marcuse und die Seinen haben nichts zu bieten als den Willen zur Revolution. Sie können nur die Fäuste ballen, aber ihre Hände sind leer."

2 Veröffentlicht in: Friedemann Grenz, Adornos Philosophie in Grundbegriffen, a.a.O., S. 225 ff.

3 Kaltenbrunner, Der schwierige Konservatismus, a.a.O., S. 137

4 Alfred Dregger, Systemveränderung. Brauchen wir eine andere Republik?, 1972, S. 9

5 Siehe dazu das Programm der „Grünen" zur Bundestagswahl 1987. Dort wurde u. a. folgendes gefordert:
- „Auflösung aller kasernierten Polizeieinheiten (Bereitschaftspolizei und Bundesgrenzschutz)" (S. 5);
- „Abbau der Personalstärken der Polizeien des Bundes und der Länder" (S. 5);
- „Beschränkung des Aufgabenbereiches und der Befugnisse des Bundeskriminalamtes" (S. 5);
- „Auflösung der existierenden Verfassungsschutzämter" (S. 6);
- „keine Ausweispflicht" (S. 6);
- „Streichung der Anti-Terror-Gesetze" (S. 6);
- „Abschaffung der lebenslangen Freiheitsstrafe und der Sicherungsverwahrung" (S. 6).

[6] Vgl. dazu: Johan Galtung, Strukturelle Gewalt, 1982

[7] Dazu Herbert Weichmann, Erster Bürgermeister der Hansestadt Hamburg in den Jahren zwischen 1965 und 1971, am 17. Juni 1982 in der Gedenkstunde des Deutschen Bundestages zur Erinnerung an den 17. Juni 1953:

„Law and order, manchmal mit Anführungsstrichen von gewissen Elementen versehen – ..., ist in den totalitären Staaten eine angemaßte und willkürliche Inanspruchnahme von Gewalt, aber im demokratischen Staat ... die Garantie für die Wirksamkeit demokratisch gesetzten Rechtes, wenn der Staat ... die notwendige Autorität besitzt und sie auch auszuüben vermag.

Recht und Ordnung sind anzuerkennen vom Bürger, sie sind aber auch wahrzunehmen von den staatlichen Behörden. Falsche Duldsamkeit schafft falsche Vorstellungen über die Grenze des Erlaubten. Ein ‚principiis obsta', das ‚Wehret den Anfängen', ist von alters her eine staatspolitische Weisheit, um ... größere Übel rechtzeitig zu vermeiden. In diesem Sinne muß deutlich ausgesprochen werden: Nur der Staat hat das Monopol der Gewalt, und bei ihm muß es bleiben. Unser konstitutionelles System der Gewaltenteilung sorgt für die Kontrolle, aber es hat sich schützend, wenn notwendig, vor die Institutionen des Staates, wie Polizei und Verfassungsschutz, zu stellen." (Abgedruckt in: Frankfurter Rundschau, Ausgabe vom 7. Juli 1982)

[8] Molnar, a. a. O., S. 27

[9] Kaltenbrunner, Wiederkehr der Wölfe, a.a.O., S. 24

[10] Hans-Joachim Veen, Die Anhänger der GRÜNEN – Ausprägungen einer neuen linken Milieupartei, in: Manfred Langner (Hrsg.), Die GRÜNEN auf dem Prüfstand, 1987, S. 102

[11] Rudolf Wassermann, Hilflosigkeit gegenüber Gewalt ist kein Schicksal, in: Rheinischer Merkur, Ausgabe vom 5. Februar 1988

Zweites Beispiel: Mensch statt Menschheit

[1] Stark, Revolution oder Reform, a. a. O.

[2] Herbert Marcuse, Repressive Toleranz, in: Kritik der reinen Toleranz, edition suhrkamp, 181, 1978, S. 121

Noch krassere Ausfälle gegen die „westliche" Demokratie finden sich bei Ernst Bloch:

„Die bürgerliche Demokratie, versicherte Bloch ..., ‚trägt moralische Schminke, heuchelt Menschenrechte, als könne die kapitalistische Hure noch einmal Jungfrau werden'. Oder an anderer Stelle: die Freiheit sei, in bürgerlich-demokratischen Verhältnissen, ‚Chloroform'." (Fest, Der zerstörte Traum, a. a. O., S. 72)

[3] Marcuse, Repressive Toleranz, a. a. O., S. 127

[4] Herbert Marcuse, Der eindimensionale Mensch, 1967, S. 24

[5] Ebd.

[6] a.a.O., S. 32

[7] a.a.O., S. 24

[8] Zit. nach Rainer Barzel, Gesichtspunkte eines Deutschen, 1968 (Taschenbuch), S. 260

[9] Marcuse, Der eindimensionale Mensch, a. a. O., S. 61

[10] Marcuse, Repressive Tolerenz, a. a. O., S. 121

[11] Marcuse, Der eindimensionale Mensch, a. a. O., S. 61

[12] a. a. O., S. 261

[13] Ebd.

[14] a. a. O., S. 60

[15] Stark, a. a. O., S. 17

[16] a. a. O., S. 3

[17] a. a. O., S. 9

[18] Ebd.

[19] a. a. O., S. 39

[20] a. a. O., S. 29

[21] a. a. O., S. 3

Drittes Beispiel: Erworben oder angeboren?

[1] Erich Fromm, Anatomie der menschlichen Destruktivität, 1974, S. 395

[2] Molnar, a. a. O., S. 19

[3] Irenäus Eibl-Eibesfeldt, Aggression und Aggressionstrieb – Erkenntnisse und Stand der Verhaltensforschung, in: Universitas, 1980, Heft 7, S. 723 f.

[4] Konrad Lorenz, Die acht Todsünden der zivilisierten Menschheit, 1973, S. 101 f.

[5] a. a. O., S. 92 f.

[6] a. a. O., S. 93

[7] a. a. O., S. 94

Viertes Beispiel: Rousseau redivivus

[1] Das kostümierte Böse – Ernst Bloch im Gespräch mit Adalbert Reif, in: Die Zeit, Ausgabe vom 4. Juli 1975

Fünftes Beispiel: Das gute Sein und das böse Haben

[1] Erich Fromm, Haben oder Sein - Die seelischen Grundlagen einer neuen Gesellschaft, 1979, S. 21

[2] Dazu Fromm (S. 153 f.):

„Haben und Sein als zwei verschiedene Formen menschlicher Existenz sind der Kern der Marxschen Ideen über die Entstehung des neuen Menschen. Mit diesen Kategorien schreitet Marx von ökonomischen Kategorien zu psychologischen und anthropologischen Kategorien vor, die gleichzeitig zutiefst ‚religiös' sind ... Marx schreibt: ‚Das Privateigentum hat uns so dumm und einseitig gemacht, daß ein Gegenstand erst der unsrige ist, wenn wir ihn haben, er also als Kapital für uns existiert, oder von uns unmittelbar besessen, gegessen, getrunken, an unsrem Leib getragen, von uns bewohnt ect., kurz gebraucht wird... An die Stelle aller physischen und geistigen Sinne ist daher die einfache Entfremdung aller dieser Sinne, der Sinn des Habens getreten. Auf diese absolute Armut mußte das menschliche Wesen reduziert werden, damit es seinen inneren Reichtum aus sich herausgebäre'...

Marx faßte seine Konzeption des Seins und des Habens in dem folgenden Satz zusammen: ‚Je weniger du bist, je weniger du dein Leben äußerst, um so mehr hast du, um so größer ist dein entäußertes Leben... Alles, was dir der Nationalökonom an Leben nimmt und an Menschheit, das alles ersetzt er dir in Geld und Reichtum.'

Das Habengefühl, von dem Marx hier spricht, ist genau dasselbe wie die ‚Ich-Gebundenheit' Eckharts, die Gier nach Dingen und die damit verbundene Selbstsucht. Marx bezieht sich auf den Habenmodus der Existenz, nicht auf den Besitz als solchen, auch nicht auf das unentfremdete Privateigentum als solches. Das Ziel ist weder Reichtum und Luxus noch Armut – beides wird von Marx als Laster angesehen.

Was ist dieser Akt des Gebärens? Es ist der aktive, unentfremdete Ausdruck unserer Fähigkeit in bezug auf die jeweiligen Objekte. Marx fährt fort: ‚Jedes seiner menschlichen Verhältnisse zur Welt, Sehen, Hören, Riechen, Schmecken, Fühlen, Denken, Anschauen, Empfinden, Wollen, Tätigsein, Lieben, kurz alle Organe seiner Individualität... sind in ihrem gegenständlichen Verhalten oder in ihrem Verhalten zum Gegenstand die Aneignung desselben. Die Aneignung der menschlichen Wirklichkeit ...' Dies ist die Form der Aneignung im Seinsmodus, nicht im Habenmodus. Marx drückte diese Form der nichtentfremdeten Aktivität im folgenden Passus aus: ‚Setze den Menschen und sein Verhältnis zur Welt als ein menschliches voraus, so kannst du Liebe nur gegen Liebe austauschen. Vertrauen nur gegen Vertrauen ect. Wenn du die Kunst genießen willst, mußt du ein künstlerisch gebildeter Mensch sein; wenn du Einfluß auf andere Menschen ausüben willst, muß du ein wirklich anregend und fördernd auf andere Menschen wirkender Mensch sein. Jedes deiner Verhältnisse zum Menschen – und zu der Natur – muß eine bestimmte, dem Gegenstand deines Willens entsprechende Äußerung deines wirklichen individuellen

Lebens sein. Wenn du liebst, ohne Gegenliebe hervorzurufen, das heißt, wenn dein Lieben als Lieben nicht die Gegenliebe produziert, wenn du durch eine Lebensäußerung als liebender Mensch dich nicht zum geliebten Menschen machst, so ist deine Liebe ohnmächtig, ein Unglück.'"

[3] a.a.O., S. 195

[4] a.a.O., S. 17

[5] a.a.O., S. 16

[6] a.a.O., S. 195

[7] a.a.O., S. 167

[8] a.a.O., S. 172

[9] a.a.O., S. 195

[10] Dazu Fromm (S. 165 f.):

„Um (den Marxschen Erlösungsbegriff) zu verstehen, muß man sich bewußtmachen, daß der Kommunismus für Marx, wie er selbst sagte, kein Endziel, sondern eine Stufe in der menschlichen Entwicklung darstellte, durch die der Mensch von jenen sozioökonomischen Bedingungen befreit werden sollte, die ihn unmenschlich machen: zu einem Gefangenen der Dinge, der Maschinen und seiner eigenen Gier. Marx' erster Schritt war, der Arbeiterklasse seiner Zeit, der, wie er glaubte, entfremdetsten und elendsten Klasse, bewußtzumachen, daß sie litt. Er versuchte, die Illusionen zu zerstören, die den Arbeitern das Elend ihrer eigenen Lage verschleierten. Sein zweiter Schritt war, ihnen die Ursachen ihres Leidens klarzumachen, die seiner Ansicht nach im Wesen des Kapitalismus und in der von ihm hervorgebrachten Charakterstruktur von Habgier, Geiz und Abhängigkeit begründet lagen. Diese Analyse der Ursachen des Leidens der Arbeiter (aber nicht allein ihres Leidens) war ein Teil dessen, was Marx als seine Hauptaufgabe ansah, die Analyse der kapitalistischen Wirtschaft.

Sein dritter Schritt bestand darin, den Menschen zu zeigen, daß man dem Leiden ein Ende bereiten konnte, indem man dessen Ursache beseitigte. Im vierten Schritt stellte er die Prinzipien der neuen Lebenspraxis dar, die die Menschen von dem Elend befreien sollte, welches die alte Gesellschaft zwangsläufig hervorbrachte."

[11] a.a.O., S. 195

[12] a.a.O., S. 197

[13] a.a.O., S. 169

[14] a.a.O., S. 165

[15] von Krockow, Politik und menschliche Natur, a.a.O., S. 51

[16] a.a.O., S. 49 f.

[17] a.a.O., S. 50

[18] a. a. O., S. 50 f.

[19] a.a.O., S. 51

[20] Ebd.

Mit Fromms Forderung, der „Habenmodus“ müsse dem „Seinsmodus“ weichen, hat sich auch Edith Eucken-Erdsiek auseinandergesetzt. Ihr Fazit: „Fromms Forderung, verführerisch für eine unruhige Jugend, ist unrealisierbar und – sie ist gefährlich. Warum? Fromm sieht, wie viele wohlmeinende Menschen, alle anderen als so selbstverständlich gutwillig, als so freudig einsatzbereit an, wie er selbst es ist. Das Böse existiert nicht wirklich für ihn. Ebensowenig hat er ein Verhältnis zur Macht. Er ist deshalb doppelt schlecht dafür gerüstet, die Macht des Bösen in ihrer ganzen Bedrohlichkeit zu erfassen. Wer aber diese Macht verharmlost, läuft Gefahr, ihr den Weg zu ebnen. Doch Fromm unterschätzt damit nicht nur die Schwere der uns gestellten Aufgabe. Er scheint sich andererseits nicht darüber klar zu sein, wieviel er bereit ist, für seinen Menschheitstraum zu opfern. Er verwirft das ganze ‚System‘, und das schließt ein: die Marktwirtschaft, das Privateigentum, sowie jegliche Ausübung von Macht, auch da, wo sie legitim und zum Schutz der Gemeinschaft unabdingbar ist. Worauf läuft das hinaus? Wenn auch vielleicht ungewollt, letztlich am Ende doch auf die Abschaffung der freiheitlichen Rechtsordnung – obendrein noch ihre Ersetzung durch ein Etwas, von dem man keine genaue Vorstellung hat. Gewiß das Letzte, was Fromm wünschen kann.“ (Edith Eucken-Erdsiek, Haben oder Sein, in: dieselbe, Magie der Extreme. Von der Schwierigkeit einer geistigen Orientierung, Herderbücherei, Band 908 (Taschenbuch), 1981, S. 95 f.)

[21] von Krockow, Politik und menschliche Natur, a. a. O., S. 51

Sechstes Beispiel: Die Schule der Indoktrination

[1] Thomas Nipperdey, Konflikt – Einzige Wahrheit der Gesellschaft?, 1974, S. 9

Vgl. dazu auch Kurt Sontheimer, Erzieher können die Welt nicht verändern. Pädagogik im Magnetfeld linker Theorien: Emanzipation heißt Polarisierung, in: Deutsche Zeitung, Ausgabe vom 2. Januar 1976; Brigitte Mohr, „Mein und Dein wird abgeschafft“ / Was Schulbücher heute sagen, in: Frankfurter Allgemeine Zeitung, Ausgabe vom 18. September 1982; Konrad Adam, Täuschungsversuch am Schüler, in: Frankfurter Allgemeine Zeitung, Ausgabe vom 27. August 1992

[2] Nipperdey, a. a. O., S. 113

[3] a. a.O., S. 111

[4] a. a.O., S. 29

[5] Ebd.

[6] a.a.O., S. 12

[7] Thomas Nipperdey, Ende der Selbstbestimmung – Zur Kritik der Hessischen Rahmenrichtlinien für Gesellschaftslehre, in: Gerd-Klaus Kaltenbrunner (Hrsg.), Klassenkampf und Bildungsreform – Die neue Konfessionsschule, Herderbücherei INITIATIVE, Bd. 2, 1974, S. 99

[8] a.a.O., S. 111

[9] Nipperdey, Konflikt – Einzige Wahrheit der Gesellschaft?, a.a.O., S. 16

[10] a.a.O., S. 31

[11] a.a.O., S. 29

Siebentes Beispiel: Revolte gegen die Natur

[1] Wilhelm Hennis, Demokratisierung, Zur Problematik eines Begriffs, in: derselbe, Die mißverstandene Demokratie, 1973 (Taschenbuch), S. 51

[2] a.a.O., S. 47

[3] a.a.O., S. 51

[4] a.a.O., S. 47

[5] a.a.O., S. 46

[6] Ebd.

[7] a.a.O., S. 47 f.

[8] a.a.O., S. 48

[9] a.a.O., S. 49

[10] Ebd.

[11] a.a.O., S. 51

Achtes Beispiel: Zwischen Engel und Tier

[1] Abgedruckt in: Nikolaus Lobkowicz (Hrsg.), Irrwege der Angst – Chancen der Vernunft. Mut zur offenen Gesellschaft. Veröffentlichungen der Hanns-Martin-Schleyer-Stiftung, Band 10, 1983, S. 290 f.

[2] Jeanne Hersch spielt hier auf Tocqueville an und auf ein berühmtes Wort Blaise Pascals: „Der Mensch ist weder ein Engel noch eine Bestie, und sein Unglück ist, daß er um so bestialischer wird, je mehr er ein Engel sein will.“

Neuntes Beispiel: Zweimal Demokratie

[1] Hempfer/Schwan, Grundlagen der politischen Kultur des Westens, a.a.O., S. V

[2] Gesine Schwan, Repräsentative und identitäre Demokratie, in: Hempfer/Schwan, a.a.O., S. 63

[3] a.a.O., S. 64

[4] a.a.O., S. 65 f.

[5] Manfred Hättich, Demokratie, in: Peter Gutjahr-Löser, Klaus Hornung (Hrsg.), Politisch-Pädagogisches Handwörterbuch, 1980, S. 64

[6] Gesine Schwan, a.a.O., S. 66

[7] Ebd.

[8] Ebd.

[9] von Krockow, Gewalt für den Frieden? Die politische Kultur des Konflikts, 1983, S. 44

[10] Gesine Schwan, a.a.O., S. 67

[11] Ebd.

[12] Siehe Kapitel „Tugend und Terror", Anm. 31

[13] Buchheim / Raabe, Thesen gegen den Mißbrauch der Demokratie, a.a.O., S. 14

Dazu auch: Stephan Eisel, Konsens im Konflikt. Zum Überlebensweg freiheitlicher Demokratie zwischen Totalitarismus und Anarchie. Beilage zur Wochenzeitung „Das Parlament", B 10/86; hier vor allem die Seiten 5-7

[14] Schmidt, a.a.O., S. 32

Zum Thema „Gemeinwohl als vorgegebene Größe" vgl. Guggenberger, a.a.O., S. 96:

„Der vollkommene Staat setzt den vollkommenen Bürger voraus, er antizipiert den ‚neuen Menschen'. Das wird von Rousseau und seinen modernen Nachfahren auch keineswegs bestritten. Nicht der reale Staat, nicht der wirkliche Mensch, nicht der empirische Gemeinwille ist ihr Thema, sondern der Idealstaat, der Mensch, wie er werden soll, der Gemeinwille als quasi-eschatologischer Auftrag. Dieser ‚unmenschliche' Moralismus, das Absehen von Wirklichkeit und Erfahrung, mündet konsequent in die Forderung nach einer Erziehungsdiktatur unter Anleitung der berufenen Interpreten des Gemeinwohls. Wer diese Tugendwächter einsetzt, wer sie ihrerseits bewacht und kontrolliert – diese Grundfragen aller wirklichen Demokratie halten die Identitätstheoretiker nicht für diskussionsbedürftig. Eben diese Vernachlässigung der Willensbildungsproblematik macht neben dem Glauben an die Perfektibilität des Menschen die Inhumanität und den latenten Totalitarismus dieser Position aus. Wenn jedes politische Handeln mit dem Hinweis auf die objektiven Erfordernisse des Gemeinwohls gerechtfertigt werden kann, gerät jeder Konflikt – sofern er überhaupt noch stattfinden kann – in eine Auseinandersetzung auf Leben und Tod, in einen Streit um die richtige ‚Exegese'. Wenn es nur einen besten Weg gibt, kann auch nur eine Meinung die richtige sein; alle anderen befinden sich notwendigerweise im Irrtum.

Nur im gemeinsamen Bezug auf ein a priori vorausgesetztes, gleichwohl nirgends belegbares Gemeinwohl sind Regierte und Regierende identisch, wird die Unterscheidung von Herrschenden und Beherrschten hinfällig. An diesem Punkt läßt sich auch der Gegensatz zur pluralistisch-repräsentativen Demokratietheorie am besten verdeutlichen: die Verfechter des Pluralismus gehen davon aus, daß die vorrangige Wahrnehmung des eigenen Nutzens zur unaufhebbaren menschlichen Natur gehört. Von daher kann auch nicht die Homogenität des Denkens und Wollens das Ziel aller Politik sein, sondern im Gegenteil gerade die möglichst vollständige Widerspiegelung (‚Repräsentation') der mannigfachen gesellschaftlichen Interessen- und Meinungsströmungen. Erst im Austragen der vorhandenen Gegensätze, in einem Prozeß des Mit- und Gegeneinander entsteht eine Art ‚Gemeinwohl'."

Zum selben Thema vgl. auch Lothar Czayka, Die ungeliebte Republik, in: Der Spiegel, Ausgabe vom 13. Juli 1992, Seite 42:

„Für eine realistische Einschätzung der Vorzüge und Nachteile unserer parlamentarischen Demokratie sind einige Grundeinsichten nötig. *So ist die Vorstellung vom ‚Volk' oder von der ‚Gesellschaft' als Subjekt einer einheitlichen Vernunft und eines einheitlichen Willens eine gefährliche Chimäre, die uns Rousseau aufgebunden hat.* ‚Das Volk' oder ‚die Gesellschaft' ist – zumindest in normalen Zeiten – keineswegs ein konkordanter Verein, sondern eine Pluralität von Interessengruppen mit unterschiedlichen Wertvorstellungen, unterschiedlichem Problembewußtsein und unterschiedlichen Lösungskonzepten.

Die Sehnsucht nach einem allumfassenden gesellschaftlichen Konsens für die Lösung aller politischen Probleme ist in unserem Lande weit verbreitet und nicht auszurotten. Was dabei herauskommt, wenn diese Sehnsucht von Demagogen befriedigt wird, ist bekannt."

[15] Siehe Kapitel „Tugend und Terror", Anm. 48

[16] Siehe Kapitel „Tugend und Terror", Anm. 46

[17] von Krockow, Gewalt für den Frieden?, a.a.O., S. 49

[18] Ebd.

[19] a.a.O., S. 49 f.

[20] Gesine Schwan, a.a.O., S. 71

[21] a.a.O., S. 74

[22] a.a.O., S. 73

[23] von Krockow, Gewalt für den Frieden?, a.a.O., S. 43

[24] a.a.O., S. 51

[25] Abgedruckt in: Otto Heinrich von der Gablentz (Hrsg.), Die politischen Theorien seit der amerikanischen Unabhängigkeitserklärung, 1963, S. 82 f.

[26] Der Gesellschaftsvertrag, Drittes Buch, Kapitel XV

[27] Gesine Schwan, a. a. O., S. 68

[28] Ebd.

[29] a. a. O., S. 72

[30] von Krockow, Politik und menschliche Natur, a. a. O., S. 85

[31] von Krockow, Reform als politisches Prinzip, a. a. O., S. 122

[32] Paper Nr. 6. Abgedruckt in: Felix Ermacora (Hrsg.), Der Föderalist, 1958

[33] Paper Nr. 51

[34] Ebd.

[35] Ebd.

[36] Gesine Schwan, a. a. O., S. 65

[37] Ebd.

[38] Claus Offe, Über den institutionellen Rigorismus in der Demokratietheorie. Erwiderung auf Gesine Schwan, in: Hempfer/Schwan, a. a. O., S. 83

[39] a. a. O., S. 84

[40] a. a. O., S. 83

[41] a. a. O., S. 87

[42] a. a. O., S. 88

[43] Gesine Schwan, a. a. O., S. 75

[44] a. a. O., S. 74

[45] a. a. O., S. 75

[46] a. a. O., S. 76

[47] a. a. O., S. 75

[48] Offe, a. a. O., S. 88

[49] von Krockow, Gewalt für den Frieden?, a. a. O., S. 42

[50] So jüngst noch Karl Steinbuch, Die desinformierte Gesellschaft, 1989, S. 112

[51] Dazu vor allem: Buchheim/Raabe, Thesen gegen den Mißbrauch der Demokratie, a. a. O; Michael Zöller, Das Unbehagen an der „formalen" Demokratie. Warum es an der Zeit ist, sich vom Denkzwang des Demokratisierungskonzepts zu lösen, in: Frankfurter Allgemeine Zeitung, Ausgabe vom 15. November 1974; Franz Knöpfle, Krise der repräsentativen Demokratie, in: Politische Studien, 29. Jahrgang, Heft 240, Juli/August 1978, S. 341–357, hier vor allem die Seiten 342 und 343; vgl. auch Karl-Dietrich Bracher, Zeit der Ideologien, a. a. O., S. 331 ff.; derselbe, Das Zeitalter der

Ideologien, in: Hempfer/Schwan, a.a.O., S. 229 f.; Eckart Schiffer, „Basis“-Demokratie: Vollendung oder Verzerrung des demokratischen Prinzips?, in: Bernd Hill, Rupert Scholz (Hrsg.), Der Rechtsstaat und seine Feinde, 1986, S.43 - 55; Klaus Hoff, Angriff auf das Individuum, in: Rheinischer Merkur, Ausgabe vom 28. September 1973

Allgemein: Heinz-Dietrich Ortlieb, Die verantwortungslose Gesellschaft oder wie man die Demokratie verspielt, 1971; Günther Müller, Rote Zelle Deutschland – oder was wollen die Jungsozialisten wirklich?, 1972; der Briefwechsel zwischen Karl Steinbuch und Willy Brandt aus dem Jahre 1972, abgedruckt in: Klaus Lubkoll, Kurt Naumann, Die humane Gesellschaft, 1972, S. 12–30; Günter Rohrmoser, Die Krise der Institutionen, 1972; derselbe, Revolution – unser Schicksal?, 1974; Helmut Schelsky, Systemüberwindung, Demokratisierung und Gewaltenteilung. Grundsatzkonflikte der Bundesrepublik, 1973; Gerd Langguth, Die Protestbewegung in der Bundesrepublik Deutschland 1968–1976, Schriftenreihe der Bundeszentrale für politische Bildung, Band 117, 1976; Christa Meves, Heinz-Dietrich Ortlieb, Die ruinierte Generation, Herderbücherei, Band 910 (Taschenbuch), 1982

Für die Versuche, den Bürgern in den 70er Jahren einzureden, daß die parlamentarische Demokratie nur eine „Fassade sei, hinter der faschistische Brutalität lauere“ (Kaltenbrunner, Wiederkehr der Wölfe, a.a.O., S. 26), sei hier nur ein Beispiel angeführt:

1972 veröffentlichten die „Deutschen Jungdemokraten“ ein Thesenpapier zur „inneren Revolutionierung des Menschen“, das – was den „Gehalt“ angeht – von Rousseau, Marx und Herbert Marcuse gemeinsam hätte verfaßt sein können. Adressaten dieser ideologiegesättigten „Handreichungen“ waren übrigens Lehrlinge:

„... Nur wenn wir unseren politischen Kampf aggressiv und ohne die ewigen Skrupel und anpasserischen Zugeständnisse führen, kann es uns gelingen, die letzten Reste unseres autoritären Über-Ichs (Das Über-Ich ist derjenige Teil unseres Gewissens, der uns die Werte und die Verhaltensregeln unserer Gesellschaft aufzwingt; im Über-Ich haben wir unter dem Druck der elterlichen Gewalt die Vorschriften und die Moral der Herrschenden verinnerlicht.) in uns zu vernichten und uns ganz aus der Fremdbestimmung durch unser kleinbürgerliches Gewissen zu befreien. Wenn wir erfahren, wie hilflos die Vorgesetzten, die Professoren, die Lehrer und alle diese vaterhaften Charaktermasken gegenüber unseren Aggressionen sind, dann wird uns die Angst vor ihnen, mit der sie bisher über uns herrschten, gründlich vergehen. Dann werden wir es auch nicht mehr nötig haben, unseren Haß gegen uns selbst oder gegen unsere Genossen zu richten, nur weil wir zu feige waren, ihn offen gegen die zu lenken, die ihn in uns hineingepflanzt haben. Erst wenn wir innerlich unsere positiven Gefühlsbeziehungen zu unseren Unterdrückern ganz abgerissen haben, wird es uns möglich sein, unsere eigene Identität zu finden und ein Klassenbewußtsein zu entwickeln, das nicht mehr von den Skrupeln unserer Moral (die herrschende Moral ist die Moral, die den Herrschenden nützt) zerrüttet ist. Erst wenn wir in kollektiven aggressiven Aktionen unser Über-Ich zerstört haben, werden wir frei für den Klassenkampf.

...Wenn wir ernsthaft vermeiden sollen, daß eine nur ökonomisch orientierte Revolution eines Tages zum autoritären Verwaltungsstaat führt, dann sollten wir jetzt schon in aller Klarheit die Weichen stellen und schon jetzt versuchen, ein Stück unserer revolutionären Utopie des Menschen zu verwirklichen, d. h. wir sollten jetzt schon jenes Ziel in unsere politische Arbeit einbauen, um dessentwillen wir Revolution machen: die radikale Humanisierung unserer mitmenschlichen Beziehungen.

Wir wissen, daß dieses Ziel ohne ökonomische und politische Revolution niemals zu erreichen ist, und wir müssen deshalb unsere Kräfte so gut wie möglich organisieren, um diese Revolution durchzuführen; wir wissen aber auch, daß die ökonomische Revolution keine innere Revolution des Menschen bringen wird, wenn wir diese Revolutionierung nicht dauernd im Auge behalten (jedenfalls solange wir das noch können, denn im offenen Faschismus bleibt dafür keine Zeit mehr). Wir wollen die Revolutionierung des Menschen in unserer politischen Praxis schon jetzt so weit wie möglich erproben, um sie nicht immer wieder voller Ungewißheit in das nachrevolutionäre Traumland verschieben zu müssen." (Aus: Lehrlingskorrespondenz Nr. 5, 20. Juni 1972. Hrsg.: Deutsche Jungdemokraten, Bundesvorstand, 5300 Bonn).

52 Ernst Fraenkel, Deutschland und die westlichen Demokratien, 1963, S. 53

53 von Krockow, Gewalt für den Frieden?, a. a. O., S. 42

Vierter Teil: Systole und Diastole – zur wechselseitigen Verflechtung von „rechts" und „links"

1 Spaemann, a. a. O.

2 Wilhelm P. Bürklin, Konzept und Fakten: Zur Notwendigkeit der konzeptionellen Fundierung der Diskussion der politischen Richtungsbegriffe „Links" und „Rechts", in: Politische Vierteljahresschrift, Jahrgang 1982, Heft 3 (Oktober), S. 339, 340

3 Helmut Kuhn, Veraltete Zukunft, in: Gerd-Klaus Kaltenbrunner (Hrsg.), Was ist reaktionär? Zur Dialektik von Fortschritt und Rückschritt, Herderbücherei INITIATIVE, Bd. 14, 1976, S. 17 f.

[4] Sebastian Haffner, Rechts und links, in: derselbe, Im Schatten der Geschichte, Historisch-politische Variationen aus zwanzig Jahren, 1987 (Taschenbuch), S. 195

[5] a.a.O., S. 196

[6] Marx meinte, wenn er von „Demokratie“ sprach, keineswegs die parlamentarische Demokratie. Darauf weist Buchheim (Thesen gegen den Mißbrauch der Demokratie, a.a.O., S. 170 f.) hin: Das (Marxsche) „radikal-demokratische Konzept“ stehe „nicht nur in schroffem Gegensatz zum republikanisch-demokratischen”, sondern sei darüber hinaus „darauf angelegt, dieses zu überwinden ... die Losung ‚Demokratie‘, radikal-demokratisch verstanden, (ist) eine Kampfansage an den republikanisch-demokratischen Verfassungsstaat ... Das republikanisch-demokratische Engagement will die institutionelle Ordnung und den Staat mit Leben erfüllen, das radikal-demokratische will die institutionelle Ordnung überflüssig machen und den Staat ‚absterben‘ lassen ... radikale Demokratisierung auf Kosten der politischen Institutionen schlägt in Sozialismus um, das heißt in öffentliche Verhältnisse, die nicht objektiv-normativ orientiert sind, sondern unter dem unmittelbaren Einfluß der gesellschaftlichen Kräfte und Machtverhältnisse stehen.“

Was Marx von der Gewaltenteilung hielt, geht aus seinen Entwürfen zu einem Aufsatz über den „Bürgerkrieg in Frankreich“ hervor, den er 1870/71 im Rückblick auf die Pariser Kommune verfaßte. Dazu Gesine Schwan (Repräsentative und identitäre Demokratie, a.a.O., S. 69 f.): „In seiner Interpretation der Pariser Kommune ... legt (Marx) die genaueste Beschreibung einer Rätedemokratie nieder, die sich in seinem Werk findet: Aufhebung der Gewaltenteilung, jederzeitige Abrufbarkeit und Kontrolle aller Delegierten und Beamten durch das Volk.“

Bei Marx heißt es:

„Die Kommune bildete sich aus den durch allgemeines Stimmrecht in den verschiedenen Bezirken von Paris gewählten Stadträten. Sie waren verantwortlich und jederzeit absetzbar. Ihre Mehrzahl bestand selbstredend aus Arbeitern oder anerkannten Vertretern der Arbeiterklasse. Die Kommune sollte nicht eine parlamentarische, sondern eine arbeitende Körperschaft sein, vollziehend und gesetzgebend zu gleicher Zeit ... Die richterlichen Beamten verloren jene scheinbare Unabhängigkeit, die nur dazu gedient hatte, ihre Unterwürfigkeit unter alle aufeinanderfolgenden Regierungen zu verdecken, deren jeder sie, der Reihe nach, den Eid der Treue geschworen und gebrochen hatten. Wie alle übrigen öffentlichen Diener, sollten sie fernerhin gewählt, verantwortlich und absetzbar sein ... “ (Karl Marx, Der Bürgerkrieg in Frankreich, in: Hans-Joachim Lieber (Hrsg.), Karl Marx, Politische Schriften, Bd. 2, 1960, S. 922 ff.)

Vgl. dazu auch den Leserbrief Konrad Löws in der Frankfurter Allgemeinen Zeitung, Ausgabe vom 24. Mai 1983:

„Demokratie wie Meinungsfreiheit verstanden Marx und Engels nur als Mittel zur Revolution und zur Diktatur des Proletariats. In den Augen von Engels war der Deutsche Reichstag ein ‚Debattierklub'. Er findet es ‚Sehr hübsch auch, wie jetzt auf einmal bei so vielen ganz unerwartet der Parlamentarismus in Mißkredit kommt'. An anderer Stelle ist von ‚parlamentarischer Krankheit', von ‚parlamentarischen Kretinismus' die Rede. Marx ist nicht minder deutlich... Die Mitglieder der Paulskirchen-Versammlung sind ihm ‚Hunde von Parlamentskretin'. Die Verachtung kann kaum deutlicher ausformuliert werden...

Die Ablehnung des parlamentarischen Systems ist nicht identisch mit der Ablehnung der Demokratie. Aber auch dafür haben wir eindeutige Belege. Richtig ist, daß Marx und Engels die demokratische Bewegung begrüßt haben. Aber mit welchem Hintergedanken? Darüber lassen sie uns nicht im Zweifel. Die Demokratie diente ihnen als Mittel zum Ziel, die Demokratie ist Vorbedingung, zumindest eine nützliche Vorstufe zur Diktatur des Proletariats. Sie orientiert sich nicht am Willen der Mehrheit, sondern am Gesetz der Geschichte. ‚... auch das Proletariat braucht zur Besitzergreifung der politischen Gewalt demokratische Formen, sie sind ihm aber, wie alle politischen Formen, nur Mittel.'...

Die Diktatur des Proletariats, die sozialistische Herrschaftsform, wird recht anschaulich, zugleich aber schreckerregend beschrieben: ‚Da nun der Staat doch nur eine vorübergehende Einrichtung ist, deren man sich im Kampf, in der Revolution bedient, um seine Gegner gewaltsam niederzuhalten, so ist es purer Unsinn, vom freien Volksstaat zu sprechen: solange das Proletariat den Staat noch gebraucht, gebraucht es ihn nicht im Interesse der Freiheit, sondern der Niederhaltung seiner Gegner...' "

7 Lemberg, a.a.O., S. 211

8 Dazu Joachim Fest (Die verneinte Realität. Überlegungen zum Romantizismus heute, in: derselbe, Aufgehobene Vergangenheit, Portraits und Betrachtungen, 1983 (Taschenbuch), S. 120 f.):

„Unschwer läßt sich nachweisen, daß in der Revolte (der Neuen Linken) Antriebe und Motive wirksam sind, die seit Generationen zum festen Bestandteil der intellektuellen Haltung gegenüber der Wirklichkeit gehören: die Verachtung der Zivilisation, das Bedürfnis nach Unmittelbarkeit in den menschlichen Beziehungen, nach der Unschuld des einfachen Lebens sowie nach Anschaulichkeit, überhaupt die Angst vor der Entromantisierung und Entmenschlichung der Welt.

Schon die berühmte Ansprache vom 2. Dezember 1964, durch die der Student Mario Savio von den Stufen der University of California herab den

Aufruhr auslöste, war nichts anderes als eine Kampfansage aus kulturpessimistischem Radikalismus: sie sollten ihre Leiber in die Maschinen werfen, die sie krank machten, rief er den sechstausend Versammelten zu. Ganz ähnlich wollte Bernd Rabehl ‚die Technologie in ihrer ganzen Anlage' zerstören oder Rudi Dutschke mit dem traditionellen antiurbanen Affekt der Gegenaufklärung, die Städte ‚auseinanderreißen', während Timothy Leary die Technik hinter dichten Baumhecken verbergen wollte, vor der Büffel grasen sollten und Autos verboten sind. Schüler Rousseaus, die sie waren, suchten sie das Modell einer lebenswerten Zukunft in einer verklärten Vergangenheit. Herbert Marcuse, der den entfremdeten Intellektuellen nicht ohne suggestive Wirkung verkörperte, sprach dunkel und beseligt von der ‚Rückkehr zu einem imaginären temps perdu im wirklichen Leben der Menschheit'."

Auf den „Rousseauismus" in Deutschland zu Beginn des 20. Jahrhunderts macht Christian Graf von Krockow (Gewalt für den Frieden?. Die politische Kultur des Konflikts, 1983, S. 30 f.) aufmerksam: Symbolisiert durch die aufkommende Jugendbewegung habe sich um die Jahrhundertwende „ein antiurbaner, antizivilisatorischer Affekt... bemerkbar" gemacht, „eine romantische Suche nach der verlorenen Natürlichkeit, eine Art von Rousseauismus. Seither scheint periodisch, in immer neuen Schüben, dieser Affekt wieder und wieder mächtig zu werden und allenfalls dann vorübergehend bezähmbar zu sein, wenn im Gefolge von Katastrophen die Errungenschaften der modernen Zivilisation tatsächlich verloren sind."

Von einer „Art Rousseauismus" im Blick auf die Jugendbewegung in Deutschland spricht auch Karl Dietrich Bracher (Zeit der Ideologien, a.a.O., S. 49): „Die Rückkehr zur Natur gegen die soziopolitischen Übel und die moralischen Zweifel der Industriegesellschaft blieb auf der Tagesordnung. Sie kam in den antibürgerlichen Jugendbewegungen des Wandervogels schon seit den neunziger Jahren auf einen Höhepunkt: Der große Krieg freilich, den diese dann teilweise als Aufbruch gegen die materialistische Zeit feierten, wurde zum ersten Grab der Zurück-zur-Natur-Ideologie, ihr zweites war dann der Blut-und-Boden-Nationalsozialismus, der sie verführte oder gleichschaltete."

9 Lemberg, a.a.O., S. 211

10 Ebd.

11 Haffner, a.a.O., S. 195

12 Spaemann, a.a.O.

13 Ebd.

14 Ein Musterbeispiel für „linke" Ökologie ist das Buch von Jutta Ditfurth, Lebe wild und gefährlich, 1991

Im Frühjahr 1991 versandten die Fundamentalisten um Jutta Ditfurth ein Papier, in dem es heißt:

„Was wir brauchen, ist eine linksökologische politische Organisation, ein weiterentwickeltes alternatives, mit den Bewegungen verbundenes parlamentarisches und außerparlamentarisches Projekt. Wir brauchen eine radikalökologische, antikapitalistische und soziale Organisation ... Die Ausbeutung des Menschen durch den Menschen und die Vernichtung der Natur entstammen derselben raubbeuterischen Produktionsweise, die die Zukunft ignoriert. Radikale ökologische Politik betreibt keine hilfslose nachsorgende Umwelttechnokratie, sondern verlangt nicht weniger als die radikale Veränderung der herrschenden kapitalistischen Produktionsweise ...“ (Zit. nach Frankfurter Rundschau, Ausgabe vom 21. März 1991). Inzwischen hat Jutta Ditfurth eine eigene Partei, die „Ökologische Linke (ÖkoLi)“ gegründet (Dezember 1991). Die neue Partei bezeichnete sich als „antikapitalistisch, solidarisch, radikalökologisch, antipatriarchal, feministisch, antifaschistisch, internationalistisch, antimilitaristisch, basisdemokratisch und antistaatlich“. In einer Grundsatzerklärung forderte die „ÖkoLi“ zum Widerstand gegen den „pseudodemokratischen Staat“ der Bundesrepublik auf. Als Wähler der „ÖkoLi“ kommen nach Angaben Jutta Ditfurths enttäuschte Anhänger „rotgrüner“ Koalitionen, radikale Linke, die in den letzten Jahren nicht mehr gewählt hätten, und ehemalige Mitglieder der SED-Nachfolgeorganisation PDS in Frage. Die „ÖkoLi“ solle als „Kern“ für die radikale linke politische Szene dienen. (Zit. nach Frankfurter Rundschau, Ausgabe vom 9. Dezember 1991)

15 Theo Waigel, Leitideen, in: Trend, Zeitschrift für soziale Marktwirtschaft, Nr. 38, März 1989, S. 7

16 Herbert Gruhl, Die grüne Notwendigkeit, in: R. Brun (Hrsg.), Der grüne Protest, 1978, S. 120 f.

17 Herbert Gruhl, Das irdische Gleichgewicht. Ökologie unseres Daseins, 1982, S. 46

18 Lemberg, a.a.O., S. 212

19 Ebd.

20 Friedrich von Gentz, Schriften, 1838–1840, Bd.4, S.176 f.

21 Friedrich von Gentz in einem Brief an eine Jugendfreundin. Zit. nach Carl J. Burckhardt, Gestalten und Mächte, 1961, S. 333

22 Kaltenbrunner, Der schwierige Konservatismus, a.a.O., S. 9 f.

23 Lemberg, a.a.O., S. 209 f.

24 Kolnai, Konservatives und revolutionäres Ethos, a.a.O., S. 108

25 Michael Landmann, a.a.O., 1975, S. 22 ff.

[26] Joachim Fest, Linke Schwierigkeiten mit „links“, in: Frankfurter Allgemeine Zeitung, Ausgabe vom 10. April 1976

[27] Wolfram Engels, „Solidarisch ist auch eine Räuberbande“, in: Wirtschaftswoche, Ausgabe vom 29. März 1974

[28] Ebd.

[29] Ebd.

Zu einem ähnlichen Urteil kommt Hermann Lübbe (Lebensqualität oder Fortschrittskritik von links, in: Schweizer Monatshefte, 53. Jahrgang, 1973, Heft 4, S. 607):

„... 3. Konservativ ist der Geltungsanspruch einer Beweisverteilungsregel, nach der, sei es in der Wissenschaft, sei es in der Politik, der Fortschritt begründungsbedürftig ist und nicht die Tradition. Eine solche Verteilung der Begründungspflichten hat mit einer Präokkupation fürs Alte nichts zu tun. Sie ist eine Verfahrenskonsequenz aus der Einsicht, daß die Totalität der Zustände und Normen, unter deren Bedingungen wir existieren, viel zu komplex ist, als daß eine ausdrückliche Nachweisung oder Widerlegung ihrer Vernünftigkeit auch nur denkbar wäre. Daher bleibt gar nichts anderes übrig, als bis zum Beweis des Gegenteils in die Vernünftigkeit gegebener Zustände und geltender Normen zu vertrauen. Den Beweis des Gegenteils kann man natürlich führen, aber stets nur im Detail. Wer etwas ändern will, kann ihn dann aber auch tatsächlich führen, das heißt ihm ist die Beweislast zuzumuten. Trägt er sie leicht, so ist entsprechend die konservierende Wirkung der skizzierten Beweisverteilungsregel gering, das heißt sie hindert nicht fällige Änderungen. Ist sie aber schwer zu tragen, so ist die von ihr ausgehende Änderungshinderungswirkung vernünftig.

4. Konservativ ist, der Katastrophenvorbeugung Priorität gegenüber einer Praxis der Verwirklichung von Utopien einzuräumen. Die Orientierung an zu verhindernden angebbaren Übeln ist politisch sicherer als die Orientierung an Vorstellungen unbekannten Glücks.“

[30] Zit. nach Hauke Brunkhorst, Die Idee einer rationalen Gesellschaft. Kritische Theorie und Wissenschaft, in: Aus Politik und Zeitgeschichte, Beilage zur Wochenzeitung Das Parlament, B 28/87, S. 15

[31] Michael Landmann, Innovation und das gute Bestehende, in: Gerd-Klaus Kaltenbrunner (Hrsg.), Zurück zu den Tatsachen!, Herderbücherei INITIATIVE (Sonderband), 1977, S. 12

[32] Zit. nach Michael Landmann, Rückblick auf die Frankfurter Schule, in: Wiederkehr der Wölfe, a.a.O., S. 105

[33] Lemberg, a.a.O., S. 212

[34] Spaemann, a.a.O.

[35] Brigitte Seebacher-Brandt, Die Linke und die Einheit, 1991, S. 8

[36] Spaemann, a.a.O.

[37] Christian Starck, Wie Grundwerte zu Unwerten werden, in: Frankfurter Allgemeine Zeitung, Ausgabe vom 11. März 1978

[38] Ebd.

[39] Siehe das Zitat Ernst Fraenkels (Kapitel „Messianischer Machtanspruch: Marx", Anm. 1)

[40] Oswald Spengler, Jahre der Entscheidung. Deutschland und die weltgeschichtliche Entwicklung. Zit. nach Kaltenbrunner, Was ist reaktionär?, a.a.O., S. 158

[41] Landmann, Entfremdende Vernunft, a.a.O., S. 22

[42] Lemberg, a.a.O., S. 210

[43] Kuhn, a.a.O., S. 20

[44] Spengler, a.a.O., S. 158

[45] Landmann, Innovation und das gute Bestehende, a.a.O., S. 15

[46] Kuhn, a.a.O., S. 20

[47] Landmann, Innovation und das gute Bestehende, a.a.O., S. 15

[48] Günter Rohrmoser, Zur geistig-ethischen Erneuerung, 1979, S. 15

[49] Ekkehart Krippendorff, Die Rechte in der Bundesrepublik – Zehn Thesen, in: Freimut Duve (Hrsg.), Die Restauration entläßt ihre Kinder oder Der Erfolg der Rechten in der Bundesrepublik, 1968, S. 158

[50] Günter Rohrmoser, Marxismus und Menschlichkeit, Herderbücherei, Band 436 (Taschenbuch), 1974, S. 54

[51] Brigitte Seebacher-Brandt, Die Linke und die Einheit, a.a.O., S. 41

[52] Thomas Meyer, Was bleibt vom Sozialismus? 1991, S. 9

[53] a.a.O., S. 46

[54] a.a.O., S. 45

[55] Günter Kunert, Auferstanden und versunken in Ruinen, in: Die Welt, Ausgabe vom 24. Juni 1991

Zum Thema „marxistische Hybris" vgl. Rudolf Seiters (Frieden in Freiheit und Gerechtigkeit, Rede vor der Päpstlichen Fakultät Gregoriana in Rom, abgedruckt in: Bulletin, Ausgabe vom 15. Januar 1992, S. 37):

„Der Totalitarismus ist auch deshalb zusammengebrochen, weil er der menschlichen Natur widerspricht und eine irrige Vorstellung vom Menschen vertrat. Papst Johannes Paul II. hat in seiner Enzyklika ‚Centesimus Annus' mit Recht geschrieben, daß ‚der Grundirrtum des Sozialismus anthropologischer Natur ist: Der Mensch wird zu einem Bündel gesellschaftlicher Beziehungen verkürzt, es verschwindet der Begriff der Person als autonomes Subjekt moralischer Entscheidung, das gerade dadurch die gesellschaftliche Ordnung aufbaut.'

Diese Geringschätzung des Menschen wurde begleitet vom sozialistischen Glauben an die Selbsterlösung des Menschen. Der Versuch, diesen Glauben in praktische Politik umzusetzen, überfordert den Menschen. Auch ging die moralische Überhöhung des Menschen einher mit der Verachtung Gottes und der Religion. Die aggressive Religionsfeindlichkeit des Sozialismus war eine weitere Ursache für sein Scheitern. Zur Freiheit, dem Selbstbestimmungsrecht und zur Demokratie gibt es keine moralisch vertretbare Alternative, weil sie der menschlichen Natur am ehesten gerecht werden."

Fünfter Teil: Am Ende aller Ideologien?

1 Meyer, a.a.O., S. 129

2 Bracher, Das Zeitalter der Ideologien, a.a.O., S. 232

3 Bracher, Zeit der Ideologien, a.a.O., S. 396

4 Joachim Fest, Der zerstörte Traum, a.a.O., S. 98, 102

5 a.a.O., S. 98

6 Meyer, a.a.O., S. 125

7 Brigitte Seebacher-Brandt, Die Linke und die Einheit, a.a.O., S. 10

8 Von Krockow, Reform als politisches Prinzip, a.a.O., S. 124

9 Fest, a.a.O., S. 98

10 Meyer, a.a.O., S. 28

11 Abgedruckt in: Frankfurter Rundschau, Ausgabe vom 17. September 1991

12 Deutschlandsender, 3. April 1990

13 „Ich kann doch nicht mein Leben wegwerfen." Stefan Heym im Gespräch mit Fritz J. Raddatz, in: Die Zeit, Ausgabe vom 6. Dezember 1991

14 Hans-Werner Richter, Nachwort vom Dezember 1989 zu: Briefe an einen jungen Sozialisten, Neuauflage 1990 (Taschenbuch), S. 120.

Die Briefe wurden 1973 geschrieben und erschienen als Buch zum ersten Mal 1974. Im Buch selber heißt es:

„Und der Sozialismus? Er verliert natürlich seine stärkste Triebkraft, nämlich die vorstellbare Möglichkeit einer sich ständig höher entwickelnden Gesellschaft auf Erden, eine Möglichkeit, die durch den unbegrenzten Fortschritt auf allen Gebieten als realisierbar erschien. Jene, die ihre Hoffnungen auf ihn setzten, müssen ihre Ideen den neuen Erkenntnissen anpassen; denn auch sie werden sich jenen Bewußtseinsänderungen nicht entziehen können...

Die Programme des 19. Jahrhunderts werden sich als veraltet erweisen. Die utopischen Zielvorstellungen werden verfallen. Und der Mensch, der gestern noch gut war, wird wieder das werden, was er immer gewesen ist: ein höchst komplexes Wesen, das ebenfalls nicht unbegrenzt entwickelbar ist ... wir werden umdenken und uns von jenem forcierten Fortschrittsglauben lösen müssen, der sich von Utopien nährte...

Ich habe die Utopien verworfen, die sicherlich einmal Antriebsfaktoren der Entwicklung waren, etwa im achtzehnten und im neunzehnten Jahrhundert, heute aber mehr als schädlich sind. Sie treiben uns einem Zustand entgegen, in dem es kein Zurück, aber auch kein Vorwärts mehr geben wird. Auch der Fortschrittsglaube erweist sich heute als Utopie. Darunter fällt der Glaube an einen Endzustand in Permanenz, in dem es keine Widersprüche, keine Konflikte, keine Gegensätze mehr gibt, ja das Nur- und Allzumenschliche in anhaltendes Glück umgeschlagen ist. Ein solcher Zustand ist nie erreichbar, weder mit diesem noch mit jenem System, noch mit einem bisher nicht erfundenen. Er widerspricht jeder historischen Erfahrung, auch jeder Erfahrung mit den Menschen. Es ist ein Glaube und, von unseren heutigen Erfahrungen und Kenntnissen aus gesehen, ein Aberglaube." (S. 117 ff.)

15 Yaak Karsunke, Plädoyer für das Unmögliche, in: Süddeutsche Zeitung MAGAZIN, Ausgabe vom 15. November 1991, S. 44 f.

16 Die Welt, Ausgabe vom 25. März 1991

Das ist auch die Auffassung Hans-Ulrich Kloses: Der Vorsitzende der SPD-Bundestagsfraktion empfiehlt seiner Partei, sich vom Begriff des Sozialismus zu verabschieden und statt dessen das Wort von der „sozialen Demokratie" in den Vordergrund zu stellen. (Deutsche Presse-Agentur, 18. Dezember 1991)

17 Michael Müller, Horst Peter, „Die deutsche Linke muß wieder eine ‚große Geschichte' erzählen", in: Frankfurter Rundschau, Ausgabe vom 12. August 1991

Eine „große Geschichte erzählen" will auch Peter Glotz mit seinem im Frühjahr 1992 erschienenen Buch „Die Linke nach dem Sieg des Westens". Die Schrift sei ein Versuch – so Eckhard Fuhr am 11. Juni 1992 in der „Frankfurter Allgemeinen Zeitung" –, „für ‚die Linke' schlechthin alle zukunftweisenden Tendenzen der europäischen Geschichte in Anspruch" zu nehmen.

Eckhard Fuhr unter Hinweis auf die Behauptung des früheren SPD-Bundesgeschäftsführers, nur die Linke, die „vierhundert Jahre Arbeit auf der ‚großen Baustelle der Aufklärung' hinter sich" habe, könne das Erbe der Aufklärung bewahren und in die Zukunft tragen: „Da klingen Denkfiguren an, die auch den größten Murks zierten, der je auf dieser Baustelle errichtet wurde. Natürlich kennt Glotz auch die Schattenseiten der Aufklärung, und natürlich weiß er, welche geistige Katastrophe die Geschichtsteleologie des historischen Materialismus ist. Den guten Rest aber, den möchte er für ‚die Linke' monopolisieren. Der Streit mit politischen Gegnern wird dann zum Abwehrkampf in einer intellektuellen Festung. Das ist wirklichkeitsfremd und ein wenig überspannt."

[18] Fest, a.a.O., S. 90

[19] Marie-Luise Schwarz-Schilling, Marx-Jünger von morgen, in: Die politische Meinung, 36. Jahrgang, Heft 263, Oktober 1991, S.92

[20] a.a.O., S. 91

[21] Zit. nach: Freiheit? Aber sicher! Vierzig Jahre wehrhafte Demokratie. Herausgegeben vom Bundesminister des Innern, 1989, S. 7

[22] Hans Freyer, Theorie der Gegenwart, 1954, S. 124

[23] Zit. nach Franz Knöpfle, Krise der repräsentativen Demokratie, in: Politische Studien, 29. Jahrgang, Heft 240, Juli/August 1978, S. 356

[24] Klaus Hornung, Die nationalgeschichtlichen Wurzeln des deutschen Terrorismus, in: Gerd-Klaus Kaltenbrunner (Hrsg.), Wiederkehr der Wölfe, Herderbücherei INITIATIVE, Bd. 24, 1978, S. 89

[25] Dazu Fest (a.a.O., S. 81 ff.):

„Mit dem Sozialismus ist, nach dem Nationalsozialismus, der andere machtvolle Utopieversuch des Jahrhunderts gescheitert. Was damit endet, ist der mehr als zweihundert Jahre alte Glaube, daß sich die Welt nach einem ausgedachten Bilde von Grund auf ändern lasse. Zersprungen sind all die scharfsinnigen Träume über die Menschheitszukunft, die aus der Welt ein riesiges Schlachthaus gemacht haben... Die Zahlen der Opfer, die das nationalsozialistische Vernichtungsprogramm kostete, sind bekannt, für den Herrschaftsbereich des Sozialismus hat die Erforschung erst begonnen. Aber Robert Conquest hat, gestützt auf ein ausgedehntes statistisches Material, nach ‚vorsichtigen Schätzungen' allein für die Kulakenverfolgung von 1930–1937 nicht weniger als 14,5 Millionen Tote oder 18,8 Prozent der ukrainischen Bevölkerung errechnet. Für das eine wie das andere Regime gilt, was Alexander Jakowlew im Sommer 1990 über die Beschäftigung mit den Jahren der Stalinherrschaft gesagt hat: sie sei eine seelisch zermürbende Arbeit, ‚bei der man ständig eingehüllt ist in die Asche von Millionen'.

Kann man im Blick auf die Hitlersche Utopie noch sagen, sie sei an dem ihr innewohnenden Wahn gescheitert, an der Obsession, mit der sie die Rückbildung einer modernen Industrienation zu einem halbwegs archaischen Bauern- und Kriegervolk betrieb, an den idees fixes von Rassekämpfen und Blutmysterien, mit denen sie das zivilisierte Bewußtsein der gesamten Welt herausforderte, so liegen die Dinge beim Sozialismus anders. Die Berufung auf ein humanitäres Menschheitsvermächtnis hat ihm nicht nur lange Zeit die Glaubensenergie und Hingabebereitschaft von Millionen Anhängern, sondern auch, weit über seinen engeren Herrschaftsbereich hinaus, Verständnis sowie stille und sogar organisierte Sympathien eingetragen. Gleichwohl ist das Experiment nach siebzig Jahren in sich zusammengebrochen: ein Riesenbau, der keines Stoßes von außen bedurfte, sondern eher an seinen brüchigen Fundamenten zugrunde ging, an dem System der Lebenslügen, den ungezählten Widersprüchen von Schein und Realität, man kann auch sagen, am unauflösbaren Gegensatz von Utopie und Wirklichkeit."

Auch Dieter Schröder (Besichtigung eines Zeitalters, Süddeutsche Zeitung, Ausgabe vom 4. Januar 1992) betont das der kommunistischen und nationalsozialistischen Utopie Gemeinsame:

„Die geistigen Grundlagen (des Totalitarismus) reichen weit zurück in die Geschichte Europas bis in den Vorabend der Französischen Revolution. Sie haben ihren Ursprung in der Idee von der Gleichheit des Menschen, in der Utopie vom irdischen Paradies, in der ‚Selbstvergötterung des Menschen', so der polnische Philosoph Leszek Kolakowski. Aber diese Ideen und Utopien trugen von Anfang an den Keim der Tyrannis, der Vergewaltigung des Menschen, in sich. Deshalb ist die Frage müßig, ob schon Lenin ein Verräter an der kommunistischen Heilsidee war. Er hat sie als Vorwand zur Usurpation der Macht benutzt. Nicht anders Hitler, dessen ‚Führerstaat' eine schreckliche Perversion der Heilslehren des 19. Jahrhunderts war.

Beide Systeme waren auf die Manipulation des Menschen aufgebaut, der ‚neue Mensch' sollte gezüchtet oder erzogen werden; die Individualität und Würde des einzelnen ausgelöscht werden. Dazu waren Lüge und Täuschung sowie die ständige Überwachung notwendig. Was Wahrheit war, entschied der ‚Führer' oder die Partei. ‚Ohne Wahrheit löst sich die Gesellschaft auf', schrieb im 18. Jahrhundert der Engländer Samuel Johnson, der wie viele klare Köpfe nach ihm, wie Tocqueville oder Dostojewski etwa, skeptisch gegenüber den Ideen der Französischen Revolution war. Alle Versuche, die Unterschiede zwischen den Menschen aufzuheben und utopische Gesellschaftsentwürfe zu realisieren, führen unweigerlich in die Tyrannei, die zur Sicherung ihrer Herrschaft den einzelnen und die Gesellschaft zerstören muß. Dieser Automatismus war bereits bei Marx und Engels angelegt, die im Übergang der Macht auf die Arbeiterklasse das Ende der Geschichte sahen, gegen das jede Opposition zwecklos war. Hitler sah es in perverser Verzerrung in der Weltherrschaft des deutschen Volkes. Der moralische Unterschied ist gewaltig, der praktische nicht. Beides war ein Vorwand für Mörder zum Töten. In ihrer Amoralität und Menschenverachtung war zwischen Hitler und Stalin kein großer Unterschied."

[26] Fest, a.a.O., S. 81

[27] Kurt Sontheimer, Das Elend unserer Intellektuellen, 1975, S. 67 ff.
Zur „Faszination durch Theorie“ hat neben Hegel (vgl. Anm. 23 in diesem Kapitel) vor allem Marx selber beigetragen. Marx unterschied zwischen der bloßen „Erscheinung“ der Dinge und deren eigentlichem „Wesen“. Von dieser „Unterscheidung“ zehrte in den 60er und 70er Jahren die neomarxistisch orientierte Protestbewegung an den deutschen Universitäten und Hochschulen.
1978 schrieb Klaus Hornung, die „eigentliche Kunst der wissenschaftlichen Kritik, nämlich Fragen zu stellen“, drohe zu verfallen; an deren Stelle trete „das Bekenntnis zu einem Katalog abschließend festgestellter Wahrheiten. Dieser Entwicklung neuer ideologischer Orthodoxien, ausgerechnet an den Stätten kritischer Wahrheitsbemühung, entspricht die Zuwendung zu heiligen Texten, die mit schriftgelehrtem Eifer Satz für Satz durchbuchstabiert werden. Jetzt traten jene Studenten und studentischen Gruppen hervor, die oft zwei Jahre ihres Studiums und mehr damit zubrachten, Karl Marx‘ ‚Kapital‘ kollektiv zu lesen, jene Bewußtseinsverengung unter vielen unserer Studenten, die an das Sektierertum des Typus der Zeugen Jehovas erinnert ... Hier werden die diffenziertesten Erscheinungen von Mensch, Welt, Gesellschaft und Geschichte in stereotype Erklärungssschemata gebracht. Hier wird nicht nur eine Totalerklärung der gegenwärtigen Wirklichkeit, sondern auch des historischen Prozesses, der zu ihr geführt hat, wie des Zieles, auf das der Gesamtprozeß letztlich hinausläuft, angeboten. ‚Wesenserkenntnis‘ wird zum Ausgangs- und Zielpunkt solcher Art von ‚Theorie‘, und hierfür bietet sich insbesondere Marx‘ Unterscheidung ... an, die so hervorragend geeignet ist, gegenüber entgegenstehenden Tatsachen abzuschirmen, zu ‚immunisieren‘“. (Klaus Hornung, Die nationalgeschichtlichen Wurzeln des deutschen Terrorismus, a.a.O., S. 89 f.)
Auch Theodor W. Adorno postulierte, es sei „die Sache an ihrem Begriff zu messen“, nicht der Begriff an der Sache. (Zit. nach Michael Landmann, Rückblick auf die Frankfurter Schule, a.a.O., S. 106)
Arthur Koestler schließlich erklärte seine jugendliche Begeisterung für den Kommunismus (von dem er später nichts mehr wissen wollte) mit der „Faszination der perfekten Idee gegenüber der unvollkommenen Wirklichkeit“. (Zit. nach Karl Ludwig Bayer, Tagebuch, in: Epoche, Heft 122, S. 7)

[28] Bracher, Das Zeitalter der Ideologien, a.a.O., S. 233 f.

[29] Leszek Kolakowski, Ungewißheiten eines demokratischen Zeitalters, in: kontinent, Heft 4/1990, S. 14

[30] Bracher, Das Zeitalter der Ideologien, a.a.O., S. 231

[31] Richard von Weizsäcker, Arbeit an der Vergangenheit als wesentlicher Teil der Einigung, Rede bei der Verleihung des Heine-Preises in Düsseldorf am 13. Dezember 1991. Abgedruckt in: Bulletin, Ausgabe vom 17. Dezember 1991, S. 1170

[32] Adam Michnik, „Eine Falle für die Demokratie ist der Nationalismus", in: Frankfurter Rundschau, Ausgabe vom 8. Januar 1992

[33] Weizsäcker, a. a. O.

[34] Spaemann, a. a. O.

[35] Kaltenbrunner, Vorwort zu: Wiederkehr der Wölfe, a. a. O., S. 16

So gewiß für den Marxismus feststehe, schreibt Kaltenbrunner (a. a. O., S. 15 f.), „daß das Ziel der Geschichte in der allseitigen Entfaltung unentfremdeten Menschseins liegt, und er beansprucht, die Bedingungen dieses ‚Reiches der Freiheit' gültig formuliert zu haben, so wenig ist ihm der konkrete Mensch, wie er in der Gegenwart geht und steht, unantastbarer Höchstwert. Unter den gegebenen Verhältnissen sind für Marx die Menschen noch gar keine; sie erscheinen bestenfalls als durch Klassenherrschaft, Ausbeutung und falsches Bewußtsein deformierte Bruchstücke und Keime, die noch humanisierungsfähig sind... Da der Geschichtsprozeß sich hinbewegt auf eine Gesellschaft, in der der Mensch sich vollkommen verwirklichen wird, ist jeder Widerstand dagegen nicht nur Ausdruck eines politischen Irrtums, sondern ein Attentat auf die Menschheit. Auf diese Weise entfalten humanitäre Begriffe eine außerordentliche Kraft der Diskriminierung; der politische Gegner wird zum Feind und dieser schließlich zum Verbrecher. Für den gegen den geschichtsnotwendigen Fortschritt zur totalen Humanität sich sträubenden Feind gibt es kein Pardon; er wird liquidiert, seine Vernichtung ist ein Akt der Säuberung."

Vgl. dazu auch Thomas Kielinger (Der Bluff des Jahrhunderts. Mit dem Kommunismus stirbt der Glaube an den Retorten-Menschen, in: Rheinischer Merkur, Ausgabe vom 27. Dezember 1991):

„Wenn es die Spezies Mensch noch nicht gab, welche auf die Glückverheißung durch Lüge jubelnd ansprach, dann mußte dieser Mensch erst noch erfunden, gedrillt und erzogen werden. Der ‚Sowjetmensch' entstand, ein Begriff aus der Retorte – die Verwandlung des Individuums in den Homunkulus von Gnaden der Partei. Ein Großteil des 20. Jahrhunderts ist nach den Regeln dieser ‚Science fiction' abgelaufen, nach dem Skript eines Horrorfilms. Daß im Anschluß an den Zweiten Weltkrieg ganz Osteuropa, einschließlich eines Teils Deutschlands, diesem Retortenrezept eines neuen Menschen unterworfen wurde, daß es schließlich in weiten Bereichen der Dritten Welt seinen Einzug hielt, kann man nicht anders als eine der größten Tragödien der Geschichte überhaupt ansehen."

[36] Vgl. dazu: Peter Dittmar, Ost gut – West schlecht. Über Doppelmoral und gespaltenes Bewußtsein in der Politik, 1977

[37] Zit. nach Ernst Topitsch, Die Masken des Bösen, in: Heiner Geißler (Hrsg.), Der Weg in die Gewalt, 1978, S. 86 f.

[38] Man denke – um nur die Zeit nach 1945 ins Auge zu fassen – an die „Begründungen" der jeweiligen sowjetischen Führungen für die militärischen Interventionen in Deutschland (1953), Ungarn (1956) und der Tschechoslowakei (1968); an die zahllosen, sich auf den Marxismus/Leninismus berufenden „Befreiungsbewegungen" in der Dritten Welt und – nicht zuletzt – an den Krieg, den die Sowjetunion in den 80er Jahren gegen Afghanistan führte

[39] Joachim Gauck, Friedrich Schorlemmer, Wolfgang Thierse, Wolfgang Ullmann, Reinhard Höppner u. a., Begreifen, was gewesen ist: Plädoyer für ein Tribunal, in: Frankfurter Allgemeine Zeitung, Ausgabe vom 23. Januar 1992

[40] Bracher, Das Zeitalter der Ideologien, a. a. O., S. 235

Vgl. dazu Konrad Adam, Linke Ehrenhändel (Frankfurter Allgemeine Zeitung, Ausgabe vom 6. April 1992):

„Als Lenin und seine Freunde darangingen, an der Spitze einer straff geführten Kaderpartei die linke Klassenherrschaft zu errichten, hatte Europa eine mehr als zweihundertjährige Revolutionsgeschichte hinter sich... Man brauchte kein Genie zu sein, um im Rückblick auf die Französische Revolution dem Leninschen Experiment eine diktatorische Zukunft vorauszusagen. Trotzki hat das sehr früh, schon zu Anfang des Jahrhunderts getan, als er vor der Gefahr warnte, die Partei durch die Organisation, die Organisation durch das Zentralkomitee und das Zentralkomitee schließlich durch einen Diktator zu ersetzen. Er hatte die historische Erfahrung auf seiner Seite, und wirklich ist es so ja auch gekommen ... Geliebt haben die gewalttätigen Bürokraten in den Zentralkomitees der Kommunistischen Parteien keine lebendigen Wesen, weder als einzelne noch als ganze Völker, sondern immer nur die Theorie. Sie selbst empfanden das als Ehrentitel. Aber muß man nicht gerade in dieser Theorieversessenheit den inhumanen Kern erblicken, der alles Weitere aus sich hervorgetrieben hat?"

[41] Deutsche-Presse-Agentur, 30. Dezember 1991

Es ist nur konsequent, daß Gysi, rückblickend auf den Wiedervereinigungstag am 3. Oktober 1990, in einer am 21. Juni 1991 in Berlin gehaltenen Parteitagsrede von einem „kolonialistischen Anschluß der DDR nach Artikel 23 des Grundgesetzes" sprach (zit. nach Rudolf Walter Leonhardt, Mein Land war die DDR, in: Die Zeit, Ausgabe vom 19. Juni 1992).

Inzwischen hat Gysi sogenannte Komitees für Gerechtigkeit ins Leben rufen lassen, die nach Einschätzung des Bundesamtes für Verfassungsschutz (BfV) „in das Raster kommunistischer Bündnispolitik" passen: Die Komitees sollen – so das Amt – „vorhandene Unzufriedenheit schüren, bündeln, organisieren und auf ein politisches Ziel hinlenken" (zit. nach Frankfurter Rundschau, Ausgabe vom 24. Juli 1992).

Zu den „Gerechtigkeitskomitees“ schreibt Rudolf Wassermann (Die Welt, Ausgabe vom 13. August 1992):

„Der Historiker Viet Valentin hat einmal gesagt, die Geschichte des Nationalsozialismus sei die Geschichte seiner Unterschätzung. Soll sich dies bei den sogenannten Gerechtigkeitskomitees wiederholen? Man muß nur den Gründungsaufruf dieser Komitees genau lesen, um zu erkennen, was für Rattenfänger am Werk sind.

Kein Wort findet sich dort über die wahren Ursachen der Lage in Ostdeutschland, kein Wort über den Terror und die Mißwirtschaft des SED-Regimes. Statt dessen wird in bekannter Agitprop-Manier eine Negativliste dessen aufgestellt, was die Westdeutschen den Ostdeutschen angetan haben sollen: ‚De-Industrialisierung, Zerstörung der Landwirtschaft, Massenarbeitslosigkeit, sozial unverträgliche Mietsteigerungen, mindere und ungerechte Bezahlung, Schließung sozialer, wissenschaftlicher, kultureller und sportlicher Einrichtungen, Verschleuderung des ehemaligen ‚Volkseigentums‘, Entzug von Rechten an Wohnungen, Häusern und Grundstücken, Benachteiligungen und Demütigungen der Menschen, besonders der Frauen, im Osten.‘

Die Sprache ist verräterisch und zeigt, worum es geht. Das altvertraute Feindbild ‚BRD‘ soll wiedererweckt, der westdeutsche Mitbürger zum Feind gestempelt, der Staat in Mißkredit gebracht, der Graben zwischen Ost- und Westdeutschen vertieft und die Spaltung des Volkes betrieben werden.“

42 Symptomatisch jüngste Äußerungen Erich Honeckers: „Trotz der jetzigen Niederlage bin ich wie viele Gleichgesinnte von der Gewißheit erfüllt, daß die Ablösung der kapitalistischen Gesellschaft durch eine wie auch immer konkret ausgestaltete sozialistische Gesellschaft unvermeidlich ist … Der Sozialismus ist nicht von der Weltbühne verschwunden, und er wird von ihr nicht abtreten.“ (Der Spiegel, Ausgabe vom 3. August 1992).

Aufschlußreich in diesem Zusammenhang ist auch der Bericht „Lebenslänglich Bundesbürger“ (Die Zeit, Ausgabe vom 19. Juni 1992), in dem die Nomenklatura der einstigen SED-Diktatur zu Wort kam. Lapidar und hoffnungsfroh bekannte das frühere Mitglied des SED-Politbüros, Werner Eberlein, in diesem Bericht: „Ich habe mein Klassenziel nicht erreicht, aber die Idee, die ist deshalb noch lange nicht tot.“

Vgl. auch die Äußerungen des letzten Chefs der Kommunistischen Partei in der Tschechoslowakei, Milos Jakes: „Mein Gewissen ist rein – ich bin überzeugt, daß ich für eine gute Sache gearbeitet habe, trotz einer Reihe von Fehlern, die passiert sind. Die Niederlage des Sozialismus bedeutet nicht das Ende seiner Geschichte. Ich glaube, daß seine Ideen den Leuten weiterhin etwas zu sagen haben.“ (Frankfurter Allgemeine Zeitung, Ausgabe vom 3. Februar 1992)

Der Schriftsteller Reiner Kunze sagte im vergangenen Jahr, ebenfalls in diesem Zusammenhang:

„Die marxistisch-leninistische Weltanschauung hat sich, was den Menschen betrifft, als ruinös, was die Ökologie betrifft, als verheerend und was die Politik betrifft, als verbrecherisch erwiesen. Aber sie ist nicht erledigt. Und wäre sie gestorben, wüßte ich einen Gott, der sie auferstehen ließe, und dieser Gott heißt: das Elend. Das läßt zynischerweise manche hoffen, deren Weltbild jetzt ins Wanken geraten ist.“ (Reiner Kunze im Gespräch mit Wolfgang Kraus, in: Die politische Meinung, 36. Jahrgang, Heft 265, Dezember 1991, S. 43)

Einer, dessen „Weltbild“ offenbar ins Wanken geraten ist und der deshalb seine Hoffnungen auf das „Elend“ setzt, Kunzes Schriftstellerkollege Günter Grass, erklärte im vergangenen Jahr, die Vereinigung der beiden Staaten in Deutschland habe einen „Kahlschlag in unseren Köpfen“ bewirkt, dem „der Zustand unseres wiederum geteilten Landes“ entspreche: „Wer um sich schaut, sieht, was wir angerichtet haben ...“. Grass will gegen den von ihm konstatierten „Kahlschlag“ in den Köpfen das „Volk“ auf die Barrikaden treiben: „Doch noch nirgendwo höre ich, was auf der Zunge liegen sollte, den Ruf: ‚Wir sind das Volk!‘“ (Zit. nach Heinrich Vormweg, Überrollt vom Sturm der Vereinigung, in: Süddeutsche Zeitung, Ausgabe vom 4. Dezember 1991). Inzwischen heftet Grass dem Vertrag, der die Wiedervereinigung Deutschlands besiegelte, das höhnische Etikett „unsäglich“ an (Frankfurter Allgemeine Zeitung, Ausgabe vom 22. Juni 1992).

In diesen Kontext gehören auch Äußerungen des Frankfurter Philosophieprofessors Jürgen Habermas. In einem gewissermaßen mit Schaum vor der Feder geschriebenen Habermas-Aufsatz aus dem Jahr 1990 wird – im Blick auf Helmut Kohl – von der „Schamlosigkeit seines von den Börsenkursen gestützten Nationalismus“ geredet, der „das republikanische Bewußtsein überwältigt“ und „Flurschaden“ im Osten Deutschlands „angerichtet“ habe. Habermas: „Nur *eine* Rechnungseinheit für *alle* Themen. Deutsche Interessen werden in Deutscher Mark gewogen und durchgesetzt. Gewiß, schlimmer als dieser Code war die Sprache der Stukas. Aber obszön ist dieser Anblick des deutschen Muskelspiels allemal.“ (Jürgen Habermas, Nochmals: zur Identität der Deutschen, in: Manfred Kluge, Hrsg., Schwarz-rot-gold, Ein politisches Lesebuch, 1990, S. 326, 327).

Auf eine Wiedergeburt der sozialistischen „Lehre“ setzt – wie viele andere Intellektuelle aus der Ex-DDR – der Dramatiker Heiner Müller: „Es ist eine Zeit, wo man die Lehre vergraben muß, wie Brecht sagen würde, möglichst tief, *damit die Hunde nicht herankommen*. Bis man sie wieder ausgraben und einer neuen, veränderten Realität aussetzen kann. Die Befreiung der Toten findet in der Zeitlupe statt.“ (Heiner Müller, Dem Terrorismus die Utopie entreißen, in: Manfred Kluge, Schwarz-rot-gold, a. a. O., S. 264)

Personenverzeichnis